Dr. Marianne Skarics

Sensibilität und Partnerschaft

Hochsensible Menschen erzählen

Umschlaggestaltung: Thomas Schwendemann, Wien

Coverfoto: Andry Richardson (StarFlames), www.pixabay.com

Satz: Ulrich Bogun, www.satzservice.de

Lektorat: Monika Schillinger, www.msr-mobile-sekretaerin.de

Gedruckt und gebunden in Ungarn von Interpress, Budapest.

ISBN: 978-3-9501765-4-4

Inhaltsverzeichnis

Einleitung

»Man soll niemandes Sensibilität verachten.
Eines jeden Sensibilität ist sein Genie.«

Charles Baudelaire

Hochsensibilität und Liebe – zwei Phänomene, die dieses Buch näher beleuchten möchte.

- Was macht Hochsensibilität aus, und inwiefern hat sie einen Einfluss auf Liebesbeziehungen?
- Haben hochsensible Menschen besondere Bedürfnisse, oder stellen sie andere Ansprüche an Liebesbeziehungen?
- Haben sie besondere zwischenmenschliche Begabungen, die ihnen im Beziehungsleben zugute kommen?
- Und hat die hohe Empfindsamkeit eine Kehrseite, aus der typische Problembereiche in Partnerschaften resultieren können?
- Wie funktionieren Beziehungen zweier Hochsensibler? Welche Vorteile und welche möglichen schwierigen Bereiche gibt es, wenn beide Partner hochempfindlich sind?
- Wie funktioniert die Partnerschaft eines Hochsensiblen mit einem durchschnittlich Sensiblen? Welche Besonderheiten zeichnen eine solche Verbindung aus? Wo liegen hier die Positiv- und Negativseiten?
- Welche Strategien zur Bewältigung von Partnerschaftskrisen werden in Beziehungen Hochsensibler erfolgreich angewendet?
- Fällt es Hochsensiblen besonders schwer, passende Partner zu finden? Wenn ja, woran liegt das und was kann man dagegen tun?
- Haben viele Hochsensible das Gefühl, häufig an »den Falschen« oder »die Falsche« zu geraten? Welche Mechanismen verbergen sich hinter unglücklichen Beziehungskonstellationen?

Diese und viele weitere Fragen rund um die Thematik »hochsensible Menschen und die Liebe« werden auf den folgenden Seiten beantwortet und aus der Sicht Hochsensibler und durchschnittlich Sensibler beleuchtet.

Zahlreiche Interviews mit Hochsensiblen und ihren Partnern sowie mit alleinstehenden Hochsensiblen geben aufschlussreiche Einblicke in die Thematik.

Weiters finden Sie hilfreiche Tipps zur Verbesserung der Beziehungsqualität sowohl für die Beziehungen zweier Hochsensibler als auch für »gemischt sensible« Beziehungen, die helfen, sowohl Selbst- als auch Fremdverständnis zu fördern.

Alleinstehenden Hochsensiblen, die gerne eine Partnerschaft hätten, bietet das Buch viele Tipps, wie sie ihre besonderen Eigenheiten nutzen können, um einen passenden Partner zu finden.

Hochsensibilität

Hochsensibilität bedeutet ein intensiveres Wahrnehmen und tieferes Verarbeiten von Eindrücken wie Geräuschen, Gerüchen, optischen und taktilen Reizen, Hitze, Kälte u. ä. All das geht einher mit der Neigung zur Überstimulation.

Das Kürzel »*HSP*« für »highly sensitive person«, also »hochsensible Person«, wurde von der amerikanischen Psychologin Elaine Aron in ihrem 1996 erschienenen Buch »The Highly Sensitive Person: How to Thrive When The World Overwhelms You« geprägt. Aron ist selbst hochsensibel und kam zu dieser Erkenntnis im Rahmen einer Psychotherapie, Jahre, bevor sie das Buch schrieb. Seither ließ sie diese Thematik nicht mehr los. Ihre Forschungen und Publikationen beschäftigen sich intensiv mit der Hochsensibilität.

Laut Aron sind etwa 15 Prozent der Menschen hochsensibel. In den meisten Fällen ist die Hochsensibilität schon ab der Geburt feststellbar. Aufgrund von Zwillingsstudien, die darauf hinweisen, wird angenommen, dass Hochempfindlichkeit vererbt wird.

Bereits im Babyalter ist das Gehirn der Hochsensiblen wachsamer, rascher alarmiert und auch auf sehr feine Reiznuancen konzentriert. Das führt dazu, dass HSP schon von Geburt an eine besonders große Informationsdichte registrieren und verarbeiten müssen. Strömen zu viele Reize auf sie ein, reagieren Hochsensible jeden Alters daher empfindlich bzw. häufig überreizt.

Dafür reichen einem Hochsensiblen bereits geringere als positiv empfundene Reize aus, um sich angenehm stimuliert zu fühlen.

Häufige Überstimulation

»Der Empfindsame ist der Waffenlose
unter lauter Bewaffneten.«
Berthold Auerbach

Das zentralste gemeinsame Merkmal aller Hochsensiblen ist die häufige Überstimulation. Dringen zu viele Reize zu uns vor, setzt irgendwann Überstimulation bzw. Reizüberflutung ein. Dies ist ein natürlicher Mechanismus, der bei jedem Menschen, sei er nun hochsensibel oder nicht, zu beobachten ist. Da zum Hochsensiblen aber mehr bzw. bereits subtilere Reize durchdringen, erlebt er diese Reizüberflutungen häufiger als ein nicht hochsensibler Mensch. Überstimulation führt dazu, dass man sich dem unangenehmen Zuviel an Reizen entziehen möchte, dass man also in eine reizärmere Umgebung ausweicht oder die Reizeinwirkung reduzieren will.

Da HSP feinere Nuancen und somit eine größere Fülle an Außenreizen registrieren und diese zudem intensiver verarbeiten als Nicht-Hochsensible, ist der Punkt der Überreizung bei ihnen also eher erreicht. Dies bedeutet aber nicht, dass Hochsensible bis zum Punkt der Überreizung weniger Reize ertragen als Nicht-HSP. Sie nehmen nur einfach in kürzerer Zeit mehr Reize wahr, auch solche, die anderen oft völlig entgehen oder die sie zumindest relativ problemlos ausblenden können.

Ein Beispiel: Bei einem Restaurantbesuch wird ein Nicht-Hochsensibler nur in Ausnahmefällen überreizt werden, für einen HSP aber kann die Kombination aus Gesprächen (womöglich mehreren durcheinander), Stimmen an den Nebentischen, Essgeräuschen, Zigarettenrauch, Hintergrundmusik, verschiedensten optischen Reizen, Gerüchen und Geschmäckern ein Zuviel an Reizen bedeuten, das ihm den Genuss ziemlich verübelt.

Oder: Für einen Nicht-HSP mag es angenehm sein, beim romantischen Zusammensein mit dem Partner stimmungsvolle Musik zu hören, Duftkerzen anzuzünden und beim Sex immer wieder zärtliche Worte zueinander zu sagen. Für einen HSP kann das bereits ein Zuviel an Reizen bedeuten, das sich ablenkend und infolge stimmungstötend auswirkt.

Marianne Skarics · Sensibilität und Partnerschaft

Häufige Überstimulation – die +/–-Liste

+ Hochsensible registrieren bereits sehr feine Reiznuancen. So kann etwa der zarte Duft einer Blume, von Schnee oder Regen für einen HSP berauschend sein. Geräusche, wie das Schnurren einer Katze, das Plätschern eines Baches oder das Rascheln des Laubes im Wald, werden von vielen Nicht-Hochsensiblen gar nicht bewusst wahrgenommen, sind für Hochsensible aber oft ein großer Genuss.

– Die Negativseite der Wahrnehmung feinster Nuancen ist die im Vergleich zu Nicht-HSP früher erreichte Überreizung, die dazu führt, dass verschiedenste Situationen als reizüberflutend und stressig erlebt werden, die für Nicht-HSP als problemlos aushaltbar oder sogar angenehm empfunden werden.

Intensives Erleben

»Stark sein bedeutet fühlen können.«
Fernando Pessoa, António Mora:
Die Rückkehr der Götter

»Wo viel Gefühl ist, ist auch viel Leid.«
Leonardo da Vinci

Diese Zitate führen gleich zum nächsten Charakteristikum typischer Hochsensibler: Dem intensiven Erleben. Gerade weil sich HSP durch solch starke Sinneswahrnehmungen und durch äußerst detailreiche Sinnesverarbeitung auszeichnen, benötigen sie weniger Sinnesreize um sich wohl zu fühlen. So kann es für einen Hochsensiblen ein absoluter Genuss sein, einfach nur bei geöffnetem Fenster im Bett zu liegen und dem Zwitschern der Vögel im Garten zu lauschen oder vom Partner in absoluter Dunkelheit, ohne jeden optischen Reiz, sanft massiert zu werden. Würde dabei noch der Fernseher oder eine CD laufen oder eine Unterhaltung stattfinden, wäre das ein eindeutiges Zuviel an Reizen.

Doch nicht nur im Bereich der Sinnesreize zeichnen sich hochsensible Menschen durch eine besonders starke Erlebnisfähigkeit aus, sondern auch im Bereich der Emotionen und Gedanken. Dies äußert sich beispielsweise dahingehend, dass eine unbedachte Bemerkung, die von dem, der sie ausgesprochen hat, oft nicht einmal bewusst registriert oder zumindest sehr schnell wieder vergessen wird, einen HSP tagelang beschäftigen und grübeln lassen kann.

Weiters neigen viele Hochsensible dazu, schnell zu weinen. Typischerweise leiden HSP mit anderen Menschen, Tieren und oft sogar Pflanzen auffallend stark mit. Sie können sich gut in die Lage Notleidender, Trauriger, Einsamer und Schmerzgeplagter versetzen und spüren deren Leid oft so, als wäre es das eigene. Für die meisten Hochsensiblen ist es daher, selbst wenn sie den Verstorbenen nur entfernt kannten, eine besondere Belastung, zu Beerdigungen zu gehen. Dazu die 66-jährige hochsensible Ingrid:»Ich schluchze so laut und kann es nicht zurückhalten. Wenn ich nur eine entferntere Bekannte des Toten bin, aber viel schlimmer weinen muss als die direkten Angehörigen, ist mir das immer extrem peinlich.«

Auch berührende TV-Sendungen oder Erzählungen über das Leid unbekannter Dritter können dazu führen, das HSP in Tränen ausbrechen, ebenso der Anblick einer einsamen Katze im Tierheim oder der des abgeholzten Regenwaldes.

Auf der anderen Seite weinen diese nah am Wasser gebauten Hochsensiblen auch in positiv berührenden Situationen eher. Ein wunderschöner Sonnenuntergang, ihr Lieblingslied oder ein mit besonderer Liebe ausgewähltes kleines Geschenk kann HSP zu Tränen rühren.

Häufig hängt dies auch mit der starken *Empathie* zusammen, die vielen hochsensiblen Menschen gemeinsam ist. Empathische HSP fühlen sich sehr in ihre Mitmenschen ein, in deren Sorgen, Schmerzen aber auch deren Glück und fühlen mit ihnen intensiv mit.

Vor einiger Zeit gab es im deutschen Fernsehen einen TV-Spot, der Paul Potts, einen Teilnehmer der Castingshow»Britain's Got Talent«, zeigt, wie er zum ersten Mal vor der eher belustigt bis abfällig lächelnden Jury steht und verkündet, er würde eine Opernarie vortragen. Offenbar traut niemand dem unscheinbar wirkenden Potts große Stimmgewalt zu. Doch Potts erstaunt selbst das strengste Jurymitglied sowie das gesamte Studio- und TV-Publikum mit seiner extrem berührenden, wunderschönen

Stimme. Mittlerweile ist Paul Potts ein Star, und dieser immer wieder ausgestrahlte TV-Spot der Kurzfassung seiner »Entdeckung« rührt zahlreiche Hochsensible jedes Mal erneut zu Tränen. »Immer wenn ich ihn sehe, wie er da so schüchtern steht, und keiner traut ihm etwas zu, und dann singt er mit dieser wunderschönen Stimme, denke ich mir: ›Paul, du hast es ihnen wirklich gezeigt‹. Und ich vergönne ihm seinen Erfolg so sehr, dass es mich jedes Mal zu Tränen rührt, wie er auf seine stille, sympathische Art mit dieser Wahnsinnsstimme triumphiert«, so Marlies.

Lärm-, Geruchs-, Temperatur- und Luftqualitäts-Empfindlichkeit

»Wenn mehrere eine schöne Musik hören, so hören sie zwar alle ganz, jedoch mehr oder minder gut, mit größerem oder geringerem Genuss, je nach der Zartheit des Gehörs.«   Franz von Sales

Aufgrund der Wahrnehmung subtilerer Reize sind hochsensible Menschen häufig besonders empfindlich gegenüber *Lärm*. Während ein quietschend herannahender Zug wahrscheinlich für niemanden ein akustisches Vergnügen darstellt, so ist er für einen Hochsensiblen doch eine besonders schwer erträgliche akustische Belastung. Nicht wenige HSP halten sich in solchen Momenten instinktiv die Ohren zu (oder würden dies zumindest sehr gerne tun, wenn es ihnen nicht peinlich wäre).

Auch der *Geräuschpegel* in Lokalen oder bei Festen und Partys ist für Hochsensible oft überstimulierend. Viele HSP können deshalb Gesprächen in einer Atmosphäre, in der es Hintergrundlärm und vielleicht sogar Musik gibt und wo zudem oft durcheinander geredet wird, kaum folgen. Sie beschränken sich in dem Fall oft auf Nicken und Erdulden, im Grunde wollen sie einfach flüchten, auch wenn sie gerne an den Gesprächen teilnehmen würden – aber eben unter anderen Voraussetzungen. Dazu die 63-jährige Sabine: »Ich befürchtete lange Zeit, an einer ungewöhnlichen Form von Schwerhörigkeit zu leiden, weil ich, wenn viel durcheinander geredet wird oder es eine andere Geräuschkulisse gibt, Unterhaltungen nur mit großer Mühe halbwegs folgen kann. Oft schlage ich Treffen in Lokalen, wo ich schon weiß, dass es dort lauter zugeht, aus, weil es mir ohnehin nichts bringt, den ganzen Abend angestrengt zu lauschen, doch die Hälfte nicht zu verstehen und außerdem noch mit einem Brummschädel nach Hause zu gehen. Auf der anderen Seite höre ich Geräusche, die andere oft gar nicht wahrnehmen, weil sie so leise sind. Wenn meine Tochter mich besuchen kommt, höre ich ihr Auto schon zwei Straßen weiter, und es ist mir sogar schon passiert, dass ich auf eine Spinne, die im Haus war, deshalb aufmerksam wurde, weil ich sie hörte. Das Ganze ließ mir keine Ruhe, und ich suchte vor einiger Zeit einen Ohrenarzt auf. Und siehe da: Ich höre sogar besonders gut. Meine Probleme bei Gesprächen mit Hintergrundgeräuschen kommen daher, dass ich kein Geräusch ausblenden kann und daher ständig alle bewusst wahrnehmen muss. Das führt aber dazu, dass man sich auf keines der Geräusche gezielt konzentrieren kann.«

Gerüche können Hochsensible ebenfalls stark überreizen. Viele HSP verwenden beispielsweise kein Parfum oder keinen Weichspüler, weil sie dies als zu intensiv empfinden. Andere sind sehr empfindlich auf Zigarettenrauch, Schweiß-, Knoblauch- oder andere Gerüche. Es gibt Hochsensible, denen regelrecht übel wird, wenn sie Joghurt, Fleisch, Benzin oder Räucherstäbchen riechen. Der 25-jährige Roland vermeidet es aus diesem Grund, im Auto seiner Freundin mitzufahren, da diese einen Vanille-Wunderbaum am Rückspiegel hängen hat, auf dessen Geruch er mit Übelkeit reagiert: »Ich bringe es nicht übers Herz, ihr das zu sagen, sonst hält sie mich vielleicht für ein Weichei, aber der Wunderbaum riecht für mich so scheußlich, dass ich mich fast übergeben muss, wenn ich länger in ihrem Auto sitze.«

Lärm-, Geruchs-, Temperatur- und Luftqualitäts-Empfindlichkeit – die +/--Liste

+ Bereits sehr zarte Klänge und nur äußerst schwach wahrnehmbare Düfte können von vielen hochsensiblen Menschen registriert und als angenehm empfunden werden.

— Dafür beeinträchtigt sie Lärm, ein Durcheinander an Geräuschen, zu hohe bzw. zu niedrige Temperatur und schlechte Luft deutlich stärker als Nicht-HSP. So können Geräusche wie etwa das Dauersurren des Computers oder das Ticken einer Uhr, die ein Nicht-HSP ausblenden kann, für einen Hochsensiblen als belastend erlebt werden.

Die positive Kehrseite dieser starken Reaktion auf Gerüche ist, dass angenehme Gerüche als besonders schön, belebend, ja berauschend erlebt werden. Dazu Sarah, 32: »Zur Zeit der Rosenblüte gehe ich oft bei uns im Park spazieren und schnuppere an jeder Rosensorte. Ich kann mich daran gar nicht satt riechen und fühle mich hinterher wie ›high‹.«

Ein weiterer Bereich, in dem viele Hochsensible zur Überstimulation neigen, ist das *Temperaturempfinden*. Es gibt HSP, die selbst bei 25 Grad noch mit Jacke frieren und andere, die bei 18 Grad schon die Badesachen anziehen. Hitze, Kälte oder Zugluft können eine HSP dermaßen beeinträchtigen, dass sie sich absolut nicht konzentrieren kann, keine brauchbaren Arbeitsergebnisse erzielen kann und kaum noch an etwas anderes denken kann, als daran, wie sie die Situation erträglicher machen könnte.

Viele Hochsensible haben zudem eine starke *Luftqualitäts-Empfindlichkeit*. Ist die Luft in einem Raum nicht frisch, wird zu selten gelüftet, ist die Luft stark ionisiert, ist die Luftfeuchtigkeit zu niedrig oder zu hoch, riecht es nach Putzmitteln oder dem Lack eines Billigregals, so wirkt sich das sehr negativ auf das Wohlbefinden aus. Dazu Irina, 29: »Ich habe eine liebe Freundin, die ich sehr mag und gerne öfters besuchen würde, aber sie lüftet ihre Wohnung so selten und benutzt außerdem ein sehr scharfes Reinigungsmittel für ihre Fußböden, sodass ich es bei ihr kaum aushalte.

Ich kann ihr doch nicht sagen, dass sie ein anderes Putzmittel kaufen und die Fenster häufiger aufmachen soll!«

Gerechtigkeitssinn, Idealismus und hoher Anspruch an sich selbst

»Es kann keiner gerecht sein, der nicht menschlich ist.«
Vauvenargues, Reflexionen

Ein weiteres typisches Merkmal hochsensibler Menschen ist ihr stark ausgeprägter *Gerechtigkeitssinn*. Unrecht mit ansehen zu müssen, macht sie ganz unruhig, und viele HSP greifen beherzt ein, wenn sie Ungerechtigkeiten beobachten. So hat es sich etwa die 9-jährige Susanne mit ihrer Freundin verscherzt, als sie diese mehrmals sehr erbost zurechtgewiesen hat, nachdem sie beobachtet hatte, dass sie immer nur einem ihrer beiden Kaninchen, nämlich demjenigen, das dreister darum bettelte, eine Knabberstange gab. Das andere Kaninchen hätte ganz offensichtlich genauso gern etwas zum Knabbern bekommen und hat nur deshalb nicht so auffallend gebettelt, weil es zurückhaltender und scheuer war. Selbst sehr schüchterne Hochsensible, die ihre eigenen Rechte nur schwer geltend machen können, wachsen häufig über sich hinaus, wenn sie Zeuge einer Ungerechtigkeit werden, die anderen (oder Tieren) widerfährt. Gerade sie kennen das Gefühl, übergangen, übersehen oder unfair behandelt zu werden und werden daher, oft zur großen Verwunderung derer, die sie näher kennen, zum Beschützer und Fürsprecher anderer, denen Unrecht widerfährt.

Ebenfalls typisch für HSP ist ihre *große Verlässlichkeit* und *hohes Verantwortungsbewusstsein*. Hochsensible haben meist Handschlagqualität. Umso enttäuschter sind sie, wenn ihnen unzuverlässig und verantwortungslos begegnet wird. Sie selbst könnten es mit ihrem Gewissen nicht vereinbaren, Abmachungen nicht einzuhalten, Versprechen zu brechen oder etwas, das in ihren Aufgabenbereich fällt, nicht zu erledigen, und können es daher manchmal kaum fassen, dass es Menschen gibt, die offenbar kein schlechtes Gewissen haben, wenn sie andere derart vor den Kopf stoßen. Dazu Hubert, 41: »Ich habe mich mit meiner Schwester in der Stadt verabredet, weil wir gemeinsam beim Italiener zu Mittag essen wollten. Doch mein Auto sprang nicht an, also hetzte ich zur Bahn. Da die dann auch noch Verspätung hatte, musste ich die fünf Minuten von der Station bis zu unserem Treffpunkt laufen, um nicht zu spät zu kommen. Ich kam ganz verschwitzt und keuchend dort an. Nicht eine Minute zu spät. Und wer war erst gut 20 Minuten später da? Meine Schwester! Ihre Begründung: Sie hat gar nicht bemerkt, wie spät es schon ist, da sie so nett mit ihrer Freundin am Telefon geplaudert hatte.«

In einem gewissen Zusammenhang mit dieser großen Zuverlässigkeit stehen der *Perfektionismus* und der *hohe Anspruch an sich selbst*, dem viele Hochsensible gerecht werden wollen. »Perfekt ist gerade gut genug« ist das Motto, von dem HSP oft glauben, ihm genügen zu müssen. Die hohen Selbstanforderungen führen infolge zwar oft zu Höchstleistungen, aber auch zu vermehrtem Stress.

Dazu die 50-jährige Karla: »Ich habe nach einem Jurastudium und einer langen Mutterpause vor fünf Jahren in einem Weltladen als ehrenamtliche Mitarbeiterin angefangen. Dort habe ich – ohne mir groß darüber Gedanken zu machen – als Ehrenamtliche nicht nur, wie üblich, im Verkauf gearbeitet, sondern einfach überall mit angepackt, wo es nötig war. Irgendwie war das für mich selbstverständlich und einfach normal. Erst im Rückblick habe ich verstanden, dass dies doch nicht so selbstverständlich ist. Jedenfalls ist unser Laden nach einem Jahr umgezogen und ich fand mich plötzlich bei diesem Umzug in einer hauptverantwortlichen Rolle wieder. Ich bekam eigene Projekte zur Betreuung. Ich wurde vor drei Jahren darum gebeten, mich um eine hauptamtliche Stelle zu bewerben, die ich nunmehr innehabe. Ursprünglich sollte ich das Lebensmittelsortiment verwalten. Mittlerweile bin ich auch für Kunsthandwerk zuständig, mache Dekorationen, Aktionen, Werbung, halte den Kontakt zur Stadtverwaltung, betreue unsere rund 80 ehrenamtlichen Mitarbeiter und mache noch vieles mehr. Anfang dieses Jahres wurde ich von unserem Vorstand gebeten, in diesem Gefüge quasi die Geschäftsführung zu übernehmen. Dies vor allem auch deshalb, weil ich mit praktisch allen Mitarbeitern sehr gut auskomme, für viele auch der Ansprechpartner für private Belange und Sorgen bin.

Was kaum einer weiß: Als ich vor drei Jahren meine Stelle angetreten habe, war es mir fast ein ganzes Jahr lang mehr oder weniger rund um die Uhr übel. Ich war so angespannt und verkrampft, dass mein Magen nicht mehr richtig arbeiten konnte. Für mich war es selbstverständlich, immer mein Bestes zu geben, nicht um zu zeigen, was ich kann, sondern aus der Angst heraus, dem Laden in irgendeiner Weise Schaden zufügen zu können. Es gab viele schlaflose Nächte und ich musste mühsam lernen, die Ladenbelange nicht zu persönlich zu nehmen und mich abzugrenzen.

Geklappt hat das erst, als ich mir imaginär jedes Mal vor dem Betreten des Ladens einen Taucheranzug aus dickem Gummi angezogen habe, bei dem ich mir immer vorgestellt habe, dass er mich gegenüber allem, was auf mich zukam, schützte. Heute brauche ich den Anzug nicht mehr dauernd, habe ihn aber immer mental dabei.

Als ich dann von der Thematik der Hochsensibilität erfuhr und ein Buch dazu las, habe ich verstanden, warum Mitarbeiterschulungen für mich so schwierig sind. Und dass mein Perfektionismus nicht dazu da ist, um andere zu beeindrucken, sondern weil ich mich einer Verantwortung, die ich übernommen habe, vollkommen verpflichtet fühle. Und warum ich manchmal – für mich bislang unverständlich – vollkommen überreagiere. Im vergangenen Herbst hat sich unsere Bürgermeisterin zu einer Präsentation angesagt. Das war schon Aufregung genug bei mir. Morgens gab es dann Hiobsbotschaften, sowohl in der Familie als auch im Freundeskreis. Als ich dann mittags zu dem Präsentationstermin erschien, erhielt ich von meinen Kolleginnen die ›freudige‹ Botschaft, dass sich Presse, Fernsehen und Radio angesagt hatten. Ich dachte, ich drehe jeden Moment durch. Ich wäre am liebsten ganz weit weggelaufen. Das war alles viel zu viel für mich. Ich bin buchstäblich durch die Hölle gegangen bis die Präsentation begann – und dann ging alles plötzlich doch ganz gut. Erstaunlich finde ich immer wieder, dass man mir scheinbar äußerlich kaum etwas anmerkt, wenn innerlich bei mir höchste Alarmstufe angesagt ist. Das geht soweit, dass ich schon regelrecht erschrocken bin, wenn ich in einem solchen Zustand zufällig mein Spiegelbild gesehen habe – ich habe mich dann fast nicht erkannt, so sehr klafften innere Wahrnehmung und äußere Gestalt auseinander.«

Gerechtigkeitssinn, Idealismus und hoher Anspruch an sich selbst – die +/_-Liste

+ Ihr Gerechtigkeitssinn und ihr Idealismus macht Hochsensible oft zu Kämpfern gegen ungerechte Zustände. Ihr hoher Anspruch an sich selbst führt dazu, dass sie meist sehr hohen Standards gerecht werden, und ihr Perfektionismus lässt sie oft Großes schaffen.

— Auf der Negativseite führen diese Eigenschaften dazu, dass Hochsensible sich häufig besonders ohnmächtig fühlen gegenüber Missständen, die sie erkennen, aber nicht ändern können. Ungerechtigkeiten machen ihnen aufgrund ihres großen Gerechtigkeitssinns sehr zu schaffen. Unzuverlässigkeiten anderer kränken sie oft sehr, da sie Verlässlichkeit für selbstverständlich halten und enttäuscht sind, wenn andere es diesbezüglich nicht so genau nehmen. Die Kehrseite des hohen Anspruchs an sich selbst ist die Tendenz zur Selbstüberforderung.

Die oft sehr *akkurate Detailwahrnehmung* Hochsensibler kann auch zum Perfektionismus beitragen: »Ich wollte ein Tischtuch kaufen, das farblich zu meinem neuen Geschirr passt«, so Evelyn, 41, »aber da es in exakt diesem Farbton keines gab, griff ich doch lieber zu einer passenden Kontrastfarbe. Wenn eine Farbe nur ein kleines bisschen von einer anderen abweicht, geht das für mich gar nicht. Mein Freund meinte, das sei übertrieben, die Farben wären doch bestimmt identisch, aber ich weiß genau, dass sie sich um eine kleine Nuance unterscheiden.«
Eine weitere typische Gemeinsamkeit Hochsensibler ist der ausgeprägte *Idealismus*. Viele HSP richten ihr Denken an Idealen wie Wahrheit, Selbstlosigkeit, Gerechtigkeit, Güte, Schönheit oder Vollkommenheit aus. Mit solch hohen Zielen vor Augen wird man natürlich auch relativ leicht enttäuscht – nicht nur, aber natürlich auch in der Liebe.

Intuition und Kreativität

»Was wirklich zählt, ist Intuition.«
Albert Einstein

»Ein kreativer Mensch ist primitiver und kultivierter,
destruktiver und konstruktiver, sehr viel verrückter
und sehr viel vernünftiger als der Durchschnittsmensch.«
Viktor Frankl, österreichischer Neurologe und Psychiater

Eine weitere Begabung vieler HSP ist ihre *gute Intuition.* Intuition bedeutet direktes Begreifen ohne bewusst nachzudenken bzw. ein spontanes Begreifen der Wahrheit in ihrer Gesamtheit. Während analytisch-wissenschaftliches Vorgehen von Einzelteilen auf das Ganze schließt, erfasst die intuitive Vorgangsweise das Ganze also direkt. Sie ist daher so etwas wie eine Art »sechster Sinn«, der unbewusst bestimmt, wie wir unsere anderen fünf Sinne nutzen, um den Dingen auf den Grund zu gehen.

Hochsensible sind oft sehr vertraut mit dieser intuitiven Methode des Erkenntnisgewinns, die zu einer unmittelbaren Informationsauswertung führt, die sich beispielsweise in Form unmittelbarer, plötzlicher Einsichten zeigt.

Ihre gute Intuition kann – wenn sie ihr trauen – vielen Hochsensiblen eine wertvolle Hilfe beim Treffen von Entscheidungen sein. Gerade bei der Partnerwahl wissen HSP oft sehr schnell intuitiv, ob jemand zu ihnen passen könnte oder nicht.

Die ausgeprägte Intuition ist eng verknüpft mit einer weiteren Eigenschaft vieler HSP: *Kreativität.* Viele hochsensible Menschen sind ausgesprochen kreativ, denn sie gehen spielerisch mit Ideen um, assoziieren viel, entdecken so neue Seiten an scheinbar bereits Bekanntem oder haben innovative Ideen. Indem entfernt liegende Elemente gedanklich miteinander verknüpft werden, entsteht Neues, Innovatives und Ungewöhnliches.

Intuition und Kreativität – die ⁺⁄₋-Liste

✚ Ausgeprägte Intuition erleichtert das Einschätzen von Situationen. Sie hilft, Entscheidungen »aus dem Bauch heraus« zu treffen. Die Vorteile hoher Kreativität reichen von Schaffenskraft über Originalität bis hin zu häufigem künstlerischem oder literarischem Talent.

━━ Die Negativseite von hoher Kreativität kann große Langeweile und Frustration sein, wenn man sich etwa im Berufsleben in starre Abläufe gepresst sieht, die wenig Spielraum für eigene Ideen lassen. Kreative Hochsensible ertragen monotone Tätigkeiten deshalb oft besonders schwer. Ausgeprägte Intuition hat zwar keine direkten Nachteile, wohl aber indirekte, etwa, wenn vom Umfeld nicht verstanden wird, wie man Situationen, Prozesse oder Menschen so schnell und scheinbar ohne greifbare Informationen einschätzen kann. Dazu die 37-jährige Stefanie: »Als in unserer Firma beschlossen wurde, ein gemeinsames Persönlichkeitstraining bei einem bekannten Coach zu absolvieren, das dazu führen sollte, dass man einander besser versteht und die speziellen beruflichen Begabungen der Kollegen besser zu schätzen weiß, war mir, als der Coach den Raum betrat und ein paar Worte sprach, sofort klar, dass das nicht funktionieren würde, wie er sich das vorstellt – nicht in unserer Firma, nicht mit unseren Kollegen. Das war einfach so ein Gefühl, dass da was menschlich nicht zusammenpasst. Als ich das einigen meiner Kollegen sagte, meinten die, ich sei eine Schwarzmalerin, und das werde sicher eine interessante Sache. Was soll ich sagen: Das Coaching brachte uns nichts Positives, dafür kam aber eine Menge Aufruhr in die Firma – da wurden Streits begonnen, da kamen Unstimmigkeiten auf, die sonst meiner Meinung nach nie aufgekommen wären, sodass das Arbeitsklima noch Wochen nachher schlechter war als vor dem Coaching.«

Das Phänomen der Liebe

»Den Sinn erhält das Leben einzig durch die Liebe.
Das heißt: Je mehr wir lieben und uns hinzugeben fähig sind,
desto sinnvoller wird unser Leben.«
Hermann Hesse

Über Liebe und Beziehungen

»Liebe ist, wenn man Tag und Nacht singen möchte.
Ohne Honorar und Manager.«
Frank Sinatra

Was ist Liebe? Objektiv erfassen lässt sie sich nicht. Es gibt zu viele Vorstellungen von ihr. Sie lässt sich schwer beschreiben. Und auch, wenn jeder darunter etwas anderes versteht, ist man sich doch über ihre Grundzüge weitgehend einig: Liebe ist unendlich vielschichtig und vielfarbig, und man kann sie nur erfassen, indem man selbst liebt.

Je offener wir mit uns selbst und dem Partner sind, desto mehr sind wir in der Lage, zu lieben. Nur, wenn wir zeigen, was uns wirklich bewegt und was uns wirklich im Innersten ausmacht, können wir von unserem Gegenüber wirklich als der Mensch erkannt werden, der wir sind. Sich einander zu öffnen ist daher Grundvoraussetzung, um für den anderen sichtbar und greifbar zu sein – und dadurch auch Grundvoraussetzung für die Liebe.

Weitere wichtige Voraussetzungen für Liebe sind:
- die Freiheit beider Partner
- Gefühle ernst zu nehmen
- Ehrlichkeit
- Respekt voreinander
- die Gleichwertigkeit beider Partner
- den anderen sein lassen wie er ist
- Vertrauen
- gute Kommunikation.

Über das Verliebtsein

Sich zu verlieben und Verliebtheit stehen meist am Anfang der Liebe. Alles beginnt mit Aufmerksamkeit. Wir werden also auf jemanden aufmerksam, sei es, weil seine Stimme so schön klingt oder wir seine braunen Locken mögen, weil ihr Lachen so ansteckend ist oder ihre Sommersprossen so herzerfrischend sind. Danach setzt die Fantasie ein, d. h. der Mensch, der unsere Aufmerksamkeit erregt hat, geht uns nicht mehr aus dem Kopf. Wir stellen ihn uns in allen möglichen Situationen vor und überlegen, wie wir ihm näher kommen könnten. Wenn wir das schaffen und einander näher kennen lernen, kann langsam aus Verliebtsein Liebe erwachsen.

Im Grunde ist Verliebtheit die Projektion des Idealbildes, das wir von einem potenziellen Partner haben, von dem Menschen also, in den wir uns daraufhin verlieben. Daher ist es kein Wunder, dass man von der rosaroten Brille spricht, die man aufsetzt, wenn man sich verliebt, denn erst einmal werden die Negativseiten des Gegenübers ja geschickt ausgeblendet.

Aber auch eigene Negativseiten werden meist wenig beleuchtet. So kann es durchaus vorkommen, dass wir uns in der Phase, in der wir einander umwerben, oft in einer Weise verhalten, dass uns langjährige Freunde kaum wiedererkennen würden. Um dem Gegenüber zu gefallen, versuchen wir, einem Idealbild zu entsprechen, indem wir uns von unserer besten Seite zeigen, Schwachstellen verstecken und Eigenschaften betonen, die wir vielleicht gar nicht in besonderem Ausmaß haben bzw. von denen wir glauben, dass unser potenzieller Partner sie gerne an uns sehen würde.

In der Verliebtheitsphase entstehen Vorstellungen darüber, wie eine gemeinsame Beziehung verlaufen könnte, ein Leitbild also für den gemeinsamen Weg in die Zukunft, den man sich immer wieder vor Augen führen kann, wenn es einmal schwierige Zeiten gibt.

Außerdem zeigen Forschungen des Züricher Paartherapeuten Jürg Willi auf, dass durch Verliebtheit am Beziehungsbeginn eine Bindung entsteht, die nicht so leicht wieder bricht, die Durststrecken in der Beziehung überstehen lässt und die den Partnern hilft, sich miteinander »zu Hause zu fühlen«. Verliebtheit hilft also, die Fremdheit zweier Einzelwesen zu überwinden und Vertrautheit herzustellen, welche durch Lockerung der Bindung zur ursprünglichen Herkunftsfamilie ein eigenes Paar-System entstehen lässt.[1]

Eine kritische Phase gibt es dann, wenn das Idealbild, das wir von unserem Gegenüber in der ersten Verliebtheitsphase sehen, zu sehr von der Realität abweicht. In diesem Fall merkt man, sobald die erste Verliebtheit nach und nach abklingt, immer deutlicher, dass man einer Täuschung erlegen ist und die Fremdsymbolik des Partners für die eigene gehalten hat. »In dieser Phase merkt man schmerzhaft, dass man nur eigene Persönlichkeitsanteile auf die Symbole ... des Partners projiziert hat. Diese Projektion heißt es jetzt zurückzunehmen. Man muss die Illusion begraben, dass man eigene Anlagen stellvertretend durch einen anderen Menschen ausleben lassen kann.«[2]

Während man in der euphorischen Phase der ersten Verliebtheit also nur Positives am Gegenüber wahrnimmt und Unstimmigkeiten, Divergenzen und anderes Negative verdrängt bzw. nicht bewusst registriert, bricht die Realität mit dem Abnehmen der rosaroten Brille sozusagen über einen herein. Auch viele eigene Ansprüche werden anfangs beiseite geschoben, man passt sich an, ohne das bewusst zu registrieren. Irgendwann aber fällt einem auf, wie sehr man sich zurückgenommen hat, um mit dem neuen Partner zu einem Idealbild zu verschmelzen und die perfekte Symbiose zu erleben.

Das ist die Phase, in der entweder aus Verliebtheit Liebe wird oder aber die Beziehung zerbricht. Entweder man lernt nun, die eigenen Bedürfnisse in Einklang mit der Beziehung zu bringen, sich selbst so zu zeigen wie man wirklich ist, mit allen Ecken und Kanten, mit vermeintlichen Fehlern und Schwachstellen, und ebenso nimmt man nun auch den Partner mit seinen Schattenseiten wahr und an und es erwächst so aus Verliebtheit wahre Liebe, oder aber die Beziehung ist zum Scheitern verurteilt.

---

1 Siehe dazu: *Jellouschek, Hans: Wie Partnerschaft gelingt – Spielregeln der Liebe. Beziehungskrisen sind Entwicklungschancen. Herder, Freiburg im Breisgau, 2004, S. 145.*

2 *Meyer, Hermann: Jeder bekommt den Partner, den er verdient – ob er will oder nicht. Trigon Verlag, München 1997, S. 45.*

»Gegensätze ziehen sich an« *oder* »Gleich und Gleich gesellt sich gern«?

»Gegensätze ziehen sich an« oder »Gleich und Gleich gesellt sich gern« – welcher dieser häufig gehörten Sinnsprüche ist nun richtig? Oft heißt es, es sei wichtig, dass Partner einander ergänzen, doch genauso oft wird gesagt, nur wenn man einander ähnlich ist, hat eine Beziehung gute Chancen auf langfristigen Bestand. Wie so oft scheint hier die Wahrheit in der Mitte zu liegen, denn: Generell kann man sagen, dass kleine Unterschiede und Gegensätze das Salz in der Suppe sind. Die Grundsubstanz ist aber die Suppe, das heißt eine Grundmenge an Ähnlichkeiten und Gemeinsamem.

Damit die Spannungen zwischen den Partnern nicht zu groß sind bzw. ein möglichst geringes Konfliktpotential vorhanden ist, sollte es keine allzu drastischen Abweichungen in folgenden Bereichen geben: Soziales Milieu, Nationalität, Bildungsgrad, Alter, Weltanschauung, Lebensstil, grundlegende Gewohnheiten, Religion und Geschmack. Weiters gibt es ein paar Eigenschaften, die bei beiden ähnlich sein sollten, wie etwa der Wunsch nach Nähe und Abstand und andere, wo Ergänzung gut tut wie etwa Durchsetzungsfähigkeit und Anpassungsbereitschaft.

Natürlich gibt es auch glückliche Beziehungen, in denen in einem oder mehreren dieser Bereiche große Unterschiede zwischen den Partnern bestehen, aber im Allgemeinen wird die Wahrscheinlichkeit für Konflikte durch solche Unterschiede erhöht, und es ist deutlich mehr Toleranz nötig, besonders wenn es starke Abweichungen in den religiösen Ansichten oder in grundsätzlichen weltanschaulichen und ethischen Fragen gibt. Auf einer ähnlichen Basis können kleinere Gegensätze durchaus bereichernd wirken. Klafft aber die Basis schon stark auseinander, ist sehr viel Bemühen nötig, um eine dauerhaft harmonische Beziehung führen zu können.

Zusammen zu passen bedeutet aber auch nicht, einander völlig zu gleichen. Für gute Beziehungen gilt vielmehr: Soviel Ähnlichkeit wie möglich, soviel Gegensatz wie nötig. Sowohl in »Gleich und Gleich gesellt sich gern« als auch in »Gegensätze ziehen sich an« steckt also etwas Wahres. Vor allem aber kommt es auf die richtige Mischung an.

Marianne Skarics · Sensibilität und Partnerschaft

Hochsensibilität und Liebe

Tiefes Empfinden

»Wenn wir ganz in der Jetztzeit leben, entwickeln wir ein erhöhtes Bewusstsein für Geschmack, Geruch, Klang, Farbe, Schönheit und Berührung. Wir genießen die Sinnlichkeit, über eine samtene Oberfläche oder die Haare unseres geliebten Menschen zu streichen, eine einzelne Rose zu betrachten, den Duft von Knoblauch beim Kochen einzuatmen, dem Atem unserer Partnerin zu lauschen, wenn sie einschläft. Wir sind auf den Augenblick eingestimmt, vibrierend, lebendig.«[3]

Ein sensitiver Mensch kann die Schönheit des Alltags erkennen. Diese »erschließt eine absichtslose Schönheit im Gegensatz zur gemachten, künstlichen Schönheit der Kunst«[4]. Er kann daher ganz aufgehen beim Anblick und Duft einer schönen Rose, er erkennt die Schönheit in der Natur, aber auch die Schönheit von Menschen, die jenseits eines künstlich geschaffenen Schönheitsideals liegt. »Die Sensitivität«, so Peter Lauster, »geschieht ohne das Denken und in Zeitlosigkeit. Während ich intensiv erlebe und ganz in der Gegenwart aufgehe, ist das Zeitgefühl (das Registrieren einer Zeit) verflogen, und es herrscht Zeitlosigkeit.«[5] Sensitivität ist eine absolute Grundvoraussetzung für die Liebe, denn durch sie kann Liebe erst entstehen. »Aus der Sensitivität ergibt sich alles andere von selbst. Die Sensitivität ist der Schlüssel zum Glück.«[6]

Hochsensible Menschen haben typischerweise eine stark ausgeprägte Sensitivität. Die gute Wahrnehmung vieler kleinster Details sowie deren besonders tiefe, nachhaltige Verarbeitung, bietet eine gute Basis für ein

---

3 Kasl, Charlotte: Zen oder die Kunst, sich zu verlieben. Ein spiritueller Leitfaden. Econ, München 2000, S. 252.

4 Lauster, Peter: Die Liebe. Psychologie eines Phänomens. Rowohlt Taschenbuch GmbH, Reinbek bei Hamburg 1982, S. 114.

5 ebda., S. 112.

6 ebda., S. 125.

extrem nuanciertes Empfindungsvermögen. So wundert es nicht, dass viele hochsensible Menschen sich *besonders heftig verlieben*.

Karola, eine 35-jährige HSP, erinnert sich zurück als sie mit 17 zum ersten Mal verliebt war:»Es war ein absolut überschäumendes, alles dominierendes Gefühl. Ich konnte monatelang an nichts anderes denken als an ihn, ich vergaß zu essen und nahm über 10 kg ab. Einen Bleistift, den er einmal in der Hand hatte, hütete ich wie ein Heiligtum. Ich beschnupperte den Stift täglich und wagte es kaum, ihn zu berühren, um seinen Duft nicht zu verfälschen. Ich war zu scheu, um je auch nur ein Wort mit diesem jungen Mann zu sprechen, aber ich liebte ihn innigst aus der Ferne. Ich fuhr mehrmals in der Woche über zwei Stunden mit dem Zug, nur um in seiner Wohngegend spazieren zu gehen, um zu gehen, wo er oft geht, um zu sehen, was er oft sieht. Ich schrieb mehrere Tagebücher voll mit Gedichten und Gedanken. Ich hätte ihn vom Fleck weg geheiratet, ich wäre mit ihm ans Ende der Welt gegangen. Es war wie ein unendlicher Rausch der Gefühle.«

Dementsprechend intensiv fühlt es sich an, wenn HSP ›zu Tode betrübt‹ sind, wenn die Phase des Himmelhochjauchzens zerstört wird. Dazu Karola:»Als meine erste Liebe dann nach Monaten völlig überraschend in eine ferne Stadt zog, war das für mich wie ein Schlag ins Gesicht. Davor hatte ich das Gefühl, ich werde es schon schaffen, ihn irgendwann anzusprechen oder auf mich aufmerksam zu machen, ich werde irgendwann in seinen Armen liegen und für immer mit ihm zusammen sein. Aber als er dann weg war, brach alles wie ein Kartenhaus über mir zusammen. Ich konnte über ein halbes Jahr lang nicht einmal weinen, weil ich richtiggehend erstarrt war vor Schock. Nachträglich würde ich sagen, ich war in dieser Zeit richtig depressiv, denn ich kam nur mit Mühe aus dem Bett, konnte mich kaum zu etwas aufraffen, verlor das Interesse an all meinen Hobbys, hörte täglich stundenlang melancholische Musik und igelte mich völlig ein. Schon damals hatte ich das Gefühl, das sich danach immer wieder bestätigen sollte, nämlich, dass ich besonders extrem empfinde, mich besonders stark verliebe und auch besonders getroffen bin, wenn meine Liebe unerwidert bleibt oder zerstört wird.«

Natürlich findet das tiefe Empfinden der Hochsensiblen aber nicht nur in Situationen unerwiderter Liebe, sondern auch in erfüllten Partnerschaften statt, wo diese Fähigkeit sich oft sehr positiv entfalten kann. Partner hochsensibler Menschen fühlen sich daher zuweilen besonders geliebt, gesehen und verstanden. Die Kehrseite ist, dass auch Negativmomente von vielen Hochsensiblen sehr stark empfunden werden. Beziehungskrisen, Streits und Unstimmigkeiten setzen HSP daher oft besonders zu und werden als extrem belastend erlebt.

Hohe Ansprüche

Viele Hochsensible stellen nicht nur an sich selbst, sondern auch an ihre Umgebung, an die Qualität ihrer Beziehung und an ihren Partner auffallend hohe Ansprüche. Sie haben in der Liebe große Ideale und sehnen sich nach der vollkommenen, ja absoluten Beziehung.

So berichtet etwa die 26-jährige Corinna: »Mein erster Freund war wirklich ein lieber Kerl, und unsere Beziehung funktionierte wunderbar, bis ich bemerkte, dass er sämtliche Tierchen, die sich ab und zu in seine Wohnung verirrten, umbrachte. Das ging von Spinnen über Weberknechte bis hin zu Fliegen, Bienen, Wespen und sogar Käfern. Bei den Spinnen hatte ich ja noch irgendwie ein Einsehen, die sind wenigstens wirklich recht ekelig, aber eine kuschelige Hummel oder einen niedlichen Käfer zu töten statt sie nach draußen zu tragen, das fand ich irgendwie verachtenswert. Bei jedem Vorfall solcher Art wurde meine Verachtung größer, bis ich meinen Freund irgendwann gar nicht mehr lieben konnte. Es mag vielleicht für andere übertrieben klingen, aber ich habe ihn letztlich aus genau diesem Grund verlassen. In meinen beiden darauffolgenden Beziehungen gab es ähnliche Komplikationen: Mein zweiter Freund war an und für sich sehr nett, aber als mir klar wurde, dass er Katzen nicht leiden kann, war es mit meiner Liebe vorbei. Mein dritter Partner entpuppte sich als jemand, der der Ansicht war, schulische Förderungen sowohl von Begabten wie auch von gehandicapten Kindern seien hinausgeworfenes Geld. Diese Einstellung ließ ihn in meinen Augen zu einem ziemlich unattraktiven Mann werden.«

Ähnlich wie Corinna geht es einigen Hochsensiblen. Die extrem hohen Ansprüche, vor allem was ethische, moralische und weltanschauliche Ansichten betrifft, kann kaum ein Partner erfüllen. Selbst wenn man sich als HSP, die solch hohe Ansprüche hat, vor Augen hält, dass kein Partner je »moralisch perfekt« sein kann, so wie man es ja selbst bestimmt auch nicht ist, kommt diese Botschaft oft nicht im Herzen an. Nicht selten können Hochsensible einen Menschen, der ihre moralisch-ethischen Maßstäbe enttäuscht, einfach nicht mehr lieben. Viele versuchen es noch eine Weile, weil sie sich selbst gut zureden (»Er ist nett, verständnisvoll, intelligent, humorvoll und gebildet, es sollte mir doch egal sein, was er über dieses eine Thema denkt!«), aber es funktioniert nicht. Sie verlieren die Achtung, den Respekt und dadurch – teilweise schleichend, teilweise sogar schlagartig – auch die Fähigkeit, den Partner weiterhin lieben zu können.

An sich selbst stellen viele Hochsensible allerdings ebenso hohe Ansprüche. Aufgrund ihrer feinen Detailwahrnehmung entgeht ihnen kein noch so kleiner Makel. Ihre Fehler-Sensibilität ist so ausgeprägt, dass sie sich selbst überkritisch betrachten und zuweilen als stark fehlerbehaftet wahrnehmen. Dazu Leila, 22: »Ich muss mich sehr beherrschen, um mir selbst nicht jeden Fehler völlig übel zu nehmen, und ich verwende eigentlich viel Energie dafür, um keine Fehler zu begehen. Fahre ich beispielsweise mit dem Zug, esse ich davor keinen Knoblauch oder Zwiebel, um bloß niemanden mit dem Geruch zu belästigen. Wenn sich dann jemand neben mich setzt, der Knoblauch gegessen hat, bin ich innerlich total angespannt, da ich es als große Unverschämtheit empfinde, fremden Menschen so etwas zuzumuten. Ich selbst mute es schließlich auch niemandem zu.«

Weiters stellen Hochsensible typischerweise hohe Ansprüche an ihre Umgebung – Ansprüche, die ihnen selbst eigentlich nicht als hoch erscheinen, die für andere Menschen aber durchaus als hoch angesehen werden. So ist es etwa vielen Hochsensiblen sehr wichtig, wie die Umgebung, in der sie sich zumeist aufhalten, beschaffen ist. Ihre Wohnung ist ihnen oft ihr Heiligtum, ihr Rückzugsort vor der Überstimulation »draußen«, und dieser Rückzugsort will perfekt gestaltet sein. Farben, Stoffe, Dekorationen, Möbel, Geschirr, Bilder an den Wänden, all das suchen viele HSP mit ganz besonderer Sorgfalt und mit besonderen Ansprüchen aus. Für einen Partner kann dies, je nach dessen eigenem Wesen, als übertrieben-nervtötend bis heimelig-beglückend wirken.

Ihr hoher Anspruch und großer Idealismus führen auch dazu, dass Hochsensible zuweilen bereits von Kleinigkeiten genervt sein können. Im Gegenzug sind sie aber typischerweise auch fähig, selbst auf Kleinigkeiten zu achten, mit kleinen, liebevollen Gesten nicht zu sparen und solche schätzen zu wissen, wenn sie vom Partner kommen.

Reife Hochsensible sind daher Partner, die zwar zuweilen hohe Ansprüche an ihr Gegenüber, genauso aber an sich selbst stellen. Sie achten auf Kleinigkeiten, was sie zu sorgsamen und aufmerksamen Partnern macht. Weniger reife HSP hingegen haben manchmal überzogene Ansprüche, denen kaum jemand je genügen kann. Sie sind überkritisch, wittern überall Fehler, sind von Kleinigkeiten genervt und von ihren Partnern oft enttäuscht.

Sich viele Gedanken machen

Eine weitere Gemeinsamkeit vieler Hochsensibler ist ihre Nachdenklichkeit und ihre Tendenz, Dinge sehr genau zu nehmen und tief zu reflektieren. Typischerweise machen Hochsensible sich viele Gedanken über ihre Beziehungen, das Leben, verschiedenste Geschehnisse, über vergangene Gespräche und Begegnungen. Manche Hochsensible neigen dazu, lange zu grübeln und müssen sich zuweilen bewusst von ihrer Grübelei ablenken, wenn sich die Gedanken schon allzu sehr im Kreis drehen.

Viele HSP lieben auch tiefsinnige Gespräche oder Gedankenspielereien. So berichtet beispielsweise die 27-jährige Christine vom täglichen »Gute-Nacht-Ritual« mit ihrem (ebenfalls hochsensiblen) Partner: »Wir haben es uns zur Gewohnheit gemacht, jeden Abend vor dem Schlafengehen das ›Was-wäre-wenn‹-Spiel zu spielen. Dabei denkt sich einer von uns eine hypothetische Frage aus wie beispielsweise ›Was würdest du tun, wenn du eine Million im Lotto gewinnst?‹ oder ›Was würdest du alles sagen, wenn du eine Rede an die gesamte Menschheit halten solltest?‹. Wir sind schon seit vier Jahren ein Paar, lernen dadurch aber immer noch neue Aspekte aneinander kennen. Außerdem lieben wir solche Gedankenspielereien.«

Auch nach einem Beisammensein mit Freunden unterhalten sie sich oft gerne noch einmal mit dem Partner über die eben geführten Gespräche. Für die meisten Hochsensiblen ist es daher ideal, einen Partner zu haben, der ebenfalls gerne tiefsinnige Gespräche führt und der sich gerne eingehend und nicht nur oberflächlich über verschiedenste Themen unterhält.

Auf der anderen Seite bringt ein Partner, der nicht alles bis ins letzte Detail durchdenkt, oft eine gewisse Leichtigkeit und Dynamik in die Beziehung, was sehr bereichernd sein kann.

Rückzugswünsche, hoher Regenerationsbedarf

»Nur wer allein sein kann und gerne mit sich ist,
kann auch in Beziehung gehen.«[7]

Aufgrund der häufigen Überstimulation haben Hochsensible öfters das Bedürfnis, sich zurückzuziehen, sich einem Zuviel an Reizen zu entziehen, selbst wenn es angenehme Reize sind. Nach einem Abend mit Freunden etwa, einem Kinobesuch oder einem Einkaufsbummel sind HSP oft so reizüberflutet, dass sie sich in einen abgedunkelten Raum zurückziehen oder an ihren ruhigen Lieblingsplatz im Wald, ihre Kuschelecke am Sofa oder in ihr Bett.

Die 19-jährige Andrea sagt dazu: »Oft ist es so, dass ich ein Treffen mit Freunden recht früh verlassen muss, erst letztens zum Beispiel, als wir einen Mädchen-Pyjama-Abend zu fünft veranstaltet haben. Es war schön und lustig, und die anderen vier Mädchen sind wirklich liebe Freundinnen, aber mir wird alles ab einem gewissen Punkt einfach zu viel. Oft fürchte ich, als seltsam angesehen oder zumindest nicht verstanden zu werden, wenn ich nach Hause gehe, wenn andere sagen ›bleib doch, jetzt wird es ja gerade erst lustig‹, aber ich muss einfach weg. Früher habe ich darauf nicht geachtet, bin geblieben, obwohl mein Kopf schon gedröhnt hat und mir schon ganz schummrig war, aber seit ich auf meine Bedürfnisse achte, geht es mir viel besser. Ich brauche nicht mehr, wie früher, tagelang, um mich von einem solchen Abend zu erholen, sondern es geht mir am nächsten Morgen wieder gut.«

In einer Partnerschaft kann das Rückzugsbedürfnis vieler HSP zu Missverständnissen führen. Dazu Manuel, 33: »In den ersten Monaten

---

7 Zurhorst, Eva-Maria und Wolfram: *Liebe dich selbst und freu dich auf die nächste Krise.* Goldmann, München 2007, S. 129.

meiner Beziehung mit Lisa habe ich sie, wie ich fürchte, oft vor den Kopf gestoßen, wenn ich sie nicht so oft und lange sehen wollte wie sie mich. Wenn ich einmal einen freien Nachmittag hatte, den ich nicht mit ihr verbringen wollte, machte sie das traurig. Ebenso, wenn ich manchmal nur mäßig begeistert wirkte, wenn sie nach einem gemeinsamen Tag noch gemeinsame Unternehmungen für den Abend vorschlug. Ich brauchte einfach Auszeiten, in denen ich mich regenerieren konnte, sie aber dachte, es läge mir wohl nicht soviel am Zusammensein mit ihr. Seit ich ihr das in mehreren liebevollen Gesprächen erklärt und ihr versichert habe, dass es weder an ihr noch an mangelnder Liebe liegt, läuft es zwischen uns viel besser.«

Manuel zählt zu der Mehrzahl der *introvertierten Hochsensiblen*. Laut Elaine Aron sind etwa 70 % der Hochsensiblen introvertiert, 30 % der HSP sind extravertiert. Obwohl beide, die intro- wie die extravertierten HSP, typischerweise einen häufigeren Rückzugsbedarf haben, ist dies doch meist bei den introvertierten Hochsensiblen stärker ausgeprägt, denn Introvertierte speisen ihre Energie aus ihrer Innenwelt, aus der Welt der Gedanken, Gefühle, Vorstellungen und Träume, während Extravertierte ihre Energie aus der Außenwelt speisen.

Wenn es auch einige Überschneidungen zwischen Introversion und Hochsensibilität gibt, wie etwa die stärkere Neigung sowohl Hochsensibler als auch Introvertierter zu rascher Überstimulation, so ist es doch wichtig, beides nicht miteinander zu verwechseln.

Natürlich können Introvertierte die äußere Welt der Menschenkontakte und Aktivitäten auch genießen, doch sie werden schnell von ihr erschöpft und überwältigt. Introvertierte Menschen leben daher am liebsten in einem selbst-kontrollierten Umfeld, in dem sie das Maß an sensorischem Input selbst regulieren können. Sie müssen sich daher durch häufigeren Rückzug und feiner Dosierung von Stimuli besonders gut schützen.

Introvertierte bevorzugen deshalb 1:1-Kontakte und sind oft gute Zuhörer. Nach anstrengenden Sozialkontakten brauchen sie Zeit für sich allein, um wieder aufzutanken. Außerdem zeigen viele Introvertierte eine besondere Abneigung gegen Small Talk. Dieser erschöpft sie besonders und verstärkt ihre Rückzugswünsche. Lieber treten sie mit ihrem Gegenüber in wirklichen tiefergreifenden Kontakt.

Doch auch *extravertierte Hochsensible* müssen sich vor einem Zuviel an Stimuli zurückziehen um sich wieder zu regenerieren. Ihnen fällt die Balance, genügend, aber nicht zu viel Input von außen zu bekommen, oft besonders schwer.

Hubert, ein 61-jähriger, extravertierter HSP meint dazu:»Ich habe mich viele Jahre lang völlig verausgabt, indem ich meine Freunde – und ich habe einen recht großen Freundeskreis – relativ häufig nach der Arbeit in einem Lokal getroffen habe. Oft an zwei bis drei Abenden pro Woche haben wir dort gemeinsam gegessen und uns unterhalten. Ich habe mich oft gewundert, warum ich danach häufig ausgelaugt war und todmüde ins Bett gefallen bin, obwohl ich meine Freunde gerne treffe und mich gerne mit ihnen unterhalte. Doch seit ich um meine Hochsensibilität weiß, ist mir einiges klarer: Es waren nicht die Treffen und Gespräche an sich, die mich so ermüdeten, sondern die zusätzlichen Reize im Lokal – der Geräuschpegel, der Rauch, die Hintergrundmusik etc. Ich bin daher dazu übergegangen, meine Freunde zweimal pro Woche abends zu mir einzuladen. In meiner Wohnung wird nicht geraucht, und die starke Geräuschkulisse im Hintergrund fällt weg. Ich genieße die Treffen nun viel mehr und bin danach nicht mehr so erschöpft.«

Großes Harmoniebedürfnis

Viele Hochsensible zeichnen sich durch ein sehr starkes Bedürfnis nach Harmonie aus. Unstimmigkeiten oder gar Streit möchten sie unbedingt vermeiden.

Dazu Waltraud, 58 Jahre:»Ich hasse laute Streitereien, und ich habe mich, glaube ich, noch nie in meinem Leben in einer direkten Konfrontation aggressiv mit jemandem gestritten. Ich versuche das schriftlich zu klären, so komisch sich das anhört. Wenn ich was Kritisches anzumerken hatte zu jemandem, an dem mir lag, habe ich Briefe oder Mails geschrieben, um die hässliche Situation zu vermeiden, einem wütenden Menschen zu begegnen. Wenn andere sich streiten, erschrecke ich, welche Abgründe sich auftun und wie gemein manche zu einander sein können. Ich glaube, die Beleidigungen während eines aggressiven Streits sind schlimmer und verletzender als der Grund, aus dem man sich gestritten hat. Dann lasse ich es lieber, und wenn mich mal jemand anmacht, den ich mag – berechtigt oder unberechtigt – bin ich so gekränkt und nachtragend, dass ich Monate oder sogar Jahre brauche, bis ich das verwunden habe. Ich entziehe mich dann lange komplett – Telefon aus, Klingel abgestellt, oder ich gehe, wie jetzt, ins Ausland, und bin dann völlig weg vom Fenster.«

Waltraud weiter: »Ich finde eigentlich, Männer und Frauen passen irgendwie nicht zusammen, weil sie unterschiedlich denken und fühlen, aber der Reiz, zueinander zu finden, ist ja doch immer wieder ziemlich groß; wenn man sich dann zusammentun möchte, sollte man sich bewusst sein, wo es Probleme und wo es Einigkeit geben könnte und entsprechend planen. Deshalb möchte ich einen Mann so gut es geht verstehen können – weshalb ich auch viel von ihm wissen möchte, bevor ich eine Beziehung beginne – damit das Zusammensein harmonisch verlaufen kann. Also Harmonie wünsche ich mir schon sehr, ständigen Stress und Auseinandersetzungen ertrage ich nicht, das macht mich krank.«

Einige Hochsensible quälen sich jahrelang durch unrettbar marode Beziehungen, weil sie keinen Schlussstrich ziehen können. Sie haben Angst, den Partner zu sehr zu verletzen und hoffen viel zu lange, dass es mit der Beziehung doch noch irgendwie klappen wird. Um längst fällige Krisengespräche drücken sie sich herum oder plagen sich mit immensen Schuldgefühlen, wenn sie doch einmal derjenige sind, der eine Partnerschaft beendet.

Bei einigen Hochsensiblen ist das starke Bedürfnis nach Harmonie darauf zurückzuführen, dass ihre Kindheit und Jugend sehr unharmonisch verliefen. Streit im Elternhaus und mit den Geschwistern war an der Tagesordnung und wurde als äußerst belastend erlebt. Meist berichten diese HSP auch darüber, dass sie sich als Außenseiter in der eigenen Familie fühlten, als anders als die anderen, und dafür oft nicht geschätzt, sondern eher belächelt oder kritisiert wurden oder zumindest nicht verstanden. Hochsensibilität wurde in ihrer Herkunftsfamilie entweder gleichgesetzt mit Schwäche, Langweiligkeit oder Abgehobenheit, oder sie wurde überhaupt nicht als solche erkannt und völlig übergangen. Diese HSP fühlten sich in ihrem Wesen oft nicht im Geringsten erkannt und gesehen. Sie zogen sich meist zurück, behielten alles für sich, das ihnen wichtig war, teilten sich nicht mit und warteten auf »bessere Zeiten«.

In ihren späteren Beziehungen möchten diese HSP das früher erlebte Defizit ausgleichen. Sie sehnen sich so sehr nach Harmonie, dass sie nun alles daran setzen, ein harmonisches Beziehungs- und Familienleben führen zu können. Manchen Hochsensiblen gelingt das, andere müssen es sich hart erarbeiten. Andere Hochsensible wiederum erlebten eine schöne, behütete Kindheit. Zumeist sind das die HSP, die in Familien mit mehreren Hochsensiblen aufgewachsen sind, Familien, in denen Sensibilität geschätzt und gepflegt wurde und in denen der Umgang miteinander sehr harmonisch verlief. Diese HSP sind es einfach gewöhnt, sich ein Nest voller Harmonie zu erschaffen und tun dies in ihrem späteren Beziehungsleben erneut. Für diese Hochsensiblen ist oft »das Außen« ein Problem. Sie schirmen und schotten sich so gut es geht gegen die oft als roh und hart empfundene Außenwelt ab und versuchen, in einem Kokon zu leben. Beziehungen zweier Hochsensibler verlaufen häufig nach diesem Muster.

Feines Gefühl für Stimmungen, positive wie negative

Hochsensible Menschen sind typischerweise aufmerksam, mitfühlend und nehmen jede kleine Stimmungsschwankung ihres Partners wahr. Wenn ihr Partner eine negative Stimmung ausstrahlt, dies jedoch nicht besprochen oder eingeordnet werden kann, wirft sie das regelrecht »aus der Bahn«.

Weiters gibt es Hochsensible, die sich unbehaglich fühlen, wenn sie einen Raum betreten, in dem zuvor gestritten wurde. Es ist für sie, als würde ihnen die Lebenskraft ausgesaugt, wenn ihr Partner innerlich angespannt oder unterschwellig aggressiv von der Arbeit nach Hause kommt. Sie haben also ein besonders feines Gespür für jede Art von Disharmonie.

Die meisten Hochsensiblen achten sehr auf Mimik und Gestik, auf den Tonfall oder das, was ungesagt bleibt, aber im Raum zu stehen scheint. All dies zieht ihre Aufmerksamkeit oft stärker an als das eigentlich Gesagte.

»Vor einigen Wochen«, so die 27-jährige Doris, »war ich mit meinem Freund auf einer Geburtstagsfeier von Silvia, einer gemeinsamen Bekannten. Wir haben uns über alles mögliche recht fröhlich unterhalten, darunter auch über unsere Urlaubspläne für diesen Sommer. Mein Freund war ganz begeistert, weil Silvia von den Malediven schwärmte, wo sie mit ihrem Mann Ludwig urlauben möchte. Als mein Freund genauer nachfragte, ob sie schon gebucht hätten, wie lange sie verreisen möchten, mit welcher

Fluglinie sie fliegen etc., merkte ich deutlich, wie Silvia immer unruhiger wurde. Die Vertiefung dieses Themas machte sie offenbar nervös. Sie blickte immer öfter zu Boden, während sie sprach, und ihre Stimme klang unsicher und zitterte leicht. Für mich wurde es im Laufe der Unterhaltung immer offensichtlicher, dass es um Silvias Beziehung zu Ludwig nicht zum Besten stehen dürfte, dass sie daran zweifelte, ob der gemeinsame Urlaub überhaupt noch stattfinden würde, und dass sie sich durch die genauen Nachfragen meines Freundes deshalb regelrecht bedrängt fühlte. Als ich dies später meinem Freund erzählte, meinte er, das bilde ich mir bestimmt nur ein. Silvia sei doch durchwegs begeistert von dem Thema gewesen, von Nervosität oder zittriger Stimme habe er nicht das Geringste bemerkt. Ich aber war mir sicher, da war etwas nicht in Ordnung. Es würde mich nicht wundern, sagte ich meinem Freund, wenn Silvia und Ludwig bald ihre Trennung bekannt geben würden. Mein Partner fand das ziemlich abwegig. Umso erstaunter war er, als Ludwig ihm kurz darauf mitteilte, dass Silvia ausgezogen sei.«

Gefühl für Details und Kleinigkeiten

Die kleinen Dinge, die kleinen Gesten, Erlebnisse und Momente, sind die von vielen unterschätzte, wertvolle Essenz von Partnerschaften. Hochsensible haben für diese kleinen Dinge meist ein sehr gutes Gespür. Das macht sie zu aufmerksamen Partnern. Die Kehrseite dieser großen Aufmerksamkeit ist, dass ihnen im Gegenzug auch Kleinigkeiten, die unstimmig sind, sehr schnell auffallen und sie sich deshalb vielleicht verunsichert oder gekränkt fühlen können, wenn ihrem Partner noch nicht einmal bewusst ist, was geschehen sein könnte.

So berichtet etwa die 39-jährige Renate, dass ihr Mann, wenn sie abends von der Arbeit heimkommt, an manchen Tagen schon vor ihr zu Hause ist und es sich vor dem TV-Gerät gemütlich gemacht hat. Wenn Renate ihn dann begrüßt, grüßt er manchmal zurück, ohne den Blick von der TV-Handlung zu wenden. Ihm fällt das gar nicht auf, aber sie empfindet das als ziemlich kränkend, weil sie sich nicht gesehen und wertgeschätzt fühlt. »Als ich ihm einmal sagte, dass mich das traurig macht, war er ganz verwundert, weil er auf so eine Idee nie im Leben gekommen wäre.«

Renate hat es sich seither zur Gewohnheit gemacht, ihren Mann aufmerksam zu machen auf solche Dinge, die sie kränken und die ihm gar nicht auffallen. Außerdem bringt sie selbst nun ihre Wertschätzung verstärkt durch kleine Gesten zum Ausdruck in der Hoffnung, ihr Mann würde es ihr – bewusst oder unbewusst – irgendwann gleichtun. Erzählt ihr Mann beispielsweise in ihrem Beisein seinen Freunden begeistert von seinem Hobby, dem Flugsimulator, legt sie ihm kurz die Hand um die Taille. Diese kleine Geste vermittelt das Gefühl, dass sie sich für ihn und mit ihm über seine Begeisterung freut, dass sie zu ihm steht, ihm zustimmt und es wohlwollend zur Kenntnis nimmt, was er erzählt.

Renates Mann nimmt solche und ähnliche Gesten oft gar nicht bewusst wahr, aber sie verfehlen ihre Wirkung dennoch nicht. Schon nach kurzer Zeit berichtete Renate von deutlichen Veränderungen: »Als ich gestern Abend später von der Arbeit nach Hause kam, wartete am Esstisch eine rote Rose von meinem Mann auf mich, und bei einem Treffen mit Bekannten am letzten Wochenende lobte er meine Kochkünste und meinen Sinn für Humor. Ich freue mich sehr, dass nun auch mein Mann wieder öfters kleine Zeichen setzt um mir zu zeigen, was ich ihm bedeute.«

»Beziehungspflege«, so auch Steven Carter, »ist ein Prozess, der auf kleinen Dingen beruht.«[8]

Kleine Dinge und Gesten übermitteln Botschaften. Sie sind Aussagen über die Beziehung und die Qualität der Wertschätzung und Aufmerksamkeit, die man einander zuteil werden lässt. So können kurze, nur Sekunden andauernde Momente, sowohl ein Gefühl der Distanz oder gar Entfremdung schaffen, als auch ein Gefühl der Zusammengehörigkeit und Verbundenheit. Viele Hochsensible sind Meister im Schaffen kleiner Zusammengehörigkeitsmomente. Indem sie selbst für viele kleine, liebevolle Momente und Gesten sorgen und nicht immer auf große Anlässe warten, um dem Partner ihre Zuneigung zu zeigen, können sie ihre Partner dazu animieren, ebenfalls kleine, liebevolle Momente zu kreieren, auszukosten, zu schätzen und zu genießen.

Auch Schönheiten in der Natur, etwa ein schillernder Käfer, eine interessant geformte Wolke oder ein glitzernder Tautropfen auf einer Blüte, bemerken viele Hochsensible und erfreuen sich daran. Besonders wenn ihre Partner

8 Carter, Steven: Halt die Liebe fest. Von der Verliebtheit zum dauerhaften Glück. Kösel, München 2002, S. 21.

nicht ebenfalls hochsensibel sind, bedeutet es für diese oft einen Zugewinn an kleinen Freuden, wenn sie auf diese Dinge aufmerksam gemacht werden. Denn es stimmt nicht, dass Nicht-Hochsensible generell kein Interesse an solchen Dingen hätten oder sie nicht schön finden würden; sie fallen ihnen aber teilweise nicht von selbst auf. Eine gewisse Achtsamkeit bzw. ein Auge für den Zauber der kleinen Dinge können Nicht-HSP daher oft von Hochsensiblen lernen. Was das Gespür für Details und Kleinigkeiten betrifft, kann ein HSP für einen Nicht-HSP-Partner daher sehr bereichernd sein.

Besondere Stärke in Krisensituationen

Man könnte annehmen, dass Menschen, die im Alltag feinere Reiznuancen wahrnehmen und dadurch eine besonders große Reizmenge zu verarbeiten haben, in Extremsituationen völlig aus dem Konzept geraten und total handlungsunfähig sind. Interessanterweise ist bei den meisten Hochsensiblen das Gegenteil der Fall: In Krisen- oder Ausnahmesituationen wie etwa Unfällen oder der Pflege schwerkranker Angehöriger wachsen sie regelrecht über sich hinaus und reagieren meist erstaunlich besonnen und durchdacht.

Wenn viele Nicht-HSP also kopf- und planlos sind und in ihrer Aufregung und Hektik gar nicht mehr klar denken können, geht es Hochsensiblen typischerweise so, dass sie, als ob sie einen »Schalter im Gehirn« umlegen könnten, systematisch und sehr zielgerichtet vorgehen.

So berichtet etwa die 19-jährige Milena, dass sie es war, die der Mutter bereits dreimal, als diese plötzlich schwere Nierenkoliken bekam, ruhig und tatkräftig zur Seite stand. Sie rief die Rettung an, sie war es, die eine Tasche für das Krankenhaus mit allem Nötigen packte, die auch nicht vergaß, Mutters Medikamente und Beipackzettel mitzunehmen und die abends noch sämtliche Fachbegriffe, die im Krankenhaus gefallen waren, im Internet nachrecherchierte. Ihre (erwachsenen) Geschwister, beide nicht hochsensibel und im Alltag eher diejenigen, die man als »robust und belastbar« einstufen würde, standen in diesen Ausnahmesituationen nur geschockt neben der vor Schmerzen wimmernden Mutter und wussten nicht recht, was sie tun sollten.

Warum Hochsensible in Krisen- und Ausnahmesituationen meist die Ruhe bewahren, darüber kann zum derzeitigen Forschungsstand nur spekuliert werden.

Vielleicht liegt es daran, dass HSP im Alltag so oft überstimuliert sind, dass sie mit solchen Situationen mit plötzlicher, starker Überstimulation ganz einfach besser umgehen können, da sie Überstimulation gewohnt sind und viel häufiger als Nicht-HSP mit überreizenden Situationen fertig werden müssen.

In Partnerbeziehungen macht diese Fähigkeit den Hochsensiblen schon zu einer Art »Fels in der Brandung«, zu jemandem, der zwar im normalen Alltagsleben vielleicht häufigere Auszeiten braucht um Überreizungen wieder abzubauen, der aber dafür mit stark überreizenden Krisensituationen erstaunlich gut fertig wird.

Besonderheiten in der Sexualität

Laut Elaine Arons Forschungsergebnissen sind hochsensible Menschen auch in der Sexualität anders als die nicht hochsensible Mehrheit. So haben HSP oft ein wesentlich intensiveres, häufig mystisches Erleben der Sexualität, das es ihnen teilweise erschwert, danach rasch zum Alltagsgeschehen zurückzukehren.

Viele Hochsensible zelebrieren Sexualität gerne als etwas ganz Besonderes. Sie ist für sie viel mehr als bloße Triebbefriedigung, sie ist für sie die Vereinigung zweier liebender Seelen, ein Verschmelzen, ein geradezu spirituelles Erlebnis.

Hochsensible sind auch typischerweise recht schnell erregbar. Berührungen, die von manch anderem kaum wahrgenommen oder zumindest als viel zu zaghaft empfunden werden, sind für viele HSP eine große Wonne.

Sicher gibt es auch Hochsensible, die stärkere Berührungen bevorzugen, aber die meisten HSP können sich doch eher mit der Aussage der 29-jährigen Hannah identifizieren, die sagt:»Wenn mein Freund und ich miteinander schlafen, dann ist das, als würde ich mit seiner Seele zu einer perfekten Einheit verschmelzen, und dabei ist alles so zart und sanft, als würden zwei Schmetterlinge einander berühren.«

Beziehungen zweier Hochsensibler

Interviews
Hochsensible Frauen erzählen über ihre Beziehung mit einem HSP-Partner

Jana (34) und Sebastian (38)

>> *Sebastian und ich sind nun seit zwölf Jahren zusammen, davon knapp elf Jahre verheiratet. Kinder haben wir keine. Wir leben in einer gemeinsamen Wohnung. Wir arbeiten nicht gemeinsam. Mein Mann und ich verbringen recht viel Zeit gemeinsam, unternehmen auch vieles zusammen. Ich hätte ganz gerne mehr allein verbrachte Zeit, die ich versuche, mir zu nehmen, wenn es geht.*

Besonders finde ich an unserer Beziehung, dass wir uns fast blind verstehen. Uns fallen z. b. beim gemeinsamen Spaziergang oft dieselben Dinge auf, wir sprechen über tiefgründige Themen, wir haben ein ähnliches Gespür für Situationen, für das »Dazwischen«. Oft neigen wir aufgrund dieses grundlegenden Verständnisses dazu, zu wenig über manches zu sprechen, weil wir meinen, es sei eh alles klar. Erst im Laufe einer Situation kommt dann heraus, dass wir uns doch hätten besser absprechen müssen.

Ich hatte früher zumindest eine Beziehung mit einem Nicht-HSP und hatte dabei das Gefühl, dem Menschen alles haarklein erklären zu müssen. Er war nicht unsensibel, aber es fehlte etwas.

Problematisch kann es sein, wenn wir beide manchmal überempfindlich sind, z. B. wenn wir Hunger haben. Hungrig unterwegs kann es sein, dass wir uns irgendwann streiten und alles wieder in Butter ist, sobald wir etwas gegessen haben. Zudem sind wir in recht unterschiedlichen Bereichen hochsensibel und haben daher unterschied-

liche Bedürfnisse, die manchmal für den anderen nicht unbedingt nachvollziehbar sind.

Und: Ich finde es zwar gut, dass mein Partner auch HSP ist, aber manchmal merkt er mir zuviel. Die eigene Stimmung verheimlichen ist nicht drin. Manchmal möchte ich auch einfach nur vor mich hin grummeln, ohne jemandem Erklärungen abliefern zu müssen.

Ich finde besonders positiv, dass wir gut gemeinsame Entscheidungen treffen können. Das fängt bei der Wohnungseinrichtung an und hört noch lange nicht beim Beenden eines Besuchs auf. Und ich finde es sehr angenehm, auf das Gespür meines Mannes vertrauen zu können. Das funktioniert bei ihm auch dann, wenn ich zu emotional oder irrational an die Dinge herangehe.

Für die Zukunft würde es mich freuen, wenn wir beide lernen würden, wann es besser ist, den anderen in Ruhe zu lassen. Und wenn wir es schaffen würden, die Stärken des anderen aktiver anzuerkennen und zu nutzen.

Insgesamt empfinde ich unsere Beziehungs-Konstellation, also dass wir beide hochsensibel sind, als gut. Das liegt auch daran, dass wir uns sehr ähnlich und gleichzeitig sehr verschieden sind. Das bringt Dynamik in unsere Beziehung. Vielleicht wäre es anders, wenn wir uns ausschließlich ähnlich wären. 〈〈

Zusammenfassung – Jana und Sebastian:

Für dieses Paar ist die Hochsensibilität beider eine Bereicherung. Die Beziehung wird als besonders tiefgründig empfunden. Für Jana ist es schön zu wissen, dass ihr Partner feine Zwischentöne registriert und dass sie sich nicht, wie bei einem früheren Nicht-HSP-Partner, umständlich erklären muss, um sich verständlich zu machen. Auch sind sich die beiden in Geschmacksfragen oft einig und auch darin, wie lange Freundesbesuche dauern sollten, um erfreulich und nicht überstimulierend zu sein. Sie machen immer wieder die Erfahrung, dass Stimmungslagen gegenüber einem ebenfalls hochsensiblen Partner schwer zu verbergen sind, was jedoch den Vorteil hat, dass Dinge angesprochen werden müssen und man nicht die Möglichkeit erhält, aus Faulheit oder falsch verstandener

Friedensliebe Gras über etwas wachsen zu lassen, das eigentlich besprochen gehört, bevor es zu einem größeren Problem heranwächst. Janas und Sebastians Hochsensibilität zeigt sich teilweise in unterschiedlichen Bereichen, was ein erhöhtes Maß an Toleranz fordert. Davon abgesehen ergänzen die beiden einander in ihren Ähnlichkeiten und Unterschieden gut.

Eva (39) und Johannes (56)

>> *Wir sind nun seit acht Jahren ein Paar, leben seit siebeneinhalb Jahren zusammen. Wir arbeiten zwar nicht zusammen, aber wir haben ein ähnliches Arbeitsfeld im sozialen Bereich. Mein Partner hat zwei Söhne, 19 und 22, sie wohnen bei der Mutter im gleichen Ort, es gibt aber regen Besuchs- und Urlaubs-Kontakt.*

Als Besonderheit in unserer Beziehung, die daher kommt, dass wir beide hochsensibel sind, empfinde ich unser großes gegenseitiges Verständnis und die Rücksichtnahme und die gleiche Neigung, die Freizeit nicht allzu hektisch und laut zu verbringen.

Ich denke, in HS-/Nicht-HS-Beziehungen gibt es eher ein Unverständnis für große Differenzen im Bedürfnis nach Ruhe bzw. Aktion und mehr Konflikte, die zu Ungunsten des HSP ausgehen, da dieser lieber der Harmonie wegen nachgibt, seine Bedürfnisse hintanstellt oder vielleicht sogar gar nicht in der Lage ist, Kontakt zu seinen Bedürfnissen zu bekommen.

Eher problematisch, weil wir beide HSP sind, ist vielleicht, dass die Tendenz, zu Hause zu »versacken«, statt etwas zu unternehmen, größer ist, da jemand fehlt, der Aktivitäten stärker fördert und fordert. Die Gefahr einer symbiotischen Beziehung ist sehr groß, da wir beide so stark miteinander harmonieren und uns miteinander wohlfühlen, dass ein Außen oftmals vernachlässigt wird, vor allem vor dem Hintergrund, dass neben dem Gemeinsamen auch noch viel Zeit für sich allein benötigt und gewünscht wird. Da besteht die Gefahr, dass nicht genügend Zeit und Energie für Dritte/s übrig bleiben.

Als besonders positiv bzw. als Vorteil, weil wir beide hochsensibel sind, empfinde ich in unserer Partnerschaft den harmonischen Umgangston, das regelmäßige Bedürfnis nach tiefen Gesprächen, das Mehr an verbalem und emotionalem Austausch, und die dadurch geringere Gefahr von Missverständnissen, falschen Annahmen/Phantasien, was der andere denken, fühlen, tun müsste, auf deren Grundlage dann partnerschaftliche Probleme entstehen. Außerdem ist nur wenig gegenseitige »Anpassung« nötig, da wir in vielem einfach ähnlich »ticken«.

Unsere Beziehungs-Konstellation (»HSP und HSP«) empfinde ich als günstig, denn man muss sich und seine »Andersartigkeit« nicht ständig erklären und rechtfertigen, geschweige denn um seine besonderen Bedürfnisse immer wieder kämpfen.

Außerdem ist es mir sowieso erst in einer HSP-HSP Beziehung gelungen, meine eigenen Bedürfnisse wahrzunehmen, auszudrücken und dafür zu sorgen, dass sie beachtet werden.

Ich habe mich noch nie in meinem Leben so verstanden und auch mit all meinen Fehlern angenommen gefühlt. Endlich konnte ich erleben, was ich mein Leben lang selber meinen jeweiligen Bezugspersonen gegeben, aber nie selber bekommen habe: Bedingungslos als genau die, die ich bin, angenommen zu sein.

Ich glaube, wir ähneln uns außerdem auch darin, dass wir beide eine gewisse Neigung zu Abenteuern haben. Mein Mann vielleicht noch ein wenig mehr als ich, da mir oftmals mein besonders hohes Sicherheitsbedürfnis in die Quere kommt. **«**

ℨusammenfassung – Eva und Johannes:

Evas und Johannes' Beziehung zeichnet viel Rücksichtnahme und ein großes gegenseitiges Verständnis aus. Die beiden sind sich einig, wie sie ihre Freizeit verbringen möchten, nämlich mit wenig Hektik und eher wenig Einbeziehung Dritter. Eva fühlt sich von Johannes verstanden, angenommen und bedingungslos geliebt und hat das Gefühl, ihrem ebenfalls hochsensiblen Partner gegenüber ihre Hochsensibilität weder erklären noch sich rechtfertigen zu müssen. In dieser Beziehung ist wenig Anpassung nötig, da es große Ähnlichkeiten zwischen den beiden Partnern gibt. Eine Gefahr ist jedoch die Tendenz, sich zu sehr zu Hause einzuigeln und sich ohne Input von außen nur aufeinander zu fokussieren.

Annabell (52) und Wilhelm (54)

>> *Wilhelm und ich sind nun schon seit 32 Jahren zusammen und leben in einem Einfamilien-Reihenhaus mit Garten. Wir haben vier Kinder im Alter von 13, 15, 22 und 25 Jahren. Etwa ein Drittel der Zeit verbringen wir gemeinsam. Darin enthalten ist der Familienalltag mit seinen Verpflichtungen und Notwendigkeiten. Gemeinsame Freizeit ist rar.*

Wir sind beide hochsensibel und beide sehr empfindlich. Bei Belastung sind wir schnell genervt oder gereizt. Es potenziert sich leicht. Die Belastungsgrenze ist schneller erreicht. Außerdem macht es die hohe Sensibilität schwieriger, sich abzugrenzen und bei sich zu bleiben. Zurzeit üben wir bewusst das Abgrenzen. Es tut uns gut. Reibungsflächen minimieren sich, Anspannung ebenfalls.

Ich sehe aber auch Vorteile darin, dass wir beide HSP sind. Beispielsweise die große Empathie und das Einfühlungsvermögen; so finden wir immer wieder zu einer gemeinsamen Grundlage und gegenseitigem Verständnis zurück.

Ob ich es insgesamt als Vorteil sehen soll, dass wir beide hochsensibel sind, weiß ich nicht. Ich kann das so pauschal nicht beantworten. Es kommt meiner Meinung nach auch sehr auf die Persönlichkeit beider Partner an. <<

Zusammenfassung – Annabell und Wilhelm:

Für Annabell ist es schwierig, dass die Belastungsgrenze bei ihr und ihrem ebenfalls hochsensiblen Mann relativ schnell erreicht ist. Auch bei sich zu bleiben und sich abzugrenzen empfindet sie als schwierig. Dafür sind auf beiden Seiten viel Einfühlungsvermögen und Empathie vorhanden.

Alexandra (23) und Norbert (31)

》 *Mein Freund und ich sind seit etwas mehr als drei Jahren zusammen. Er ist 31 und ich bin 23 Jahre alt. Kennen gelernt habe ich ihn mit 19. Wir haben beide erst vor Kurzem erfahren, dass es die Bezeichnung »HSP« überhaupt gibt. Informationen darüber habe ich von meinem besten Freund bekommen, der auch hochsensibel ist. Daraufhin haben mein fester Freund und ich uns getestet.*

Unsere Beziehung ist nicht speziell. Unsere Beziehung ist das, was wir beide unter »gewöhnlich« verstehen, was heutzutage jedoch wiederum speziell ist. Wir haben es geschafft, den Alltag besonders zu machen. Anfänglich war unsere Beziehung eher schwierig. Wir haben uns nach einer kurzen Weile wieder getrennt, weil ich seit jeher Probleme mit meiner Hochsensibilität hatte. Seit der Schulzeit bin ich leicht zum Spielball anderer geworden, weil ich äußerst sensibel war und dadurch auch verletzlich. Im Laufe der Zeit habe ich meine Hypersensibilität, wie ich mein Verhalten und mein Denken im Nachhinein bezeichnen würde, aktiv bekämpft: Ich selbst habe meine Hochsensibilität eingesetzt, um die Punkte zu finden, an denen ich andere Menschen richtig verletzen konnte und habe mir somit meine Mauer gebaut. Es fiel mir anfänglich schwer, jemanden – wie meinen Freund – näher an mich heranzulassen, weil ich Angst hatte, ein weiteres Mal verletzt zu werden.

Auch mein Freund hatte lange Zeit diese Außenseiterrolle, sie jedoch anders als ich kompensiert. Er war stiller und zurückgezogener. Aus diesem Grund war es anfänglich schwierig, miteinander »warm« zu werden. Nach etwa einem Jahr, so lange dauerte es bei uns (vielleicht auch aufgrund der Hochsensibilität), passte es dann. Unsere Beziehungsgrundlage ist absolutes, hundertprozentiges Vertrauen. Ohne dieses wirklich grenzenlose Vertrauen wäre eine Beziehung wie unsere nicht möglich.

Ich bin Studentin, und mein Freund ist Lehrer. Wir sehen uns generell immer nachmittags ab spätestens 17 Uhr. An den Wochenenden sehen wir uns meistens sonntags und verbringen diesen Tag geplant: Gehen ins Kino, in den Zoo, schauen uns etwas im Fernsehen an, gehen spazieren oder diskutieren über bestimmte philosophische, physikalische oder psychologische Themen, die wir vorbereitet haben (das ist beispielsweise eines unserer Hobbys).

Eine weitere Besonderheit ist die Tatsache, dass wir getrennte

Freundeskreise haben. Ich kenne natürlich seine Freunde und er meine und wir machen auch gemeinsam etwas mit ihnen. Aber generell gilt, dass jeder seinen Freundes- und Bekanntenkreis hat, den er freitags uneingeschränkt besuchen kann. So sehe ich beispielsweise jeden Freitag meinen besten Freund, was für meinen Partner in keinster Weise ein Problem darstellt. Außerdem haben wir getrennte Hobbys, denen wir nachgehen und mit denen der jeweils andere so überhaupt nichts anfangen kann.

Unsere Beziehung profitiert mittlerweile davon, dass wir beide hochsensibel sind. Wir haben es geschafft, es uns zunutze zu machen, weil wir uns jetzt jederzeit bestmöglich gegenseitig unterstützen können. Wir können uns in den anderen hineinversetzen und ihn verstehen, und jeder kann es zulassen, vom anderen unterstützt zu werden und blockt es nicht ab.

Mein Freund hat bei HSP-Tests einen weitaus höheren Testwert erreicht als ich es habe. Er neigt dazu, viel eher gestresst zu sein, als ich es beispielsweise bin. Er kann seinen beruflichen Stress nur bedingt abbauen und laut seiner Aussage hätte er ohne mich bereits einen ausgeprägten Burnout.

Es war wirklich Arbeit, uns so aufeinander abzustimmen, dass wir es einfach wissen. Wir wissen, dass wir uns gefunden haben und dass der andere genau den ergänzenden Teil abbildet. Unsere Beziehung ist gewachsen, dennoch birgt Hochsensibilität immer ein gewisses Risiko, gerade wenn einer der beiden Partner sensibler ist als der andere: Wenn wir nicht in der Lage wären konstruktiv zu streiten, wäre unsere Beziehung nicht machbar. Gerade, wenn man eine HSP ist, ist es möglich, nur mittels Worten jemanden so dermaßen zu verletzen, dass die Beziehung auf ewig zerstört wäre. So haben wir für uns herausgefunden, dass es am besten ist, den anderen erst einmal in Ruhe zu lassen; allerdings wird ein Thema niemals totgeschwiegen, sondern – sobald beide in der Lage sind – darüber zu sprechen, ohne den anderen anzugreifen, wird der Konflikt im Gespräch geklärt.

Auch im Nachhinein reflektiert, sind meine Beziehungen mit Partnern, die offensichtlich nicht hochsensibel waren, daran gescheitert, dass ich mich ständig missverstanden fühlte. Es ist wohl meiner Erfahrung nach offensichtlich für einen Nicht-HSP nicht einfach, wenn nicht gar unmöglich, die Perspektive eines hochsensiblen Menschen einzunehmen. **«**

Zusammenfassung – Alexandra und Norbert:

Alexandra hat lange mit ihrer Hochsensibilität gehadert. Die Beziehung zu Norbert ist langsam gewachsen und basiert auf totalem Vertrauen. Die beiden haben getrennte Hobbys und Freundeskreise, aber es gibt auch gemeinsame Beschäftigungen, die beiden Freude bereiten, wie etwa Diskussionen über vorbereitete Themen. Die Hochsensibilität beider wird als Bereicherung gesehen, da sie es ihnen erleichtert, sich in den Partner hineinzuversetzen und sich gegenseitig zu unterstützen. Wichtig ist es den beiden auch, konstruktiv miteinander streiten zu können. Das bedeutet für sie, Themen nicht totzuschweigen, aber erst dann zu besprechen, wenn sie zur Ruhe gekommen sind, sodass sie einander nicht angreifen und mit Worten verletzen. Von früheren Nicht-HSP-Partnern fühlte Alexandra sich nicht verstanden.

Ingrid (42) und Michi (45)

» *Ich bin verliebt bis über beide Ohren. Und das schon seit dreiein-halb Jahren. Das hätte ich nie für möglich gehalten, dass es mir in einer Beziehung mal so gut gehen würde. Nie hat es geklappt. Ich war immer das Mauerblümchen, habe mir nie etwas zugetraut, obwohl ich auch sehr forsch sein kann. Das kam dann immer zum Tragen, wenn ich gemerkt habe, dass sich jemand für mich interessiert. Dann bin ich ihm hinterhergerannt und habe ihn angehimmelt. Und habe dann nie verstanden, warum der Kerl auf einmal nicht mehr zu erreichen war.*

Doch nun ist das völlig anders. Jeden Tag finde ich besonders mit meinem lieben Michi. Am aufregendsten ist unsere Kommunikation. Sinnbildlich sind wir vielleicht wie zwei Katzen, die umeinander herumschleichen, sich immer wieder neu beschnuppern, sich stupsen, behutsam knuffen, rollenden Bällen hinterher jagen und uns auch mal anfauchen, wenn einer von uns das Gefühl hat, der andere kommt ihm zu nahe oder nimmt keine Rücksicht. Ich glaube, das macht unsere Beziehung auch so wunderbar. Er hat immer Angst, dass es mir zu langweilig ist, weil wir fast nie ausgehen oder Auslandsausflüge machen – aber ich glaube, das spannendste Element ist unsere Kommunikation. Michi bringt da ganz viel Behutsamkeit und Humor mit rein. So viel wie in der Zeit mit ihm habe ich in meinem ganzen Leben noch nicht gelacht.

Am Anfang war unsere Beziehung nicht leicht. Wir waren beide in unseren Verletzungen gefangen, und wenn wir uns verletzt gefühlt haben, haben wir gebockt wie kleine Kinder. Das hat uns schon öfters fast die Beziehung gekostet. Zum Glück haben wir daraus gelernt – auch, dass wir uns wirklich sehr mögen und mit dem anderen alle noch mögliche Zeit verbringen möchten.

Wir arbeiten beide hart an uns, nicht mehr verletzend dem anderen gegenüber zu reagieren, sondern erst einmal tief durchzuatmen und ein paar Stunden später in Ruhe unsere Gefühle zu entwirren und darzustellen. Und das nehmen wir dann oft zum Anlass, den anderen in Zukunft damit ein bisschen aufzuziehen oder mit viel Humor darüber zu reden. Dann sind die Wolken schnell wieder verflogen.

Wir hängen sehr aneinander. Wir brauchen die Nähe des anderen. Nicht, weil wir vom anderen abhängig sind oder klammern. Aber wir brauchen uns einfach. Die Nähe, Herzlichkeit und Liebe, die behutsame und respektvolle Interaktion tut uns beiden einfach wahnsinnig gut. Und da wollen wir beide so viel wie möglich davon bekommen, auftanken. Wenn wir uns mal einen Abend nicht sehen, ist das schon ganz komisch. Und bei zwei Abenden ist es grässlich. Und als wir uns am Anfang unserer Beziehung mal zwei Wochen nicht gesehen haben, war das fast der Supergau.

Wir wechseln auch sehr oft die Perspektiven. »Spiegeln« dann sozusagen die gleiche Situation für den anderen wider, damit man sich so fühlt wie der andere einen behandelt hat. Das ist immer spannend und bringt uns ungeahnte Erkenntnisse.

Sehr angenehm finde ich, dass z. B. bei Verwandtenbesuchen auch Michis Limit bei etwa zwei Stunden erreicht ist. Dann wollen wir beide weg und für uns sein. Das ist super. Keine langen Diskussionen, kein Gemecker, keine Kämpfe, kein emotionales Geziehe und Gezerre. Einfach aufstehen und gehen. Das ist Luxus und wunderschön.

Wir igeln uns ein bisschen ein. Durch unsere leichte Verletzbarkeit stehen wir beide nicht so sehr auf »neue Leute kennen lernen«, Partys etc. Auch in der Nachbarschaft ecken wir manchmal mit unseren Eigenarten an. Wir lüften im Treppenhaus. Nicht lange, nur so 10–15 Minuten. Aber die Nachbarn finden das doof und sagen, das sei Ener-

gieverschwendung. Ich könnte das gar nicht, zu Nachbarn guten Kontakt halten. Nein, ich will das gar nicht mehr. Da ist man doch immer auf dem Präsentierteller.

Ich liebe unseren Rollentausch. Ich habe im Haushalt zwei linke Hände. Aber komplett links. Michi hat zwei rechte Hände. Aber komplett rechts. Das einzige, was ich im Haushalt helfe, ist die gewaschene Wäsche aufzuhängen. Seit dem ersten Treffen mit meinem lieben Michi hat er in der Küche gewerkelt. Und ihm gefällt es total, dass er mich bekochen darf. Immer wenn er will. Und ich genieße das so sehr. Bin so sehr dankbar dafür. Und er kocht so lecker – und immer frisch. Einfach Wahnsinn. Aber in der Gesellschaft kann man da nicht viel drüber reden. Da steh ich irgendwie als faul da, wenn ich davon erzähle. Es hinterlässt oft ein komisches Gefühl. Aber wir sind voll glücklich damit.

Schlimm finde ich es, wenn wir eine starke Meinungsverschiedenheit haben. Dann ist das nicht mal eine Meinungsverschiedenheit, sondern es hängt irgendwie ein Schwert über dem ganzen Szenario. Also es ist alles gleich so dramatisch. Aber ganz ohne Dramatik wäre es vielleicht auch zu langweilig? 《

Zusammenfassung – Ingrid und Michi:

Ingrid und Michi kommunizieren sehr behutsam miteinander und haben beide ein großes Nähebedürfnis. Zu Beginn ihrer Beziehung waren beide noch in alten Verletzungen gefangen, aber sie haben daraus gelernt und versuchen nun, nicht mehr verletzend dem anderen gegenüber zu reagieren, sondern erst in Ruhe ihre Gefühle zu entwirren. Meinungsverschiedenheiten erlebt Ingrid dennoch als sehr dramatisch.

Oft wechseln sie auch die Perspektiven und spielen Situationen mit vertauschten Rollen durch, sodass jeder die Gefühle des jeweils anderen besser verstehen kann.

Die beiden igeln sich eher zu Hause ein, Verwandtenbesuche halten sie kurz.

Marianne Skarics · Sensibilität und Partnerschaft

Sandra (22) und Leon (39)

>> *In erster Linie ist unsere Beziehung in dem Punkt speziell, dass wir einen Altersunterschied von mehr als 16 Jahren haben. Wobei ich persönlich eher das Gefühl habe, dass dies in der Gesellschaft als speziell gilt. Ich persönlich merke diesen Unterschied kaum zwischen uns, während wir zusammen sind. Ich meine, es gibt zwar viele Bereiche, in denen er um einiges erfahrener ist als ich. Aber das wäre auch ein Partner in meinem Alter, da dies meine erste Liebesbeziehung im Leben ist. Hier liegt wohl ein zweiter Punkt, in dem unsere Beziehung speziell ist, weil ich alle Erfahrungen, die ich im Moment sammle, zum ersten Mal erlebe.*

Momentan sehen wir uns fast jedes Wochenende, wo er dann auch bei mir übernachtet und, wenn es das Wetter zulässt, an zwei bis drei Abenden unter der Woche. Man muss dazu sagen, er geht arbeiten und ich mache Abendschule. Deshalb entschieden wir erst einmal, dass Leon nur das Wochenende bei mir bleibt bzw. er mich abends von der Schule abholt. Ich persönlich bin damit recht zufrieden, denn aus alten WG-Zeiten weiß ich, dass, wenn man sich zu oft sieht, geht man sich sowieso nur auf den Keks. Außerdem würden wir uns, geschafft vom Alltag, eh nur anöden. So genießen wir dann lieber die Wochenenden und treffen uns auch manchmal mit anderen Leuten.

Gut, in letzter Zeit könnte ich mir schon vorstellen, dass wir uns auch die Woche unter mehr sehen, er auch bei mir ist. Das liegt aber in erster Linie an meiner momentanen Arbeitslosigkeit und der Tatsache, dass ich ziemlich viel Zeit des Tages mit mir allein verbringe. Ich neige dazu etwas zu vereinsamen, aber letztlich muss ich eben schauen, wie ich vielleicht auch einfach andere Menschen treffen kann. Denn ich denke, es wäre nicht so gut, wenn er meine im Moment etwas spärlichen sozialen Kontakte kompensieren müsste.

Ich denke, Hochsensibilität ist in insofern von Bedeutung für unsere Beziehung, dass wir uns durch die Auseinandersetzung mit diesem Bereich im Leben überhaupt erst kennen gelernt haben, denn er sprach mich über ein Internetforum für Hochsensible an. Ich war zu diesem Zeitpunkt schon seit ungefähr anderthalb Jahren Mitglied, als er mich im Sommer vor zwei Jahren kontaktierte. Anfangs planten wir nur eine reine Freundschaft, da er erstens auf der Suche nach Men-

schen in unserem Wohnort war bzw. zweitens schon wusste, um wie viel ich jünger war. Da schien eine Beziehung völlig ausgeschlossen.

Die erste Zeit sahen wir uns ohnehin nur sporadisch, aber nach einer Weile begannen wir dann doch mit der Freundschaft ernst zu machen. Anfangs lief alles problemlos, wir trafen uns oft und unternahmen einiges. So lernten wir auch andere Leute kennen.

Aber mit der Zeit merkte ich, dass ich ihn doch echt toll fand, bis dann meine Sicherungen durchbrannten und ich hin und weg war. Das Blöde war nur: Wie sollte ich mit den Gefühlen umgehen? Lange Zeit versuchte ich alles zu verstecken, was auch gut gelang – ich war im Verstecken von Gefühlen schon immer Meisterin. Na ja, mit der Zeit wurde aber immer deutlicher spürbar, dass auch von seiner Seite aus mehr war, bis hin dass Leon einräumte, dass eine Beziehung nicht ausgeschlossen sei – es hänge nur an mir. Anfangs konnte ich darauf gar nicht reagieren, da mich diese Situation überforderte, und ich ließ ihn somit ganz schön auflaufen. Doch nach einer Woche Grübeln konnte ich ihm dann meine Gefühle gestehen und wir kamen zusammen.

Ich denke, in diesem »Findungsprozess« spielte Hochsensibilität auf der einen Seite eine Rolle, da wir uns durch das Entdecken vieler Gemeinsamkeiten näher kamen. Es war sozusagen ein Motor dafür, dass wir uns gefunden haben, weil es eine tiefere Bindung geschaffen hat, bei der wir wussten, einen Menschen gefunden zu haben, der sehr ähnlich wie man selbst gestrickt ist und dadurch die mit Hochsensibilität verbundenen Probleme einfach besser verstehen kann als dies ein Nicht-HSP kann. Denn das Verständnis basiert darauf, dass man in gewissen Dingen ähnliche Erfahrungen gemacht hat.

Ein anderer Punkt, warum die Hochsensibilität meines Freundes besonders für mich sehr schön ist, ist die Tatsache, dass er ein eher zurückhaltender Mensch ist und nicht allzu sehr dazu neigt, Dinge zu überstürzen, bzw. er versteht, wenn es Situationen in unserer Beziehung gibt, die mich überfordern könnten. Ich meine damit, dass er mir für die Dinge, die ich erst einmal lernen musste und auch noch die nötige Zeit gibt und Verständnis dafür hat, wenn manches etwas länger dauert. Diese Ruhe, die unserer Beziehung dadurch innewohnt, war auch schon in unserer Freundschaft vorhanden, weswegen ich in Ruhe die Gefühle entwickeln konnte und letztlich ja auch Bescheid gegeben habe, ob nun was geht oder eben nicht. Er hat sich da sehr *nach mir gerichtet, was mir Raum geschaffen hat, um überhaupt diese Beziehung einzugehen, da ich selbst aus der Sozialphobie-Richtung komme und eigentlich für mich schon beschlossen hatte, keine Beziehung mehr in meinem Leben zu haben, denn ich hatte eine gewisse Angst davor, Nähe (besonders im körperlichen Sinne) zu einem Menschen aufzubauen. Aber da sich die Dinge in Ruhe und ohne Hektik entwickelten, konnte ich mich dann doch Schritt für Schritt auf diese Beziehung einlassen, wollte sie ja letztlich auch.*

Aufpassen müssen wir, dass wir uns nicht zu sehr in unserer Beziehung zurückzuziehen und nicht mehr nach anderen Menschen im Leben suchen, denn wir beide sind eher introvertierte HSP, was bedeutet, dass jeder von uns immer wieder Phasen des Rückzugs haben und brauchen wird. In diesen Phasen dürfen wir uns dann nicht zu sehr von der Umwelt abschotten. Ich muss aber auch sagen, dass wir uns dieser Tatsache bewusst sind, denn wir haben beide in unserem Leben – komplett unabhängig von einander – Phasen gehabt, in denen wir kaum Kontakt zu Menschen hatten. Wir wissen also, was es bedeutet, ein Stück weit zu vereinsamen. Durch das Wissen darum versuchen wir regelmäßig, Menschen zu treffen und Freundschaften zu anderen aufzubauen.

Ein anderer Punkt bei dem wir, meiner Meinung nach, aufpassen müssen, ist, dass wir uns nicht gegenseitig, wenn es einem von uns beiden schlecht geht, runterziehen. Wir beide sind zwei sehr emotionale und was die Gefühle angeht recht emphatische Menschen. So hing gerade in letzter Zeit unsere Stimmung oft von der des Partners ab, und da wir beide gewisse gesundheitliche Probleme in der Übergangsphase zwischen Winter und Frühjahr haben, steckten wir uns regelmäßig mit unserer miesen Stimmung an. Hier denke ich, müssen wir, besonders ich, lernen, uns von den Emotionen und Befindlichkeiten des anderen stärker zu distanzieren oder eben den Weg gehen, dass wir uns dann nicht so oft sehen, damit wir eben den anderen nicht »anstecken«.

Aber auf der anderen Seite empfinde ich unsere gegenseitige Empathie auch als Vorteil unserer Beziehung, denn was in die negative Richtung funktioniert, klappt auch im selben Maß in die positive. So können wir uns auch schon mit Kleinigkeiten in Freude versetzen bzw. kleine Gesten des Partners genießen und schätzen. Auch empfinde ich unser gegenseitiges Verständnis füreinander als großen Vorteil unse-

rer Beziehung. So beruht unsere gegenseitige Akzeptanz nicht nur auf der Toleranz des Partners und seinen Schwächen, sondern wir können in vielen Situationen nachempfinden, wie es dem anderen gerade geht, und ich finde, das schafft ein gewisses Vertrauen.

Zum Thema »Beziehung« selbst sehe ich mich als HSP-Frau nicht entscheidend im Nachteil, zumindest nicht, wenn es um meine momentane Beziehung geht. Im Allgemeinen empfinde ich nur einen gewissen Nachteil, wenn es um die Beziehungsfindung geht. Ich selbst habe mich dabei jahrelang sehr schwer getan. Ich weiß zwar, dass es bis zu einem gewissen Grad an mir lag, aber auf der anderen Seite gab mir mein Freund eben genügend Zeit, um mich auf uns einzulassen.

Früher hatte ich oft das Gefühl, eben nicht diese Zeit zu haben. So wurde zum Beispiel schon als ich ca. 17/18 war unter Freunden von mir diskutiert ob es gut sei, dass ich noch nie jemanden hatte oder eben nicht. Meine Partnerlosigkeit wurde somit von einigen Menschen schon in diesem Alter kritisch beäugt. Mit zunehmendem Alter wurde das erst recht nicht einfacher. Ich fühlte mich dadurch von außen oft unter Druck gesetzt. Es schickt sich nun mal, einen Freund zu haben. Na ja, und da man meist Leute nur auf Partys traf und es dann eher hieß »jetzt oder nie«, blieb es bei mir für lange Zeit bei dem »nie«, da mir viele Dinge einfach viel zu schnell gegangen wären. Ich aber eher ein Mensch bin, der eine gewisse Zeit für das alles braucht. Mein Freund hat mir aber eben erst einmal eine lange Kennenlernphase ermöglicht, wodurch ich eben für alles bereit war.

Auf Grund mangelnder Vergleichsmöglichkeiten kann ich jetzt nicht wirklich beurteilen, ob »HSP und HSP« nun eine bessere Konstellation für mich ist als »Nicht-HSP und HSP«. Aber für mich persönlich hat sich unsere Sensibilität bisher nicht als zu negativ ausgewirkt.

Deswegen will ich so eine Beziehung zwar nicht absolut empfehlen, aber ich würde auch definitiv nicht abraten. Ich denke, man muss sich nur der Tatsache bewusst sein, dass der Partner ebenso anstrengend ist bzw. ein genauso anstrengendes Leben führt wie man selbst, und man muss dadurch eben aufpassen, wie stark man sich gegenseitig belastet und wo man sich Rückzugsmöglichkeiten offen hält. Aber auf der anderen Seite besitzt eben der Partner aus eigener Erfahrung heraus Verständnis dafür, dass man eben dieser Mensch neben der Norm mit den vielen kleinen Macken und Besonderheiten ist. 《

Marianne Skarics · Sensibilität und Partnerschaft

Zusammenfassung – Sandra und Leon:

Sandra und Leon haben sich durch ein Internetforum für Hochsensible kennen gelernt. Dementsprechend präsent war dieses Thema für beide von Anfang an. Wegen ihres großen Altersunterschiedes waren sie erst nur platonische Freunde, aber aufgrund ihrer vielen Gemeinsamkeiten verstanden sie einander besonders gut, kamen sich näher und verliebten sich ineinander.

Leon ist ein zurückhaltender Mensch, der der schüchternen Sandra sehr viel Zeit gelassen hat, wodurch sie, die eigentlich schon beschlossen hatte, aus Angst vor (körperlicher) Nähe, keine Beziehung einzugehen, sich Schritt für Schritt öffnen konnte.

Die beiden sind introvertiert und achten darauf, sich nicht zu sehr in die Beziehung zurückzuziehen. Worauf sie ebenfalls Acht geben ist, sich nicht gegenseitig runter zu ziehen. Da beide sehr emotional und empathisch sind, tendieren sie dazu, ihre Stimmung von der Stimmung des jeweils anderen abhängig zu machen, weshalb sie nun versuchen, sich stärker von den Emotionen des anderen zu distanzieren.

Andererseits hat diese starke Empathie natürlich auch Vorteile. So können sie einander schon mit Kleinigkeiten in Freude versetzen bzw. kleine Gesten des Partners schätzen.

Aufgrund ihrer beider Hochsensibilität können sie einander nicht nur akzeptieren und Schwächen tolerieren, sondern sie können oft nachempfinden wie es dem anderen gerade geht, was ein gewisses Vertrauen schafft.

Die Beziehungsfindung war für Sandra jahrelang sehr schwierig. Sie fühlte sich oft von anderen unter Druck gesetzt, die über ihre Partnerlosigkeit tuschelten und hatte an schnellen Disco-Bekanntschaften kein Interesse.

Sandra findet es wichtig, sich bewusst zu sein, dass der Partner ein genauso anstrengendes Leben führt wie man selbst. Dadurch muss man aufpassen, wie stark man sich gegenseitig belastet und wo man sich Rückzugmöglichkeiten offen hält. Andererseits hat der Partner aus eigener Erfahrung heraus mehr Verständnis für kleine Macken und Besonderheiten.

Judith (31) und Bernhard (35)

》 *Wir sind seit acht Jahren ein Paar. Das Besondere an unserer Beziehung ist die »permanente Gemeinsamkeit«. Mein Mann und ich verbringen sehr viel gemeinsame Zeit, da wir als Selbstständige überwiegend von zu Hause aus arbeiten. Auch unsere Freizeit gestalten wir zusammen und sogar zum Arzt begleiten wir uns häufig. Diese enge Art der Beziehung war ursprünglich von meinem Mann initiiert und ich teile diese Lebensart mit großer Freude. In der Gegenwart meines Mannes fühle ich mich nicht eingeengt, sondern aufgehoben, sicher und vollständig. Auch wenn ich früher (bei meinem Studium in einer fremden Stadt) gut alleine zurechtgekommen bin, fühle ich mich erst jetzt mit dieser engen Bindung richtig glücklich.*

Nur etwa zweimal im Jahr gehen wir aus, was uns vollkommen genügt. Befreundete Paare haben wir leider nicht. In der Vergangenheit haben wir mehrere Versuche unternommen, Freundschaften zu knüpfen, doch trotz netter Kontakte wurde nie etwas Tieferes daraus. Zum einen scheinen wir nirgendwo richtig dazu zu passen – wir sind irgendwie anders und unsere Bekannten scheinen das trotz aller Nettigkeiten unsererseits zu merken. Zum anderen haben wir selbst recht hohe Ansprüche an eine Freundschaft, oberflächliche Kontakte liegen uns nicht.

Konversationen mit uns weniger vertrauten Menschen empfinden wir als äußerst anstrengend. Dennoch sind wir nicht allein: Ich habe zwei langjährige Brieffreundinnen, mit denen ein tiefgründiger Gedankenaustausch möglich ist und mein Mann hat einen guten Freund, der uns auch im Alltag immer wieder helfend zur Seite steht.

Das Wichtigste ist aber: Wir pflegen ein intensives Familienleben mit unseren beiden Töchtern (sechs und zwei Jahre) und den Eltern meines Mannes. Unseren Kindern gegenüber ist uns vor allem Herzenswärme, Präsenz und Kommunikation wichtig. Wir sind immer sehr um ihr Wohl und ihr Glück besorgt – vermutlich noch mehr als andere Elternpaare. Denn so, wie wir überall nach Perfektion und dem Bestmöglichen suchen, versuchen wir auch, ihnen den bestmöglichen Alltag (mit Liebe und Anregungen) zu bieten und die bestmöglichen Eltern zu sein; wir sind immer bemüht, an uns zu arbeiten, unser Verhalten zu überdenken und zu überlegen, was man den Kindern gegenüber noch besser machen könnte.

Marianne Skarics · Sensibilität und Partnerschaft

Besonders positiv ist unser tiefes gegenseitiges Verständnis für das typische HSP-Problem: Die Überlastung. Unser Streben nach Perfektion, unsere vielseitigen Interessen und unsere Reizempfindlichkeit führen immer wieder bei uns beiden zu Erschöpfungszuständen, mit Panikattacken und Depressionen. Der komplexe Familien- und Berufsalltag, sowie die Notwendigkeit von Multitasking (durch unsere kleinen Kinder) überlasten uns regelmäßig. Entsprechend gereizt ist zuweilen die Atmosphäre in der Familie. Dadurch, dass wir die besondere Empfindlichkeit des anderen verstehen, versuchen wir, uns gegenseitig in Stresssituationen zu entlasten. 　　　　　　　　　　　　**《**

$\mathcal{Z}$usammenfassung – Judith und Bernhard:

Judith und Bernhard verbringen sehr viel Zeit miteinander, was beide sehr genießen. Sie gehen selten aus, befreundete Paare haben sie keine, weil sie nirgendwo dazu zu passen scheinen und außerdem sehr hohe Ansprüche an eine Freundschaft haben. Dafür pflegen sie ein intensives Familienleben. Ihr gegenseitiges Verständnis für das typische HSP-Problem der Überlastung ist sehr groß, weshalb sie auch sehr bemüht sind, einander in Stresssituationen zu entlasten. Dennoch ist die Stimmung bei großem Trubel oft gereizt.

Fazit: Hochsensible Frauen in Beziehungen mit HSP

Hochsensible Frauen mit HSP-Partnern führen oft eine Beziehung, in der gegenseitiges Verständnis, Rücksichtnahme und tiefgründige Gespräche im Vordergrund stehen.

Für viele HSP-Paare ist die Hochsensibilität beider eine Bereicherung, weil die Beziehung als besonders tiefgründig empfunden wird, weil beide feine Zwischentöne registrieren, sie einander meist nicht umständlich erklären müssen, um verstanden zu werden, es viel Verständnis für und Einfühlungsvermögen in überstimulationsbedingte Probleme gibt und weil generell sehr behutsam miteinander kommuniziert und umgegangen wird.

Auch sind sich diese Paare meist einig, dass Freundes- und Familienbesuche nicht übermäßig lange dauern sollten, um erfreulich und nicht überlastend zu sein sowie darüber, dass die Freizeit zumeist eher ruhig verbracht wird.

Einige hochsensible Frauen berichten, dass es für sie zu Beginn einer Beziehung mit einem HSP-Mann besonders angenehm war, dass sie sich langsam öffnen konnten, da ihr Partner sehr verständnisvoll war und sie zu nichts gedrängt hat. Ihre Hochsensibilität mussten sie weder erklären, noch sich dafür rechtfertigen. Ihre Partner können sich meist besonders gut in sie hineinversetzen, und die HSP-Frauen fühlen sich oft in besonderem Ausmaß verstanden, angenommen und geliebt.

Der komplexe Berufs- und Familienalltag ist bei zwei Hochsensiblen zuweilen von beidseitiger Überlastung geprägt. Besonders in Familien mit Kindern führt die Reizempfindlichkeit beider Elternteile eher zu Komplikationen. Es muss deshalb in besonderem Maß darauf geachtet werden, wie stark man sich gegenseitig belastet und wo man sich Rückzugmöglichkeiten offen halten kann. Dafür hat der Partner aus eigener Erfahrung heraus meist viel Verständnis für kleine Macken und Besonderheiten.

Einige HSP-Frauen sagen, dass es in einer Partnerschaft mit einem ebenfalls hochsensiblen Mann schwierig ist, bei sich zu bleiben und sich abzugrenzen. Vor allem, wenn beide Partner sehr empathisch und emotional sind, ist es eine große Aufgabe zu lernen, die eigene Stimmung nicht zu sehr von der Stimmung des jeweils anderen abhängig zu machen und sich nicht gegenseitig zu belasten. Die starke Empathie hat jedoch den Vorteil, dass man sich mit dem Partner mitfreuen und Kleinigkeiten gemeinsam genießen kann. Außerdem können hochsensible Frauen ihre Stimmungslage vor einem HSP-Partner oft schwer verbergen, was jedoch den Vorteil hat, dass Dinge angesprochen werden müssen und sich dadurch nicht übermäßig viel aufstauen kann.

Einige hochsensible Frauen berichten von der verstärkten Tendenz, sich mit einem HSP-Partner zu Hause einzuigeln und sich ohne Input von außen nur aufeinander zu fokussieren. Ferner kann es zu Problemen kommen, wenn sich die Hochsensibilität beider Partner in unterschiedlichen Bereichen zeigt. In diesem Fall ist ein besonders hohes Maß an Toleranz gefragt.

Einige hochsensible Frauen fühlten sich von früheren nicht-hochsensiblen Partnern nicht in dem Maß verstanden, wie in ihrer jetzigen Beziehung mit einem hochsensiblen Mann. Es gibt allerdings auch HSP-Frauen, die ihre Beziehung mit einem HSP-Mann als besonders schwierig und anstrengend empfinden.

Generell ist die Beziehungskonstellation ›HSP-Frau und HSP-Mann‹ für die Frau eher eine Konstellation, in der sie sich ihrem Partner oft auf besonders tiefe Weise verbunden fühlt. Eine dem Klischeebild der Verbindung einer »weichen« Frau mit einem »harten« Mann entsprechende Partnerschaft ist es jedenfalls nicht. Markus (20) bringt das auf den Punkt, wenn er sagt: »Gegenüber vielen Nicht-HSP-Männern habe ich den Vorteil, dass ich ein großes Einfühlungsvermögen besitze und subtil auf Stimmungen reagieren kann. Dagegen kann ich leider kein ›Beschützer‹ sein, nicht der große, starke Mann an der Seite einer Frau, da ich, wie meine Ex-Freundin gesagt hat, zu ›weich‹ bin.«

Die Partnerschaft zweier Hochsensibler ist also eher eine Verbindung, die auf Gleichklang aufbaut und innerhalb derer man sich gemeinsam gegen die oft unsensible Außenwelt zu wappnen versucht.

Yvonne (39) drückt dies aus, wenn sie sagt: »Mein Mann und ich lieben uns sehr. Zu Hause haben wir uns eine Oase der Ruhe und Entspannung geschaffen. Wir sind uns einig, wie wir unsere Freizeit als Ausgleich für den stressigen Berufsalltag gestalten möchten, wir haben viel Verständnis füreinander, und wir lieben unsere Haustiere. Doch was geschieht, wenn die Katze fünfmal am Tag erbrechen muss, weil sie eine neue Futtersorte nicht verträgt? Wer putzt jedes Mal? Lachen Sie nicht, aber wir losen das aus, schließlich wird uns *beiden* bei dieser Arbeit unendlich übel...«

Hochsensible Männer erzählen über ihre Beziehung mit einer HSP-Partnerin

Lars (29) und Stefanie (25)

» *Wir sind seit einem halben Jahr zusammen und sehen uns im Regelfall jedes Wochenende, da wir ca. 50 km auseinander wohnen. In unregelmäßigen Abständen auch mal in der Woche für ein bis zwei Tage. Im Durchschnitt unternehmen wir daher etwa zwei bis drei Tage in der Woche etwas zusammen, die anderen Tage verbringen wir dann allein, mit e-Mail- und Telefonkontakt.*

Wenn Sie mich nach Besonderheiten unserer Beziehung fragen, fällt mir spontan besonders auf, dass bei uns beiden die Empathiefähigkeit sehr ausgeprägt ist, wir merken beide direkt in welcher Stimmung und Gemütslage der jeweils andere ist. Zudem fühlen wir uns beide sehr ineinander ein und achten sehr auf sensible, emotionale und aufmerksame Kommunikation. In meinen bisherigen Beziehungen mit Nicht-HSP-Partnerinnen war das nicht so gegeben. Zudem haben wir beide ein sehr ähnliches Bedürfnis nach Nähe, und empfinden recht gleich, was zu viel und was zu wenig ist.

Wir benötigen beide eine gewisse Menge Freiraum und Zeit für uns allein, und es würde vermutlich schwierig, wenn wir uns diesen gegenseitig nicht lassen würden. Glücklicherweise klappt das bisher ganz gut. Sonst gibt es in unserer Beziehung soweit nichts Problematisches im Zusammenhang mit unserer Hochsensibilität.

Im Gegenteil, es gibt einige Vorteile, weil wir beide HSP sind. Zum Beispiel, dass wir beide sehr auf einer Wellenlänge liegen, emotional sehr nahe beieinander sind. Wir sind beide naturverbunden, können uns an ähnlichen Dingen, für andere Menschen vermutlich zum Teil Kleinigkeiten oder Belangloses, begeistern und uns ganz darauf fokussieren. Wir haben eine ähnliche Art zu denken und die Dinge um uns herum wahrzunehmen und zu verarbeiten. Das führt dazu, dass wir sehr gut kommunizieren können und oft die Gedanken des anderen nachempfinden können. Ich bin mir da nicht sicher, ob so etwas exklusiv für eine HSP-HSP-Konstellation ist, aber ich denke die Wahrscheinlichkeit ist schon höher als bei anderen.

Ich finde es definitiv gut, dass meine Freundin auch hochsensibel ist, schon allein aus dem Grund, dass wir einander sehr gut verstehen und die Kommunikation gut funktioniert, was eindeutig auch zu einem nicht unerheblichen Teil aus der ähnlich gearteten Wahrnehmung der Umgebung resultiert. **《**

Zusammenfassung – Lars und Stefanie:

Lars und Stefanie haben ein ähnliches Nähebedürfnis und sind beide sehr empathisch, was ihnen hilft, die Gemütslage des anderen zu erspüren und aufmerksam miteinander zu kommunizieren. Sie liegen generell sehr auf einer Wellenlänge, haben ähnliche Interessen, eine ähnliche Art, zu denken und die Umwelt wahrzunehmen und können einander daher gut verstehen.

Martin (44) und Melanie (43)

》 *Ich bin seit 21 Jahren mit meiner Partnerin zusammen. Wir leben zusammen mit unseren drei Söhnen (7, 11 und 14 Jahre). Unter der Woche haben wir etwa täglich eine Stunde gemeinsame Zeit, an den Wochenendtagen sind es mehr. Aufgrund der drei Söhne unternehmen wir nicht so viel miteinander, wie wir gerne würden, denn die Kinder lassen uns wenig Zeit für besinnliche Zweisamkeit ohne Action. Gleichzeitig braucht aber jeder von uns seine Freiräume. Wir haben nicht das Bedürfnis, ständig zusammen zu sein. Jeder ist sich selber genug und kann sich gut alleine beschäftigen. Meistens ist es so, dass sich der eine um die Kinder kümmert und der andere arbeitet oder seinen Interessen nachgeht.*

Jeder von uns braucht seinen Freiraum, zieht sich regelmäßig zurück um allein zu sein. Ich glaube, in unserer Abwechslung der Kinderbetreuung unterscheiden wir uns von Nicht-HS-Paaren, bei denen wohl häufiger gemeinsames Familienprogramm stattfindet. Es gibt vergleichsweise wenig gesellschaftliche Aktivitäten wie Treffen mit Freunden, anderen Familien, Feste und Feiern, weil solche Veranstaltungen anstrengend sind, Freiraum nehmen und geplant werden müssen. Planung ist keine Stärke von uns. Jeder von uns beiden entwickelt sich beständig weiter, es gibt keinen Stillstand. Die Entwicklung des

Partners zwingt einen zudem, sich darauf einzustellen und beschleunigt die persönliche Entwicklung noch.

Ein Minus, weil wir beide HSP sind, könnte sein, dass uns beiden manchmal die Durchsetzungsfähigkeit gegenüber Außenstehenden wie z. B. Vermieter oder Handwerker fehlt. Und die Kinder bringen uns öfter an den Rand der nervlichen Belastbarkeit, was dann leicht in Aggressivität umschlagen kann. Es wird dann schnell mal sehr laut.

Doch die positiven Aspekte überwiegen, weil jeder den anderen in seinem Bedürfnis nach Freiraum, Ruhe, künstlerischer Betätigung und beruflicher Anerkennung versteht. Es wirkt sich auch auf die Kindererziehung positiv aus, weil wir beide unsere HS-Kinder in ihren Besonderheiten verstehen und schätzen können.

Ich finde unsere HSP-HSP-Konstellation uneingeschränkt gut. Einen Nicht-HSP-Partner könnte ich mir für mich nicht vorstellen. Es würde mir möglicherweise an Achtung vor dem Partner mangeln. In unserer Beziehung ist es so, dass wir uns beide ständig weiterentwickeln und regelmäßig neue Herausforderungen suchen. Das kann eine neue berufliche Ausrichtung sein, aber auch neue Interessen, neue Freunde, neue Freizeitbeschäftigungen oder neue wissenschaftliche Felder. Wäre dieser permanente Wunsch nach Weiterentwicklung bei meinem Partner nicht vorhanden, dann würde ich ihm mit der Zeit davoneilen, ihn sozusagen zurücklassen. Dieser dauernde Drang, an sich zu arbeiten, ist eine Eigenschaft, die ich vielen HSPs attestiere. Dies fordert beide Partner. Das häufig geforderte »lebenslange Lernen« ist etwas, was viele HSPs verinnerlicht haben und tun müssen, um mit sich im Reinen zu sein. 〈〈

Zusammenfassung – Martin und Melanie:

Martin und Melanie brauchen beide viele Freiräume und viel Zeit für sich. Sie sind sich einig, dass es gemeinsames Familienprogramm und Treffen mit Freunden oder Teilnahmen an Feiern eher selten gibt. Ihre ebenfalls hochsensiblen Kinder können sie aufgrund ihrer eigenen Hochsensibilität gut verstehen. Als problematisch werden die früher erreichte Belastbarkeitsgrenze bei der Kindererziehung erachtet, sowie die Schwierigkeit, sich gegenüber Vermietern, Handwerkern u. ä. durchzusetzen. Dennoch emp-

Marianne Skarics · Sensibilität und Partnerschaft

findet Martin die Beziehungskonstellation als uneingeschränkt gut, da er meint, eine nicht hochsensible Partnerin hätte vielleicht kein so großes Bedürfnis, sich ständig weiterzuentwickeln.

Steffen (44) und Ilse (42)

>> *Wir sind seit etwas über einem Jahr ein Paar, und unsere Beziehung ist sehr besonders. Wir haben das Gefühl, Zwillingsseelen zu sein, uns hier verabredet zu haben, uns wieder getroffen zu haben. Wir sind beide sehr spirituell, leben beide sehr bewusst, leben im Hier und Jetzt, haben beide schon einige Beziehungserfahrungen hinter uns.*

Unsere Hochsensibilität ist für unsere Beziehung von großer Bedeutung, denn Hochsensibilität, die, als solche gesehen, anerkannt und bewusst gemacht wurde, erkennt sich gegenseitig, ist rücksichtsvoll, emphatisch, übernimmt Verantwortung, entwickelt und hat Mitgefühl. Sie lässt den Partner in seiner Wahrnehmung, macht die Entwicklung dieser Wahrnehmungen möglich und fördert sie. Bei uns entwickeln sich daraus Fähigkeiten, wie Hellsichtigkeit, Hellhörigkeit, Hellfühligkeit, Aurafühligkeit u. v. m. Es darf alles sein. Es ist eine Ehrlichkeit und Bedingungslosigkeit einfach da, eine Authentizität möglich.

Die aufgrund unserer Hochsensibilität möglicherweise problematischen Bereiche klären sich mit der Zeit, weil beide sehen, dass es keine Nischen in der Ehrlichkeit und Bedingungslosigkeit gibt, weil einfach alles sein darf.

Unsere Vorteile davon sind, dass beide einfach alles beim anderen mitbekommen, spüren.

Ich sehe mich als HSP-Mann sehr im Vorteil gegenüber vielen anderen Männern, denn: Aus der ganzheitlichen Sichtweise betrachtet, die ich vertrete, ist die Frau, egal ob HSP oder Nicht-HSP, der gefühlsbetontere Teil der Beziehung. Man kann auch sagen, die weiblichen Anteile in uns Menschen stehen für die Gefühlsebenen. Im Gegensatz dazu stehen die männlichen Anteile für die Tat, die Handlungsweise. Diese beiden Anteile in ein ausgewogenes Miteinander zu bringen, ist sicher ein Teil unserer Lebensaufgabe, das bedeutet: Unsere Gefühle mit unserem Handeln in Einklang zu bringen und unser Handeln durch unsere Gefühle ausgewogen zu steuern.

Wenn ich als HSP-Mann der Gefühlswelt schon sehr verbunden bin, kann ich die weibliche Seite sehr gut nachfühlen, mögliche Konflikte schon viel eher erfühlen, und früher klären. Gleichzeitig erkenne ich auch zumeist schon früher die Spiegelung der Gefühlsanteile, die betrachtet werden wollen, und brauche die Konfrontation erst gar nicht mehr, sondern kann auch so gemeinsam klären, was dann beiden hilft.

Bei Problemen oder Beziehungskrisen hilft uns das Mitfühlen sehr. Die Probleme über das Fühlen und das Gefühl klären. Da alles ein Spiegel ist, spiegeln sich gerade die Partner in einer Beziehung. In Krisen werden in Spiegelungen die Anteile aufgedeckt, die man an sich besonders wenig mag. Wenn man dies liebevoll miteinander teilen kann, dann sind dort die Lösungen erst recht möglich. Der HSP hat diese Sensibilität, um dies liebevoll anzunehmen.

Das Thema »Spiegelung« ist von einem ganzheitlichen, energetischen Ansatz aus zu betrachten: Unser Leben hier ist ein Übungsfeld der Gefühle. Wir treffen in unseren Beziehungen Menschen, mit denen wir bestimmte Themen klären können, wenn wir dazu bereit sind. Die Energie führt uns so zusammen, dass wir beide ähnliche Themen zu betrachten haben. Diese Themen sind generative Themen, wie z. B. Macht oder Ohnmacht, von denen wir alle Anteile besitzen, die es zu lösen gilt. Wenn diese Themen bei uns »angetriggert« werden, dann reagieren wir auf etwas, das uns in unserer Beziehung gespiegelt wird.

Der Ansatz ist, dass das ganze Leben eine Spiegelung oder Projektion unseres Inneren im Außen darstellt. Im Negativen betrachtet nehmen wir emotionale Äußerungen unserer Partnerin persönlich und reagieren darauf explosiv, weil wir an unsere dunklen Themen erinnert werden, und dies auf unsere Partnerin wiederum projizieren. Wir gehen ins Außen und agieren unsere inneren »Missstände« im Außen aus, zerstören und kommen dadurch keinen Schritt weiter.

Die Beziehungs-Konstellation »HSP und HSP« ist die beste Konstellation, die ich in meinem Leben erlebt habe. Sie ist auch für mich die einzig zukunftsfähige. Sie ist auch die einzige, mit der ich mir vorstellen kann, meine Lebensaufgabe (die Bedingungslosigkeit und bedingungslose Liebe zu allem im Universum) wirklich zu schaffen.

Ich habe in meinen früheren Beziehungen sehr viel lernen dürfen. Vieles, was ich dort erlebt habe, eröffnet sich heute erst als richtig, auch wenn ich mich damals schuldig gefühlt habe. Ich bin dankbar für alle diese Erfahrungen mit Nicht-HSP-Frauen. Sie haben es wunderbar geschafft, mich immer wieder auf die Probe zu stellen, zu versuchen, mir mein Gefühl abzusprechen. Dies hat nur temporär funktioniert. **«**

Zusammenfassung – Steffen und Ilse:

Steffen und Ilse sind seit etwas über einem Jahr ein Paar und sind beide sehr spirituell. Ihre Hochsensibilität ist eine Bereicherung für die Beziehung, da sie für die beiden rücksichtsvolles Miteinander, Empathie, Authentizität und gegenseitiges Erkennen und Fördern der sensiblen Wahrnehmungen bedeutet.

Steffen sieht sich gegenüber nicht-hochsensiblen Männern klar im Vorteil, da er Gefühls- und Handlungsebene eher in Einklang bringen kann und sich der Gefühlsebene generell stärker verbunden fühlt. Das hat verschiedene Vorteile wie beispielsweise das raschere Erfühlen und dadurch auch frühere Klären von aufkeimenden Konflikten. Bei Problemen oder Beziehungskrisen hilft den beiden daher das Mitfühlen sehr.

Die Beziehungs-Konstellation »HSP und HSP« ist für Steffen ideal, mehr als das, sie ist für ihn die einzig zukunftsfähige.

$\mathcal{F}$azit: Hochsensible Männer in Beziehungen mit HSP

Hochsensible Männer mit HSP-Partnerinnen berichten von einem ähnlichen Nähebedürfnis (viele Freiräume, viel Zeit für sich), einer ähnlichen Art zu denken und zu kommunizieren, einer ähnlichen Art, die Umwelt wahrzunehmen und generell einer ähnlichen Wellenlänge. Sie betonen die beiderseitige Empathie und die aufmerksame Art, miteinander zu reden. Treffen mit Freunden oder gemeinsames Familienprogramm finden eher selten statt.

Die früher erreichte Belastbarkeitsgrenze wird vor allem bei der Kindererziehung als problematisch erachtet. Auch die Schwierigkeit beider, sich nach außen durchzusetzen, wird genannt. Dennoch wird die Hochsensibilität beider Partner von Männern als überwiegend positiv und bereichernd für die Beziehung gesehen. Besonders schätzen sie den rücksichtsvollen Umgang miteinander und die gegenseitige Förderung und Wertschätzung der sensibleren Wahrnehmung.

Generell kann man sagen, dass die hochsensiblen Männer in ihren Beziehungen mit hochsensiblen Frauen über weniger kritische Bereiche berichten als dies die HSP-Frauen in Beziehungen mit HSP-Männern tun. Ein möglicher Grund dafür ist folgender: Während für HSP-Frauen ein hochsensibler Partner nicht dem Klischeebild des »harten, kämpferischen Kerls« entspricht, ist eine HSP-Frau für einen HSP-Mann sehr wohl eine Partnerin, die ins Klischeebild der »einfühlsamen, sensiblen Frau« passt, und das sogar noch weit mehr als eine Nicht-HSP-Frau. Während es einigen HSP-Frauen also negativ auffällt, dass ihr HSP-Partner sich beispielsweise nicht gerne mit Handwerkern herumstreitet, gehen HSP-Männer ohnehin davon aus, dass ihre Partnerin dies nicht gerne tut und vermerken es daher nicht als Minuspunkt.

Über Beziehungen zweier Hochsensibler

Das Besondere in Beziehungen zweier Hochsensibler

»Liebe ist gemeinsame Freude
an der wechselseitigen Unvollkommenheit.«

Hans Kudszus

Im Idealfall zeichnet sich eine Partnerschaft zweier Hochsensibler aus durch:

- einander wortlos verstehen und annehmen
- ein großes Maß an Toleranz
- häufige symbiotische Gefühle
- das Gefühl, vereint gegen die stressende unsensible Welt zu sein
- das Verständnis für das beidseitige oftmalige Bedürfnis nach Rückzug
- große gegenseitige Rücksichtnahme
- gute Kommunikation, tiefsinnige Gespräche und Diskussionen
- rasches Erkennen von Problemen und Stimmungen
- die Chance zur raschen Klärung, bevor sich mehr anstaut
- Unkonventionalität
- Aufbrechen von starren Rollenklischees
- beidseitige Empathie
- ein eigenes Tempo
- Einigkeit über die Vermeidung allzu überstimulierender Situationen
- Einigkeit über Häufigkeit und Dauer von Verwandtenbesuchen, Feiern u. ä.
- gemeinsame Freude an den kleinen Dingen
- Registrieren von Zwischentönen, beispielsweise in Gesprächen
- tiefgründige Beziehung
- ähnliche ethische Ansichten
- ein besonders tiefes Gefühl der Verbundenheit bis hin zur Seelenverwandtschaft

Die Herausforderungen in Beziehungen zweier Hochsensibler

»Die Liebe ist so unproblematisch wie ein Fahrzeug.
Problematisch sind nur die Lenker, die Fahrgäste und die Straße.«
Franz Kafka

Zwei Hochsensible können einander, bei ungünstiger Konstellation, in ihren Problembreichen verstärken und den Alltag besonders anstrengend machen.

Im kritischen Fall wird eine Beziehung zweier Hochsensibler gekennzeichnet durch:

- Isolation: die Außenwelt wird ausgegrenzt und man fokussiert sehr stark auf sich selbst bzw. aufeinander
- noch mehr nötige Toleranzbereiche aufgrund unterschiedlicher Ausprägungsgebiete der Hochsensibilitäten
- evtl. Genervtheit darüber, dass man nun auch in den Bereichen, in denen man selbst Überstimulation noch relativ gut erträgt, tolerant sein muss, was den Handlungsspielraum noch weiter einschränkt
- das Vermissen eines ergänzenden Partners, der fürs »Grobe« zuständig ist
- generell eher wenig Ergänzung
- Schwierigkeiten in der Aufgabenteilung (etwa bei der Hausarbeit), da beide dieselben Aufgaben durchführen oder vermeiden möchten
- große Zaghaftigkeit
- übergroße Vorsicht und das Vermeiden vieler Herausforderungen
- besondere Belastung durch die Kindererziehung und/oder den Beruf
- das Gefühl, permanent ein »offenes Buch« zu sein, da selbst kleinste Unstimmigkeiten erfühlt werden
- die Gefahr, die eigene Stimmung zu stark von der Stimmung des Partners abhängig zu machen
- daher Schwierigkeiten bei sich zu bleiben und sich abzugrenzen
- häufige Überlastung beider Partner

*T*ipps für HSP-HSP-Paare

Holen Sie sich Impulse von außen

Es ist wichtig, einzusehen, dass man einander nicht alles erfüllen kann. Um Impulse von außen und neue Lebendigkeit für die Beziehung zu erhalten, ist es wichtig, auch Kontakt zu anderen Menschen zu pflegen. HSP-Paare neigen manchmal dazu, sich als Paar zu isolieren. Anfangs kann sich das herrlich anfühlen, wie ein warmer Kokon, die harte Welt aussperrend und einander völlig verstehend, aber es ist auf Dauer nicht gesund. Weder für die Beziehung, noch für das Individuum.

Entwickeln Sie Strategien, um sich gegenseitig zu entlasten

Versuchen Sie, einander Raum zur Entspannung zu schaffen. Teilen Sie sich überreizende Tätigkeiten nach Möglichkeit so ein, dass Sie zwischendurch Pausen haben. Wechseln sie einander bei überreizenden, aber notwendigen Tätigkeiten möglichst gut ab.

Machen Sie Ihre Hochsensibilität nicht zur Ausrede

In jedem Leben und jeder Paarbeziehung gilt es, Herausforderungen zu meistern. Herausforderungen permanent zu umschiffen, führt unweigerlich irgendwann zu Stagnation. In Beziehungen zweier Hochsensibler besteht die Gefahr, sich zu stark zurückzuziehen, unter Umständen auch dann, wenn es besser wäre, sich der Herausforderung zu stellen, etwa, weil sie persönliches Wachstum bedeuten würde. Es ist daher wichtig, einander zu ermutigen, auch einmal Herausforderungen anzunehmen, Neues zu wagen oder etwas zu riskieren. Das bedeutet nicht, dass zwei HSP einander anspornen sollen, ihre Hochsensibilität zu missachten, sondern es bedeutet, dass es gilt, einander gut zuzureden, wenn es heißt, eine neue Aufgabe anzunehmen oder eine schwierige Hürde zu meistern.

Versuchen Sie, einander so gut wie möglich zu ergänzen

In Beziehungen zweier Hochsensibler gibt es häufig viele Ähnlichkeiten und relativ wenig Ergänzendes zwischen den Partnern. So kann es sein, dass etwa bei der Einrichtung einer neuen Wohnung beide den gestalterischen und planenden Part übernehmen möchten und keiner mit Möbelfirmen verhandeln, Termine vereinbaren und alles koordinieren will. In solchen und ähnlichen Situationen ist es am besten, die ungeliebtere Rolle entweder jeweils abzuwechseln oder das Notwendige gemeinsam zu erledigen.

Machen Sie Ihren Partner nicht zu Ihrem Stimmungsbarometer

Aufgrund ihrer großen Empathie tendieren viele HSP dazu, ihre Stimmung stark von der ihres Partners abhängig zu machen. Ist der Partner traurig, werden sie es automatisch auch, geht es dem Partner gut, sind auch sie guter Dinge. Sich gegenseitig Mut zu machen und einander aufzuheitern ist bei dieser Anlage schwierig. Deshalb ist es wichtig, dem Partner nicht die Bürde aufzulasten, für die eigene Stimmung verantwortlich zu sein. Bei vielen Empathen führt dies nämlich dazu, dass sie ihre negativen Stimmungen nicht mehr zeigen möchten, weil sie nicht Auslöser für eine ebenfalls negative Stimmung des Gegenübers sein wollen. Diese Problematik gipfelt schließlich darin, dass aus Rücksichtnahme viele Gefühle verborgen bleiben, sodass sich eine verschweigende Unehrlichkeit in die Beziehung schleicht. Um das zu unterbinden, ist es wichtig, daran zu arbeiten, dass man zwar mitfühlt, sich dabei aber nicht vom Gegenüber allzu sehr anstecken lässt.

Marianne Skarics · Sensibilität und Partnerschaft

Beziehungen Hochsensibler mit Nicht-Hochsensiblen

Interviews
Hochsensible Frauen erzählen über ihre Beziehung mit einem Nicht-HSP-Partner

Agnes (24) und Viktor (26)

≫ *Wir sind seit etwa vier Jahren zusammen und leben auch zusammen. Außerhalb der Zeit, die wir am Arbeitsplatz bzw. in der Uni verbringen, sind wir (räumlich) die meiste Zeit zusammen, da wir beide nicht viel außerhalb unternehmen (weder zusammen, noch getrennt). Ich bin damit zufrieden, hätte aber auch keine Schwierigkeiten, wenn mein Partner mehr unternehmen würde (ohne mich). In letzter Zeit ist unsere gemeinsam verbrachte Zeit allerdings relativ knapp, durch unseren unterschiedlichen Tag-Nacht-Rhythmus (Nachtschicht).*

Wir haben keine Kinder, auch keine geplant, was wohl auch mit der Hochsensibilität zusammenhängt. Was die Kinder angeht: Selbst wenn ich es mir »leisten« könnte, sehe ich grundsätzlich keinen Anlass dafür, eins oder mehrere zu bekommen. Mir hat sich über die Jahre der Eindruck aufgedrängt, dass man als Mutter nahezu taub und vollkommen frei von Ekelgefühlen sein muss (was auf mich keineswegs zutrifft). Außerdem brauche ich sehr viel Zeit für mich allein und hätte daher Angst, total vereinnahmt zu werden, was dann wohl Erschöpfung, Verblödung und ähnliche Erscheinungen nach sich zieht, zumindest befürchte ich das für mich. Wenn ich mich vernachlässige, rächt sich das im Nachhinein auch bitterlich, und das sollte man niemandem zumuten (sich selbst nicht und schon gar keinem Kind).

Ich möchte nicht behaupten, dass ich generell wenig Energie zur Verfügung habe, aber es reicht dann vermutlich doch nicht aus, um mich einerseits so weiterzuentwickeln, wie ich mir das vorstelle, und andererseits noch ein Kind hinreichend zu versorgen. *Meiner Meinung nach sind die Aufgaben, die sich einer Mutter stellen, zumindest mit meiner Art der Sensibilität nicht vereinbar, zum Beispiel fiele es mir schwer, ein Kind zu sozialisieren, weil mir sofort schlecht wird, wenn ich an Sandkastenrunden mit anderen Müttern denke (eigentlich wird mir bei dem Wort »Mutter« schon leicht flau).*

Für mich ist es günstig, dass mein Partner nicht hochsensibel ist, denn ich könnte zwar beispielsweise gut mit einem HSP leben, der einfach nur gut riechen, schmecken oder hören kann, aber wenn sich bei jemandem die Hochsensibilität ähnlich äußert wie bei mir, würden wir wahrscheinlich völlig »vergeistigen« und die Bodenhaftung verlieren.

Die Partnerschaften zweier Nicht-HSP scheinen mir, soweit ich das aus meinem Bekanntenkreis beurteilen kann, in jeder Hinsicht, die ich beobachten konnte, wesentlich weniger intensiv als die zwischen meinem Partner und mir. Diese Leute waren für meine Begriffe enorm bodenständig (Haus, Auto, Durchschnittsjob, ein, zwei Kinder, das Übliche, darüber hinaus keine Interessen oder Probleme) und hatten generell keine speziellen Probleme oder Interessen, weshalb sie sich auch wenig zu sagen hatten und andauernd »Mädels-Abende« bzw. »Kneipen-Abende« und andere für mich sehr aufreibende Projekte starten mussten.

Da ich sehr empfindlich auf akustische Reize reagiere, wird es mir mit meinem Partner oft viel zu laut. Ich fühle mich sehr häufig durch seinen Geräuschpegel gestört, und er fühlt sich seinerseits belästigt, weil er sich in dieser Hinsicht manchmal einschränken muss. Erledigungen muss er manchmal alleine machen, weil ich mich in größeren Menschenansammlungen, z. B. bei Einkäufen, unwohl fühle und etwas mehr Zeit brauche. Er fühlt sich dadurch genervt und setzt mich so – unabsichtlich – noch mehr unter Druck. Dieser Druck und der Stress, den ich unter Menschen sowie bei Lärm ohnehin empfinde, schaukeln sich dann gegenseitig hoch, sodass ich an manchen Tagen lieber gleich zu Hause bleibe. Lieber wäre es mir, wenn er in solchen Situationen gar nicht weiter auf mich achten und mir möglichst nicht das Verhalten eines nicht hochsensiblen Menschen abverlangen würde. Im Alltag bin ich demnach häufig für Verzögerungen und Schwierigkeiten verantwortlich, weil das zügige und reibungslose Durchführen *praktischer Dinge nicht meine Stärke ist. Dadurch, dass mein Partner deshalb oft ärgerlich reagiert, weil er Schwierigkeiten hat, sich in meine Lage zu versetzen, leide ich oft unter Gefühlen der Schuld und der Minderwertigkeit und rede mir selbst ein, ich solle mich »nicht so anstellen«.*

Aus meiner Sicht ist es einfacher und angenehmer, mit einem nicht hochsensiblen Mann zusammenzuleben, da ich dauerhaft nicht die Energie aufbringe, auf einen anderen HSP einzugehen (es sei denn, die Hochsensibilität beschränkt sich wirklich nur auf Sinneseindrücke und hat keine Konsequenzen, was Gemütszustand und Verhalten angeht – aber gibt es so was überhaupt?). Im Umgang mit anderen Hochsensiblen bin ich eher überfordert, weil mich meine eigenen Bedürfnisse zeitweise schon ermüden und es mir daher entgegenkommt, einen Partner zu haben, der relativ stabil und bescheiden in seinen Ansprüchen ist.

Ein potenzieller Konfliktpunkt ist, dass ich speziell in meiner Beziehung das Gefühl habe, dass mein Partner meine Hochsensibilität teilweise immer noch als etwas Anormales oder Neurotisches betrachtet. Zwar nicht in jeder Hinsicht, aber doch besonders dort, wo sich Nachteile im emotionalen Bereich zeigen, weil man ja als Mensch, der sensibel auf laute Geräusche, Menschenmassen oder Stimmungen reagiert, zwangsläufig eher gereizt und überfordert ist als ein Nicht-HSP. Für Versuche, mich zu desensibilisieren oder Aufforderungen, mich zusammenzureißen, bringe ich nicht viel Verständnis auf.

Für mich persönlich empfinde ich unsere Beziehungs-Konstellation als gut, aber ich möchte das nicht verallgemeinern. Ich kenne natürlich viele Männer, die nicht hochsensibel sind, und ich könnte mir trotzdem nicht im Entferntesten vorstellen, auf die Dauer mit einem von ihnen zurechtzukommen, weil mich vom normalen Mann einfach Wahrnehmungswelten trennen. Ich brauche einen Partner, der zwar nicht hypersensibel, aber dennoch einfühlsam und intelligent genug ist, um mit meiner Hochsensibilität umgehen zu können – und gleichzeitig gelassen und bodenständig genug ist, um meine Höhenflüge auszubalancieren oder gewissermaßen mein Gegenpol in der Beziehung zu sein. Eigentlich so etwas wie ein »Zwischending« in dieser Hinsicht. (Bei HSP-Tests hatte mein Partner auch sehr grenzwertige Ergebnisse, zwar noch im nicht hochsensiblen Bereich, aber recht hoch in der Punktzahl.) 〈〈

Zusammenfassung – Agnes und Viktor:

Agnes empfindet es als günstig, dass Viktor nicht hochsensibel ist, da er für »Bodenhaftung« sorgt. Auch hätte sie Bedenken, ob sie dauerhaft die Energie aufbrächte, auf einen HSP-Partner angemessen einzugehen und ob der Umgang mit ihm sie nicht überfordern würde, da sie ohnehin schon genug mit ihren eigenen Ansprüchen beschäftigt ist.

Etwas problematisch ist ihre Empfindlichkeit bei akustischen Reizen und der Druck und Stress, den sie unter Menschen empfindet. Schwierig ist es auch, dass Viktor ihr zuweilen das Gefühl gibt, ihre Hochsensibilität sei nicht normal. Dennoch empfindet Agnes ihre Beziehungs-Konstellation als gut, vor allem, da ihr Partner zwar kein HSP, wohl aber einfühlsam und sensibel, zugleich auch gelassen und bodenständig ist.

Chenoa (36) und Ruben (38)

>> *Wir sind seit 1995 zusammen, seit 1999 verheiratet. Wir leben seit 2003 zusammen und hatten davor schon einmal für viele Jahre aufgrund der Montagearbeit meines Mannes eine Fernbeziehung, welche unserer Liebe aber nie geschadet hatte. Kinder haben wir keine.*

Oft unternehmen wir in unserer Freizeit etwas gemeinsam, meistens an Wochenenden, da mein Mann in der Woche bis nachmittags oder abends in der Arbeit ist. Wir lassen uns aber auch gegenseitig genügend Freiraum, sodass auch jeder von uns mal alleine wegfahren kann.

Allerdings muss ich ehrlich sagen, wäre auch mein Mann arbeitslos gewesen, sähe die Sache schon ganz anders aus. Ich könnte mir schon vorstellen, dass wir beide einander auf die Nerven gehen würden. Weiters kann auch ich behaupten, dass unsere Fernbeziehung eigentlich die beste Zeit überhaupt war. Denn da konnte ich während der Woche viel für mich tun, meinen eigenen Interessen und Hobbys nachgehen, und vor allem hatte ich auch viel Ruhe um mich herum. Und an jedem Wochenende gehörte meine Zeit stets nur meinem Mann! Irgendwie ein schöner Ausgleich – wir beide konnten unter der Woche tun und lassen, was wir wollten, unseren Hobbys nachgehen usw. und die Wochenenden verbrachten wir miteinander. Für mich war das damals so schön, dass wir es beibehalten haben und heute immer noch genauso handhaben. Denn ich liebe meinen Mann sehr und möchte mit ihm viel gemeinsame Zeit verbringen, aber ich brauche auch meine Freiheit.

Als Besonderheit aufgrund meiner Hochsensibilität sehe ich es in unserer Beziehung, dass ich oft meine völlige Ruhe brauche. Ich habe wirklich gerne stundenlang Ruhe um mich herum, ich möchte oft niemanden sehen, diese »unheimliche« Stille und Einsamkeit brauche ich sehr, ich weiß nicht warum, es ist einfach so. Mein Mann braucht zwar mal seine Ruhephase, aber sehr selten, und wenn, dann immer nur für kurze Zeit. Er ist so gut wie immer beschäftigt – er braucht das einfach. Dieses ständige Hin- und Herlaufen meines Mannes (vom Wohnzimmer zur Küche, von dort ins Bad etc.) macht mich manchmal gereizt, also leicht nervös, ich kann so etwas manchmal nicht ertragen. Reizüberflutung überwältigt mich sehr, sehr leicht, während diese meinen Mann wenig übermannt oder er sich eben von viel Trubel nicht so sehr gestört fühlt. Das ist einer der Bereiche, wo ich merke, dass ich hochsensibel bin und mein Partner nicht.

Problematische Bereiche, weil ich HSP bin und mein Mann nicht, sehe ich eigentlich keine. Mein Mann kennt mich gut und weiß, dass ich in vieler Hinsicht sensibel bin und auf vieles deshalb so intensiv reagiere. Probleme gibt es bei uns deshalb eigentlich nicht, denn mein Mann ist selbst auch sensibel genug – nicht hochsensibel, aber er bringt genügend Sensibilität auf, er versteht mich und akzeptiert ganz einfach meine eigenen Bedürfnisse wie z. B. täglich für gewisse Zeit Ruhe für mich alleine. Er versteht, warum mich bestimmte Sachen wie verschiedenste Geräusche so stören, jedenfalls stellt er mir deswegen nie Fragen.

Ich empfinde einiges als besonders positiv, weil ich HSP bin und mein Partner nicht, z. B. kann ich ziemlich gut Gedanken der anderen lesen, ich spüre sehr oft schon bald eine drohende Gefahr auf uns zukommen, und mit meiner intensiveren Wahrnehmung habe ich meinen Mann, der so etwas nicht so wahrnehmen kann, oft vor Ärger und Enttäuschungen bewahrt.

Auch scheint es in meinem Gehirn so eine Art »Negativfilm« oder eine Art »PC-Speicherkarte« zu geben, denn wenn mein Mann irgendwas von früher, vielleicht aus der Kindheit, wissen möchte, braucht er nur mich zu fragen ohne nach zig Ordnern und Alben zu greifen oder bei Google nachzusehen. Ich habe meistens sofort Antworten parat, wann der XY aus der Schule Geburtstag hat, wann wir an einem Ort waren usw.

Ob ich unsere Beziehungs-Konstellation (»HSP und Nicht-HSP«) insgesamt als gut empfinde? In unserem Fall ja! Die Bodenständigkeit, die Ruhe und das Verständnis meines Mannes sind so was von gut für mein manchmal überflutetes Nervenkostüm. Seine Ruhe und sein Verständnis wirken auf mich wie Sonnenschein. Nur manchmal wünsche ich mir, mein Mann würde meine Eigenarten noch besser verstehen und diese richtig einordnen. **《**

Zusammenfassung – Chenoa und Ruben:

Chenoa braucht aufgrund ihrer Hochsensibilität oft völlige Ruhe, wenn sie zu Hause ist. Selbst die Schritte ihres Mannes reizen sie dann. Da Ruben aber zwar nicht hochsensibel, aber doch verständnisvoll und sensibel ist, ist das kein Problem. Als positiv erwähnt Chenoa ihre intensivere Wahrnehmung, die sie befähigt, die Gedanken anderer oder drohende Gefahren rasch zu erspüren. Ihre Beziehungskonstellation sieht sie positiv, da Rubens Bodenständigkeit, Ruhe und sein Verständnis Balsam für ihr manchmal überflutetes Nervenkostüm sind.

··

Linda (46) und Paul (49)

》 *Wir sind seit 20 Jahren zusammen und haben ein 14-jähriges Kind. Wir verbringen viel Zeit miteinander; unterhalten uns, gehen spazieren, essen oder machen den Haushalt.*

Es gibt Besonderheiten in unserer Beziehung, weil ich hochsensibel bin. So gibt es beispielsweise Gebiete, bei denen sich mein Partner blind auf mich verlässt, z. B. die »Schwingungen« von Personen betreffend. Wenn ich ihn vor jemandem warne, ist er auf der Hut. Wenn ich reizüberflutet bin, »organisiert« mein Mann unseren Rückzug. Er kennt das schon von mir.

Etwas schwierig ist für mich folgendes: Mein Mann ist multitaskingfähig: Computer, Fernsehen, CD-Player, Telefon – all dies läuft zur gleichen Zeit und bringt mich zum Durchdrehen. Mir bleibt nur die Flucht in ein anderes Zimmer. Er versteht dann nicht, was ich habe und warum ich ihn kritisiere. Es gibt allerdings dann keinen Streit, weil ich nachgebe und mich zurückziehe.

Dafür gibt es auch etwas sehr Positives: Dadurch, dass mein Partner Nicht-HSP ist, fällt es ihm leichter, aus einer Vielzahl von Informationen das Wichtige herauszufiltern: Wo ich schon am Durchdrehen bin, behält er die Nerven.

Unsere Beziehung empfinde ich als gut, weil der Nicht-HSP die HSP »erdet«, aber im Gegenzug auch neue Impulse und Sichtweisen der Welt empfängt. Ich wünsche jeder HSP eine sensible Nicht-HSP an ihrer Seite. Und: Generell finde ich es wichtig, dass beide Partner bereit sind, sich zu akzeptieren und auf die Bedürfnisse des anderen einzugehen. **《**

Zusammenfassung – Linda und Paul:

Für Lindas und Pauls Beziehung ist Lindas Hochsensibilität ein Vorteil, da sie Menschen gut einschätzen kann. Paul hingegen wird von einer großen Fülle an Eindrücken nicht so leicht überwältigt und behält einen kühlen Kopf. Paul ist multitaskingfähig, während sich Linda bei einem Zuviel an gleichzeitigem Input (TV, Telefon, Computer, Musik etc.) zurückzieht. Für Linda ist die Beziehungs-Konstellation »HSP und Nicht-HSP« gut, weil so einerseits immer wieder neuer Schwung in die Beziehung kommt, während sie andererseits auch eine gewisse »Erdung« durch ihren Nicht-HSP-Partner erhält.

Claudia (42) und Manfred (40)

》 *Manfred und ich sind seit zehn Jahren ein Paar und haben keine Kinder. Wir leben gemeinsam in einer Wohnung.*

Zeit alleine verbringe ich fast nur aufgrund unterschiedlicher Arbeitszeiten (was mich nicht stört, es deckt weitgehend meinen Bedarf nach Alleinsein).Gemeinsam verfügbare Freizeit verbringen wir in der Regel zusammen, wobei es durchaus unterschiedliche Beschäf-

tigungen sein können, z. B. am Feierabend schaut mein Partner gerne Fernsehen, während ich eher lese, schreibe oder im Internet surfe. Daneben gibt es durch ein gemeinsames Hobby recht viele zeitaufwändige, gemeinsame Aktivitäten außer Haus, und wir machen gerne Ausflüge an den Wochenenden oder kochen zu zweit. Aktivitäten außer Haus auf getrennten Wegen gibt es kaum. Hin und wieder macht einer von uns eine Kurzreise alleine. Insgesamt verbringen wir wohl ein Drittel der gemeinsam verfügbaren Freizeit tatsächlich gemeinsam, zwei Drittel in räumlicher Nähe bei unterschiedlichen Tätigkeiten.

Aufgrund meiner Hochsensibilität ist unsere Partnerschaft in höherem Maß abhängig vom Wohnumfeld und der Wohnungsgestaltung. Dabei ist es wesentlich, dass mein Partner »meine« Kriterien versteht und akzeptiert. Die Beziehung verläuft harmonischer, seit die Wohnung HSP-gerecht gestaltet wurde bzw. bei der Wohnungssuche auf bestimmte Kriterien geachtet wurde. Zum Beispiel habe ich ein eigenes Zimmer.

Mein Partner profitiert von meiner Hochsensibilität, da ich ihn oft auf (angenehme oder besonders kritische) Dinge hinweise, die er selbst nicht wahrnimmt. Ich hingegen profitiere vom der Gelassenheit meines Partners im Alltag und seinem ausgeglichenen Lebensrhythmus.

Ich denke, in einer Beziehung einer Hochsensiblen mit einer Nicht-HSP profitiert die HSP in mancher Hinsicht davon, dass ihr Partner selbst keine besonderen Ansprüche hat in gleicher Hinsicht (z. B. mag ich bestimmte Duftöle in der Wohnung, meinem Partner ist das eher egal). Insofern stelle ich mir eine Beziehung zweier HSP recht anstrengend vor, sofern sie »dicht« ist (räumlich und zeitlich). Ein Vorteil könnte sein, dass der »Erklärungsbedarf« geringer ist. Der amortisiert sich allerdings schnell.

Eine Beziehung zweier Nicht-HSP stelle ich mir langweiliger und oberflächlicher vor.

Es gäbe wohl problematische Bereiche, weil ich hochsensibel bin, mein Partner aber nicht, wenn mein Partner mir in gewissen Dingen nicht besonderen Vorrang einräumen würde, z. B. schalte ich schon mal spontan das Autoradio aus, wenn es mich nervt, ich darf beim Gaststättenbesuch den Platz aussuchen nach meinen Bedürfnissen u. ä.

Als Vorteil, weil ich hochsensibel bin, empfinde ich in unserer Partnerschaft, dass, während ich wohl oft eine Gedanken- und Erleb-

nis-«Animateuse« in unserer Beziehung bin, mein Nicht-HS-Partner ein wohltuend gelassener Pol, fast schon eine Art Anker ist. Insofern empfinde ich einen für beide Partner angenehmen Ausgleich und Austausch, Bereicherung und Kompensation von Defiziten.

Verbesserungsmöglichkeiten der Beziehung, die in Zusammenhang mit unserer Beziehungskonstellation (HSP und Nicht-HSP) stehen, sehe ich nicht mehr. Früher, bevor ich wusste, was HS ist, war das so. Mittlerweile haben wir bzw. habe ich (teilweise geht das nur alleine) die Grundlagen für die sich daraus ergebenden Bedürfnisse geschaffen.

Unsere Beziehungs-Konstellation empfinde ich als gut. In einer Beziehung mit einer HSP würden wir einander vermutlich hochschaukeln. Mein Partner holt mich hin und wieder auf den Boden der Tatsachen zurück und verhindert, dass ich mich allzu sehr verzettele in ›Intensivitäten‹.　　**«**

Zusammenfassung – Claudia und Manfred:

Claudia legt großen Wert auf die Beschaffenheit ihres Wohnumfeldes. Ihr Partner passt sich diesbezüglich ihren Kriterien an, sodass es keine Probleme gibt. Auch wenn sie das Autoradio überreizt oder sie in einem Lokal einen ganz bestimmten Sitzplatz möchte, ist es kein Problem für Manfred, sich ihr anzupassen. Manfred profitiert dafür von Claudias Hochsensibilität, da sie ihn öfters auf Dinge hinweisen kann, die er nicht wahrnimmt, während sie von seiner Gelassenheit, seinem ausgeglichenen Lebensrhythmus und davon, dass er sie ab und zu »auf den Boden der Tatsachen zurückholt«, profitiert.

Für Claudia ist es sehr angenehm, dass ihr Partner selbst keine besonderen Ansprüche hat, was etwa Duftöle in der Wohnung o.ä. betrifft. Einen Partner, der diesbezüglich ebenso sensibel wäre wie sie, stellt sie sich anstrengend vor, da man einander dann wohl eher »hochschaukeln« würde. Der möglicherweise geringere Erklärungsbedarf gegenüber einem HSP-Partner wäre zwar ein Vorteil, der für Claudia aber die Nachteile nicht aufwiegen würde. Ihre Beziehungs-Konstellation empfindet Claudia als günstig, da sie einen bereichernden Ausgleich und Austausch sowie die gegenseitige Kompensation von Defiziten bietet.

Stefanie (42) und Hubert (42)

» *Mein Mann und ich haben uns mit 19 Jahren kennen gelernt und sind somit 23 Jahre zusammen. Wir sind sehr rücksichtsvoll zueinander, nehmen uns Zeit für den anderen, wir versuchen den anderen in seinem Wesen zu bestärken – ihn also nicht zu ändern, weil wir wissen, was wir aneinander haben und wir wissen auch, dass es nicht immer hundert Prozent sein müssen, damit es einem gut geht. Wir bringen beide viele Ideen in die Beziehung ein, und wir haben während dieser langen Zeit viele gemeinsame Interessen entwickelt (lange Reisen, klassische Musik, wandern, Englische Gärten und andere Schaugärten). Jeder hat dann noch seine eigenen Hobbys. Wir ergänzen uns beide gut – ich bin eher ein kreativ- unruhiger Typ – mein Mann gibt mir Sicherheit, dafür bringe ich neue Ideen in unsere Beziehung.*

Durch meine Hochsensibilität bin ich nicht in gleichem Ausmaß belastbar wie andere Menschen. Darauf nehmen wir beide Rücksicht, ohne uns zu sehr einzuschränken. Wir meiden laute, verrauchte Lokale, wir nehmen im Urlaub nicht Zimmer in riesigen Hotels, wir besuchen nicht ständig Abendveranstaltungen – vielleicht zwei in der Woche – um auch immer genügend Zeit für Ruhe und Entspannung zu haben.

Ich verbringe den Vormittag meist alleine zu Hause. Ein bis zwei halbe Tage verbringen wir gemeinsam in unserer Medizintechnik-Firma. Sonst sehe ich meinen Mann, wenn er keine Auswärtstermine hat, zu Mittag und dann am Abend. Das Wochenende verbringen wir gemeinsam. Mir wäre lieber, ich würde meinen Mann phasenweise öfter sehen, aber eigentlich passt es ganz gut.

Ich glaube, die Besonderheit liegt darin, dass wir mehr reden als andere Paare in unserem Bekanntenkreis. Durch die Hochsensibilität ergibt sich doch manchmal ein Problem oder Unruhe und Nervosität, die sich durch Reden gut in den Griff bekommen lassen. Ich denke, die Unterschiede zwischen Hochsensiblen und Nicht-Hochsensiblen sind graduell – HSP springen wesentlich schneller an, sie sind wie ein ganz feines Messgerät und auch ein guter Indikator, wenn etwas nicht richtig läuft.

Ein Problem ist, dass ich mir aufgrund der HS manchmal denke: »Ich bin schwierig« oder: »Ich bin anstrengend«. Mein Mann sieht das nicht so, aber für mich ist es nicht immer angenehm so zu sein und das Gefühl zu haben, ich brauche anderes oder mehr als andere Men-

schen. Auch wenn ich zum Arzt gehe und wieder einmal ein Medikament schlecht vertrage, ist es mir manchmal unangenehm, denn ich möchte nicht als lästige Patientin abgestempelt werden.

Positiv ist, dass wir – auch aufgrund der HS – eine sehr liebevolle und rücksichtsvolle Beziehung haben, dass wir versuchen, viel zu reden und uns so sehr nahe sind. Wir schauen auf unsere Psychohygiene, weil es einfach notwendig ist. Positiv ist es auch, körperliche Veränderungen schneller als andere wahrzunehmen und daher auch schneller darauf reagieren zu können – dadurch bin ich eigentlich viel seltener als andere in unserem Büro krank oder suche bei Belastung schneller als andere Ausgleich.

In Bezug auf unsere Beziehung sehe ich mich weder im Vor- noch im Nachteil – ich denke, die Beziehungsfähigkeit hängt nur bedingt von Hochsensibilität ab – da gibt es noch so viele andere Einflussfaktoren, die da hineinspielen.

Wie bereits beschrieben – wir reden viel miteinander. Wir schreiben uns wichtige Punkte auf und haben beide ein Faible, Diagramme zu zeichnen um zu sehen, woher das Problem kommt und womit es verknüpft ist. Manche Probleme lassen wir auch als Problem bestehen »da weiß man, woran man ist, welches Problem man hat« und kann sich darauf einstellen – man kann nicht alle Probleme lösen.

Manchmal denke ich, mein Mann tut mehr für mich als ich für ihn, weil er aufgrund meiner Hochsensibilität oft auf meine Bedürfnisse schaut. Ich würde mir wünschen, dass wir unsere Bedürfnisse gleichrangig betrachten und beachten.

Die Konstellation HSP- und Nicht-HSP empfinde ich schon als gut – ich denke wir profitieren auch beide voneinander. Ich sehe Dinge manchmal mit ganz neuen Augen, wenn ich bemerke, dass mein Mann in einer Situation ganz anders reagiert als ich. Da kann ich mir dann etwas holen. Ich denke auch, dass jeder sich in einer Beziehung erweitern möchte – ich lerne so bei meinem Mann und er lernt, sensibel auf sich zu schauen, auch mehr auf seinen Körper, seine Gesundheit, seine Gefühle und Bedürfnisse zu achten – diese Konstellation ist also für uns beide gut. «

Zusammenfassung – Stefanie und Hubert:

Stefanie und Hubert haben darauf geachtet, in ihrer Beziehung gemeinsame Interessen zu entwickeln. Sie ergänzen einander gut, da Stefanie eher unruhig-kreativ und Hubert ein sicherheitsgebender Ruhepol ist. Auf Stefanies Hochsensibilität nehmen beide Rücksicht, ohne dass es zu allzu starken Einschränkungen kommt. Die beiden reden sehr viel miteinander und schreiben sich wichtige Punkte auf, was sich sehr positiv auf die Beziehung auswirkt. Ein weiterer Vorteil ist, dass Stefanie aufgrund ihrer Hochsensibilität ein feines Gespür für körperliche Veränderungen hat und dadurch bei Belastung schnell Ausgleich suchen kann, wodurch sie deutlich seltener krank ist als ihre Arbeitskollegen. Ihre Beziehungs-Konstellation empfindet sie als gut, da beide voneinander profitieren und lernen können.

Iris (44) und Dietmar (50)

》 *Ich bin seit 27 Jahren mit meinem Mann zusammen. Wir leben seit 22 Jahren zusammen und haben vor 21 Jahren geheiratet. Was unsere Beziehung speziell macht, ist unsere große Verschiedenheit, was die Interessensgebiete angeht. Mein Mann blüht bei technischen, rechtlichen, finanz- und versicherungstechnischen Themen auf, währenddessen ich mich sehr stark für das Thema »Mensch« mit all seinen Facetten interessiere, speziell für die Themen »Kommunikation«, »Konflikte«, »Organisationen«, »Strukturen« und »Management«. Trotz dieser Verschiedenheit sind wir ein Team und ergänzen uns wunderbar.*

Meine Hochsensibilität ist insofern in unserer Beziehung von Bedeutung, als ich deutlich schneller überstimuliert bin als mein Mann. Da ich erst vor kürzerer Zeit auf dieses Thema gestoßen bin, konnte ich für mich jahrelang nicht einschätzen, warum ich z. B. keine Nächte durchfeiern kann bzw. wenn ich mitgehalten habe, ich dann ca. zwei Tage gebraucht habe, bis ich mich wieder einigermaßen im Lot gefühlt habe. Auch benötige ich morgens zum Frühstück kein Radio parallel oder kann es nur bedingt ab, wenn parallel zu anderen Aktivitäten noch ein Fernsehapparat eingeschaltet ist.

Unterschiedlicher Schlafrhythmus ist ein Thema. Ich schlafe am liebsten gegen 22 Uhr ein bis gegen sieben Uhr morgens. Dietmar

Marianne Skarics · Sensibilität und Partnerschaft

dagegen benötigt höchstens sechs bis sieben Stunden Schlaf und geht dementsprechend später ins Bett. Ärzteauswahl bezüglich der Behandlungsmethoden spielte in der Beziehung in der Vergangenheit ebenfalls eine Rolle, sowie unterschiedliche Wahrnehmung von Personen im Freundeskreis und der Familie. Umgang mit Gegenständen – z. B. Tür- oder Fensterschließen, Staubsauger – zarter oder härter, ist ebenfalls Thema bei uns. Insgesamt boten diese Punkte (wie schon gesagt, da HSP-Thema unbekannt) eine Menge Konfliktpotential in der Beziehung.

Wir sind beide berufstätig, sodass dadurch bedingt eine räumliche Trennung unter der Woche gegeben ist – hier frühstücken wir gemeinsam und haben in der Regel auch abends ca. eine Stunde, die wir gemeinsam verbringen. Danach gehen die Gewohnheiten wieder auseinander, mein Ehemann schaut lieber fern, während ich mich zum Lesen zurückziehe. Ab und zu bin ich noch beruflich unterwegs mit außerhäuslicher Übernachtung – hier habe ich jedoch festgestellt, dass ich mit dieser Aufteilung nicht gut umgehen kann. Hier fehlen mir die beiden gemeinsamen Rituale der Regelwoche. Genauso, wenn mein Mann beruflich unterwegs ist.

Die Wochenenden verbringen wir gemeinsam – samstags durchaus mit getrennten Tätigkeiten, aber dreimal am Tag mit gemeinsamen Mahlzeiten, den Sonntag mit gemeinsamen Aktivitäten, meist sportlich (wandern, Rad fahren usw.) oder kulturell. Auch hier vermissen wir beide etwas bzw. sind unzufrieden, wenn Abweichungen vorkommen. Circa sechs Wochen Urlaub im Jahr verbringen wir gemeinsam. Auf diese Zeit möchten wir ebenfalls nicht verzichten.

Über die lange Zeit hinweg, die wir zusammen sind, hat sich eine besondere Art von Toleranz und Zulassen für uns beide zunächst im Umgang mit uns ergeben. Dies strahlt jetzt durchaus auch auf unser Umfeld aus – eine gewisse Gelassenheit und Unterscheidung, welche Themen wichtig sind und welche nicht.

Problematisch sind dafür nach wie vor Diskussionen, bei denen wir am Ende feststellen, dass wir gar nicht so differente Meinungen haben, aber zunächst völlig unterschiedlich an das Thema herangehen. Und uns beide dann ganz herrlich mit lauten Stimmen engagieren können.

Oder auch gemeinsame Arbeit vor dem PC, wo wir beide unsere eigenen Vorgehensweisen haben, wie ein solcher bedient werden sollte

*(mein Mann arbeitet gerne mit Tastenkürzeln, ich lieber mit der Maus)
und wo wir nach ungefähr zwei Minuten ärgerlich werden können, im
Deutlichmachen, welche Methode die Richtige ist. Was natürlich blöd-
sinnig ist, wir aber erst seit Kurzem an Methoden gewinnen, damit uns
dies nicht passiert.*

*Manchmal habe ich das Gefühl, als ob sich Dietmar eventuell zu
sehr zurücknimmt wegen mir, gerade was Ausgehen und nächtliche
Aktivitäten betrifft, und habe leise Schuldgefühle. Er sieht das nicht
so, aber das Gefühl ist vorhanden.*

*Mittlerweile weiß ich meine Feinfühligkeit zu wertschätzen und
bin um diese besondere Gabe sehr dankbar. Allerdings denke ich, dies
hat auch mit dem Älterwerden, Bewusstsein und der Erfahrung mit
diesem Thema zu tun. Die Gelassenheit im Umgang mit Themen, die
sich mir einfach früher erschließen als anderen (Beziehungsthemen,
Konfliktstoff mit Freunden usw.), gibt mir die Möglichkeit, anderen
manchmal zu helfen, und das wiederum gibt mir ein sehr gutes Gefühl.
Das empfinde ich als Vorteil.*

*Mein Partner entwickelt sich feinfühliger und kreativer, was ihm
sehr gut tut. Ich habe das Gefühl, durch die Andersartigkeit der Hochsensibilität kann auch er sich Andersartigkeit leisten, sich den vorgegebenen Normen entziehen, mehr von sich preisgeben und in seinen
persönlichen Themen entwickeln.*

*Im Vor- oder Nachteil sehe ich mich aufgrund meiner Hochsensi-
bilität nicht. Das kann auch daran liegen, dass ich bereits sehr lange
eine stabile Beziehung habe und durch meinen extravertierten Anteil
auch über einen großen Bekannten- und Freundeskreis verfüge. Ich
hatte bisher noch nie das Gefühl einsam zu sein, vermisse auf der
anderen Seite auch große Partys nicht – es passt einfach gut.*

*Bei Problemen oder Beziehungskrisen hilft uns in jedem Fall
zunächst Akzeptanz, dass es überhaupt ein Problem oder eine Krise
gibt und dann die Toleranz, den anderen zuzulassen. Ist dies gelungen, dann ist es auch meist möglich gewesen, eine gute Lösung für das
Problem zu finden.*

*Toleranz ist auch insofern notwendig, als die verschiedenen Aktiv-
und Rückzugsrhythmen zu akzeptieren sind. Wenn also ich z. B. permanent herummeckern würde, welche Filme sich mein Mann im Fernsehen
anschaut, hätten wir ein großes Problem. Umgekehrt ebenfalls, wenn*

Marianne Skarics · Sensibilität und Partnerschaft

er von mir verlangen würde, mit ihm gemeinsam zu schauen oder auch das Lesen zu unterlassen, wäre dies vermutlich auf Dauer für uns beide nicht tragbar. Wenn ich mir das so überlege, ist wirklich Akzeptanz und Toleranz bzw. das gemeinsame Bild von Nähe und Distanz das A und O für unsere Beziehung. Darüber ist in den Einzelfällen offen und direkt zu kommunizieren, sonst stauen sich Probleme an.

Wichtig ist für uns, gemeinsame Themen (z. B. Filme) zu finden, d. h. konkret nach Gemeinsamkeiten zu suchen, um überschneidende Anknüpfungspunkte zu haben. Sonst würde die Beziehung auseinanderlaufen. Interessant ist auch hier das Thema Kochen/Essen. Ich koche gerne sehr abwechslungsreich, international und probiere gerne neue Rezepte aus. Meinen Partner stört dies nicht, ansonsten hätten wir vermutlich einen weiteren Konfliktpunkt.

Was uns in jedem Fall geholfen hatte, war, überhaupt das Thema »Hochsensibilität« zu entdecken, was ich einem guten Freund (selbst HSP) verdanke. Eigentlich dachte ich immer, ich würde ihn ein wenig coachen, da er auf der Suche nach sich selbst war. Er stieß dann bei der Suche auf Georg Parlows Buch »Zart besaitet« und hat mir in einem Gespräch wie selbstverständlich ins Gesicht gesagt, dass ich wohl auch hochsensibel wäre. Ich hätte diesen Anspruch von mir aus selbst nie erhoben. Danach habe ich mehrere Bücher darüber gelesen und damit einen großen Sprung für mich nach vorne gemacht, was auf unsere Beziehung dann auch positiv ausstrahlte.

Auf die Frage, ob ich es gut finde, als Hochsensible einen nicht hochsensiblen Partner zu haben, fiel mir ganz spontan ein: Ja, ich finde diese Konstellation gut, ich kenne ja auch keine andere. Danach dachte ich schon daran, dass ich mir zwischendurch in dieser langjährigen Beziehung schon das eine oder andere Mal etwas mehr Verständnis, mehr Sensibilität gewünscht hätte. Insgesamt finde ich nach diesem Gedankengang die Beziehungskonstellation bei aller Verschiedenheit noch immer gut, da sie aufgrund des vorhandenen Konfliktpotentials viel Anlass zum Perspektivenwechsel und zur Weiterentwicklung auf beiden Seiten gibt. Hätte ich diese Beziehung nicht, hätte ich mich vermutlich nicht so intensiv mit den Themen »Kommunikation«, »Konfliktbewältigung« und »Mediation« auseinandergesetzt, sondern vermutlich mehr abgeschottet und wäre einfach träger in der Auseinandersetzung gewesen, hätte mich vermutlich auch mehr zurückgezogen. **«**

Zusammenfassung – Iris und Dietmar:

Iris und Dietmar haben sehr unterschiedliche Interessen, weshalb es ihnen wichtig ist, auch konkret nach Gemeinsamkeiten zu suchen, um überschneidende Anknüpfungspunkte zu haben. Bevor Iris von ihrer Hochsensibilität wusste, gab es einige Konfliktpunkte in ihrer Beziehung. Seit sie Erklärungen dafür hat, warum sie nach durchgefeierten Nächten tagelange Erholung benötigt, kein Radio beim Frühstück hören möchte oder einen geräuschärmeren Umgang mit Gegenständen bevorzugt, hat sich das gebessert. Iris hat zudem das Gefühl, dass nicht nur sie ihre Hochsensibilität wertschätzen gelernt hat, sondern dass auch ihr Partner sich nun feinfühliger und kreativer entwickelt, was ihm sehr gut tut. Sie hat das Gefühl, durch das Wissen um die »Andersartigkeit« der Hochsensibilität kann auch Dietmar sich nun »Andersartigkeit« leisten, sich den vorgegebenen Normen entziehen und in seinen persönlichen Themen entwickeln.

Akzeptanz und Toleranz sind für die beiden nicht nur bei der Lösung von Problemen, sondern auch aufgrund ihrer Andersartigkeit und ihrer unterschiedlichen Bedürfnisse sehr wichtig. Konkrete Themen, die eine Klärung benötigen, werden offen und direkt besprochen, damit sie sich nicht anstauen.

Trotz vorhandenem Konfliktpotential ist für Iris die Beziehungs-Konstellation »HSP und Nicht-HSP« gut, da sie Anlass zum Perspektivwechsel und zur Weiterentwicklung beider gibt, und sie sich ohne diese Beziehung wahrscheinlich mehr abschotten und zurückziehen würde.

Brigitte (31) und Max (34)

>> *Mein Mann und ich kennen uns seit sechs Jahren und sind seit einem dreiviertel Jahr verheiratet. Speziell an unserer Beziehungskonstellation erachte ich die Tatsache, dass ich als HSP eine intensive Wahrnehmung habe und sehr intensiv erlebe, was innerhalb der Beziehung (und natürlich auch in allen anderen Bereichen) geschieht. Mein Mann ist zwar formal keine HSP, aber trotzdem ein sehr sensibler Mann. Das schätze ich sehr an ihm, denn einerseits kann er mich und meine Erlebniswelt gut nachvollziehen und zumindest verstehen, warum ich so und so reagiere und andererseits gibt er mir Bodenhaftung und Orientierung für die Realität. Wenn ich z. B. oft traurig oder gar verzweifelt*

darüber bin, weil die Menschen so unsensibel, böse, machthungrig etc. sind, so kann ich mich in dieser Stimmung stets an ihn wenden und ich weiß, er wird mich verstehen und mich auf eine Weise beruhigen, dass ich die Realität, so grausam sie in meinen Augen manchmal ist, wieder besser annehmen kann. Er holt mich immer wieder auf den Boden der Tatsachen zurück, aber eben auf sehr liebevolle Weise.

Die Hochsensibilität ist für unsere Beziehung einerseits eine Herausforderung, weil wir manche Dinge nicht so einfach spontan machen können, weil ich mich dann schnell überfordert oder überrumpelt fühle (wie z. B. bei spontanen Besuchen oder Unternehmungen). Andererseits schenkt uns meine Hochsensibilität die Möglichkeit, eine beiderseitige sehr tiefe Beziehung zu führen – von tief philosophischen Gesprächen angefangen bis zu einem sehr innigen Gefühl des Zusammengehörens; im biblischen Sinne würde man sagen: Mann und Frau sind eins – das beschreibt in etwa die Gefühle, die wir füreinander empfinden.

Wir haben beide ein ausgeprägtes Bedürfnis nach Zurückgezogenheit und brauchen die Zeit alleine. Am schönsten ist es, wenn wir beide zu Hause sind, aber jeder sein Ding macht, dann fühle ich mich vollkommen ganz. In diesen Situationen »besuchen« wir uns immer wieder gegenseitig, nehmen uns kurz in den Arm oder geben uns einen Kuss und widmen uns dann wieder unseren Aufgaben. Wir arbeiten relativ viel zu Hause, sodass wir an etwa drei Tagen pro Woche diese Konstellation haben. Wenn er oder ich beruflich unterwegs sind, dann freue ich mich immer darauf, abends nach Hause zu kommen und empfinde es als Erleichterung, ihn dann wiederzusehen. Obwohl wir beide erst einmal Zeit für uns brauchen, wenn wir nach Hause kommen, so schätze ich es sehr, ihn als Ansprechpartner zu haben, um ihm von meinem Tag zu erzählen und ihn von seinem erzählen zu lassen. Das hilft mir sehr, die Dinge einzuordnen und zu verarbeiten, wenn ich auch seine Meinung hören kann.

An den Wochenenden sprechen wir uns ab, wer was machen möchte und planen entsprechend. Manchmal braucht er mehr Ruhe, manchmal ich. Manchmal ist uns nach einer Unternehmung, manchmal möchten wir einfach zu Hause sein. Das entscheiden wir je nachdem, wie wir uns fühlen und was uns gut tut. In unserer Freizeit hat zwar jeder auch seine Hobbys, aber wir verbringen unsere freie Zeit *und die Abende auch sehr gerne miteinander – er unternimmt zwar mehr als ich, aber ca. vier bis fünf Abende pro Woche verbringen wir gemeinsam.*

Ich bin mit dieser Aufteilung momentan sehr zufrieden. Ich weiß, dass er als durchschnittlich Sensibler mehr Kraft für Unternehmungen hat und gönne ihm seine Interessen. Für mich musste ich es erst lernen zu akzeptieren, dass mein Ruhebedürfnis größer als bei anderen ist. Seit ich das für mich annehmen kann, genieße ich die Zeit alleine viel bewusster und setze mich nicht mehr unter Druck, etwas unternehmen (ob mit meinem Mann oder Freunden) zu müssen.

Die Besonderheit unserer Beziehung sehe ich darin, dass wir im ständigen Austausch miteinander stehen. Das heißt, wir tauschen uns ständig darüber aus, wie wir empfinden oder wie wir etwas wahrgenommen haben. Wir führen selten oberflächliche Gespräche, die uns ohnehin sehr schnell mühsam und langweilig werden, sondern wir gehen sehr schnell in die Tiefe. Wenngleich dies natürlich auch normalsensible Paare tun, so denke ich doch, dass es bei uns noch häufiger und vielleicht auch noch intensiver geschieht.

Natürlich ist nicht alles nur toll, und es hat lange Zeit gedauert, bis Max und ich verstanden haben, wie wir sind und wie wir »ticken«. Je länger wir uns kennen und je besser wir uns verstehen, umso einfacher wird auch das Miteinander und desto seltener streiten wir. Ich sehe das so: Wer seine eigenen Begrenzungen kennt, muss sie dem anderen nicht vorhalten. Aus dieser Perspektive heraus sind wir im Umgang miteinander viel ruhiger und verständnisvoller geworden, auch geduldiger. Probleme treten vor allem in punkto Unternehmungen auf. Mein Mann kann schlecht Einladungen ausschlagen und sagt oft spontan zu. Als seine Ehefrau bin ich dann zumeist mit eingeladen, und wenn ich dann davon erfahre, fühle ich mich in der Regel überrumpelt. Hier setzt dann sofort ein Automatismus ein, der mir Gedanken beschert, wie: Wer kommt alles zur Party? Muss ich am nächsten Tag arbeiten? Habe ich in der besagten Woche noch weitere wichtige Termine? Ich sehe solche Einladungen also erst einmal aus einer kritischen Richtung und kann mich zunächst nicht spontan über die Einladung freuen. Das hat dann zur Folge, dass ich im Zweifelsfalle, wenn aus meiner Sicht zu viel dagegen spricht, sogar absage und mein Mann entweder alleine geht oder ebenfalls absagt und damit in Erklärungsnot kommt. Das ist der größte Streitpunkt, an dem wir zu arbeiten haben: Seine Spontaneität und meine Zaghaftigkeit unter einen Hut zu bekommen.

Ein Vorteil, den ich durch meine Hochsensibilität habe: Es fällt mir generell leicht, Stimmungen einschätzen zu können. Wenn ich in einen Raum mit anderen Menschen komme, so spüre ich, wie sie drauf sind. Das hilft mir, mich auf sie einstellen zu können. Darum kann ich mich schnell in Gruppen integrieren, weil ich schnell einschätzen kann, ob sie mir gut tun oder nicht. Meine Intuition zeigt mir eigentlich immer sehr treffsicher, ob mein Gegenüber vertrauenswürdig ist oder nicht, und so setze ich meinen Bekannten- und Freundeskreis aus den Menschen zusammen, die mir gut tun. Alle anderen werden so sehr schnell »ausgesiebt«, so hart das klingen mag. Da ich mit meiner Energie haushalten muss, ist es mir wichtig, nur Freundschaften zu unterhalten, die mir Energie geben und nicht so viel nehmen. Mit der Zeit habe ich gelernt, zur rechten Zeit »nein« zu sagen, wenn mir eine Person zu anstrengend wird. Ich reduziere dann den Kontakt und wenn es wahre Freunde sind, dann bleiben sie der Freundschaft trotz weniger Kontakt treu. Andernfalls waren es wohl doch keine so guten Freunde. Als großen Vorteil, eine HSP zu sein, empfinde ich, dass ich sehr nahe bei mir selbst bin. Ich nehme mich selbst sehr intensiv wahr und kenne mich mittlerweile sehr gut. Ich gehe sehr bewusst mit mir, meinen Gedanken und Handlungen um, was es mir leichter macht, mein Verhalten zu reflektieren und gegebenenfalls auch zu ändern, wenn ich es für nötig halte.

Als weiteren Vorteil möchte ich meine große Intuition in punkto Beziehungen sehen. Ich weiß in der Regel sehr schnell, wie mein Gegenüber drauf ist, ob er ehrlich und aufrichtig ist. Das macht es mir leichter, qualitativ hochwertige Beziehungen zu führen. Das geht zwar auf Kosten der Quantität, aber viele Freunde wären mir auch zu stressig, denn das würde ja noch mehr Telefonate, E-Mails und Treffen bedeuten. Ich ziehe also tiefe, enge Freundschaften vielen guten Bekanntschaften vor. Diese voneinander zu unterscheiden, fällt mir wie gesagt sehr leicht.

Als Nachteil sehe ich, dass mir Small Talk sehr schlecht liegt, mich schnell müde macht und auch in großen Stress versetzt. Mir fällt es sehr viel leichter, über tiefe oder ernste Dinge zu sprechen (ich bin momentan in der Ausbildung zur Psychotherapeutin, was diese Anlage noch unterstützt), als oberflächlich seichte Gespräche zu führen. So fühle ich mich bei Geschäftsessen eigentlich immer angespannt und bemerke manchmal eine reale körperliche Anspannung. Je tiefer und persönlicher das Gespräch, desto entspannter bin ich, um es auf den Punkt zu bringen.

Ein weiterer Nachteil ist, dass ich einigen Menschen gerade aus diesem Grund vielleicht zu anstrengend bin, da ja nicht jeder gerne ständig über ernste Dinge reden möchte. Wenn ich neue Leute kennen lerne, komme ich in der Regel sehr schnell an diesen Punkt, wo es entweder recht persönlich wird oder eben abgeblockt wird. Dadurch, dass es mir dann selbst schwer fällt, wieder auf eine oberflächlichere Ebene zu gehen und die Beziehung sich vielleicht einfach langsamer entwickeln zu lassen, verschenke ich vielleicht auch hier und da die Chance auf eine neue Freundschaft, denn in der Regel gebe ich dann einfach auf. Mir fehlt dann auch aus Schüchternheit der Mut, erneut auf die Person zuzugehen.

Bei Problemen oder Beziehungskrisen hilft uns vor allem: Reden! Die Probleme und Krisen werden mit der Zeit ja wie schon erwähnt immer seltener und weniger dramatisch, weil wir uns besser kennen und einzuschätzen wissen. Dadurch, dass wir die Reaktions- und Erlebnismuster des anderen immer besser kennen, können wir auch bei Problemen respektvoller und aufrichtiger miteinander umgehen. Ich nehme Dinge weniger persönlich und schaffe es manchmal schon, nicht alles bis ins Kleinste ausdiskutieren zu wollen, sondern auch einmal die Angelegenheit einfach zu klären und dann auch wieder gut sein zu lassen.

Im Vergleich zum Beginn hat sich unsere Beziehung schon sehr positiv entwickelt; wir lernen stetig voneinander. So zeige ich ihm die Tiefe und er mir den Boden der Realität, was ich als sehr fruchtbar empfinde. Momentan fällt mir kein konkretes Entwicklungsthema ein, das uns besonders beschäftigt. Ich finde es in Ordnung, die Beziehung auf natürliche Weise so weiterentwickeln zu lassen, wie es geschehen soll. Ich sehe uns beide auf einem guten Weg und, obwohl eine Beziehung natürlich auch immer wieder bewusste Arbeit ist, möchte ich nicht allzu lenkend eingreifen, sondern lasse lieber Zeit und Gott ein Stück weit das Ruder übernehmen. Gerade Gott weiß es doch am besten und wir hatten beide schon oftmals das Gefühl, dass er so *manches an uns und mit uns bewirkt hat, an das wir selbst gar nicht gedacht hätten. Mein Motto ist daher: So, wie es kommt, wird es gut sein.*

Ich empfinde unsere Beziehungs-Konstellation (»HSP und Nicht-HSP«) als sehr fruchtbar, denn wir lernen täglich voneinander. Er zeigt mir den Boden der Realität und gibt mir ein Stück Leichtigkeit und Unbeschwertheit und ich, so denke ich mir, führe ihn von Zeit zu Zeit in die Tiefe und reflektiere unsere Persönlichkeiten, unser Verhalten, das Weltgeschehen usw. So, wie ich ihm den Weg nach innen zeige, zeigt er mir den Weg nach außen. Das tut uns beiden sehr gut und wir profitieren voneinander in vielfältiger Weise. Ich sehe uns als gegenseitige Ergänzung, wir können beide voneinander lernen. Das ist immer wieder neu, aufregend und herausfordernd – doch genau das, was ich als HSP brauche. 〈〈

Zusammenfassung – Brigitte und Max:

Brigitte schätzt an Max, dass er, obwohl kein HSP, sehr sensibel ist. Er kann sie deshalb sehr gut verstehen, gibt ihr aber auch Bodenhaftung und Orientierung für die Realität.

Einerseits ist Brigittes Hochsensibilität eine Herausforderung, da Unternehmungen meist geplant werden müssen, um sie nicht zu überrumpeln und zu überfordern, andererseits ist sie eine Bereicherung für die Tiefe der Beziehung. Die beiden reden sehr viel miteinander und führen selten oberflächliche Gespräche. Dies hilft ihnen auch sehr bei Problemen und Krisen.

Brigitte und Max sind beide gern zu Hause und brauchen viel Zeit alleine. Sie beschäftigen sich oft mit verschiedenen Dingen, finden es aber schön zu wissen, dass der Partner einfach nur da ist. Brigittes Ruhebedürfnis ist größer, während Max mehr Kraft für Unternehmungen hat. Die beiden haben sich das aber gut eingeteilt. Im Laufe ihrer Beziehung wurde das Miteinander immer harmonischer, da die beiden einander besser verstehen und gelernt haben, Rücksicht auf ihre Verschiedenheiten zu nehmen.

Max ist recht spontan und sagt gerne kurzfristigen Einladungen zu, während Brigitte zuerst eine kritisch-abwägende bis ablehnende Haltung gegenüber ungeplanten Treffen einnimmt und solche Treffen auch öfters absagt, wenn sie das Gefühl hat, es sei ohnehin viel anderes zu erledigen. Max' Spontaneität und Brigittes Zaghaftigkeit unter einen Hut zu bringen, fällt ihnen öfters schwer.

Brigitte tut sich leicht damit, intuitiv Stimmungen zu erfassen und Personen einzuschätzen. Kontakte, die ihr zu viel Energie rauben, reduziert sie daher. Zudem geht Brigitte sehr bewusst mit sich selbst um, was es ihr erleichtert, ihr Verhalten zu reflektieren und gegebenenfalls zu ändern. Smalltalk stresst und ermüdet sie.

Die Beziehung von Brigitte und Max hat sich im Laufe der Zeit sehr positiv entwickelt, da beide bereit sind, voneinander zu lernen. Brigitte zeigt Max »Tiefe« und er ihr den »Boden der Realität« und gibt ihr Leichtigkeit und Unbeschwertheit. Die Beziehungs-Konstellation »HSP und Nicht-HSP« wird von Brigitte daher auch als sehr fruchtbar erachtet, da beide voneinander profitieren und einander ergänzen.

· ·

Irene (33) und Theo (38)

(Interview mit Theo siehe Kapitel »Nicht-hochsensible Partner von HSP erzählen über ihre Beziehung«)

>> *Unsere Beziehung dauert bisher vier Jahre. Es war bei beiden »Liebe auf den ersten Blick« und diese sehr große Anziehung, Nähe und Liebe ist bis heute erhalten geblieben. Ich glaube, dass nur aufgrund dieser starken Gefühle die Beziehung bis heute »überlebt« hat. Dass wir nie wirklich »die Flinte ins Korn geworfen« haben und aufgegeben haben, trotz der Probleme und »starken Gewitter« (Unstimmigkeiten) immer wieder. Dass wir dran bleiben und auf diesem Wege sehr viel gelernt haben über uns, was wir nur miteinander lernen konnten.*

Ich empfinde die Beziehung als sehr anstrengend und herausfordernd. Mehr als einmal wollte ich davonlaufen. Aber irgendetwas hielt mich da – die Liebe. Ich brauchte dann immer wieder Abstand, Zeit für mich allein um immer wieder mich zu finden, mich nicht aufzugeben in der Beziehung, nicht ins »Leiden« zu verfallen. Dies kenne ich gut aus meiner langjährigen früheren Beziehung (Ehe).

An Theo gefiel mir von Anfang an seine Leichtigkeit und Gemütlichkeit – da habe ich mir viel abgeschaut und in meinem Leben umge-

setzt. Bemühte mich, die Dinge auch leichter zu nehmen. Diese Eigen-
schaften sehe ich als Vorteil für mich.

Schwierig dagegen sind emotionale Dinge. Ich fühle mich sehr
verletzlich in dieser Beziehung. Das Schwierige: Er versteht es meist
gar nicht, warum mir etwas nahe geht was er sagt. Es reicht eine
Geste, ein Blick, ein Wort – es braucht wenig und es kann »einfah-
ren« bei mir. Es braucht sehr, sehr viel Geduld und Mühe von mir, ihm
mich zu erklären. Und auch seine Geduld ist stark gefordert mit mir. Er
meinte mal: »Als ob wir beide eine andere Sprache sprechen, in ande-
ren Welten leben«. Wir müssen uns beide gut erklären, um uns zu ver-
stehen. Auch seine Welt ist mir nicht »einfach so selbstverständlich«
vertraut. Wenn es bei uns auch »Liebe auf den ersten Blick« war, so ist
es bei Weitem kein »blindes Verstehen«.

Hilfreich ist es für uns, wenn wir wirklich klar über unsere Gefühle
reden. Dort sehen wir unsere große Aufgabe. Rückblickend auf die 4
Jahre muss ich sagen, dass es besser geworden ist mit uns. Doch dies
brauchte viel, viel Reden. Viel Mühe, mich zu erklären und selbst dann
ist seine Antwort oft »Okay, das höre ich, aber ich kann es nicht nach-
vollziehen, dass dies jetzt soviel macht mit dir«.

Das finde ich dann ziemlich schade, musste mich aber damit
abfinden. Mein »Ziel« ist nicht mehr, dass er mich total versteht. Ich
habe erkannt, dass sich dieses Problem durch mein Leben gezogen hat
– bis jetzt –, bei den Eltern angefangen und in allen bisherigen Bezie-
hungen. Ich fühlte mich unverstanden, meine »Lösung« war, »in mich
rein fressen«, leiden und anstauen und vor allem Rückzug. Ich bin
eine Einzelkämpfernatur. Mit Theo habe ich erstmals das Gefühl, dass
sich mein Partner bemüht, mich zu verstehen. Es dauerte sehr lange
(ca. zwei Jahre), bis ich mehr von mir erzählte, wenn mir etwas nahe
ging oder mich verletzte. Bis dahin machte ich immer nur dicht und
schwieg. Verletzbar und Angst bis ins tiefste Innere. Zu reden fühlte
sich an wie »sterben«, es kostete mich unendlich viel Überwindung das
zu sagen, was mich bewegte. Doch er war und ist geduldig. Manch-
mal dauerte es drei Wochen, bis ich sagte, was mich bedrückte und
die Distanz machte. Da wir eine sehr nahe Beziehung haben, spüren
wir beide sehr schnell und intensiv, wenn etwas nicht stimmt. Im All-
tag und beim Sex.

Speziell macht diese Beziehung, dass wir uns sehr gut spüren gegenseitig. Bei uns ginge keine »Nebenherleben- Beziehung«. Wir haben beide unsere Wünsche an eine Beziehung – mit viel Liebe.

Vorteile für die Beziehung, dass ich HSP bin, kann ich derzeit eher (noch?) nicht sehen, aber es gibt diese sicherlich. Ich finde es nachteilig für mich. Für mich allein sehe ich die Vorteile. Aber zu zweit in der Beziehung – nein, einfach (noch) anstrengend. Aber ich sehe es als Chance für die weitere Entdeckung meiner »dunklen Schattenseiten«. Wir sind beide berufstätig, er 80 %, ich 60 %. Dazu kommt, dass wir als Patchworkfamilie wohnen. Das macht die Sache komplizierter, das heißt, es gibt noch mehr Reibungspunkte.

Theo und ich verbringen jeden Abend (als Familie) gemeinsam, der Alltag klappt sehr gut. Es gibt gar keinen Alltagsstreit, das läuft Hand in Hand und sehr respektvoll, da fühle ich mich sehr frei mit ihm. Keine »Kontrollen« und Vorschriften. Einen oder zwei Abende pro Woche nehmen wir uns Zeit allein. Ich merkte irgendwann, dass ich diesen Kontakt brauche, dass mir der Alltag allein nicht ausreicht, um »da bleiben zu können« mit meinen Gefühlen, um die Nähe halten zu können.

In den vier Jahren haben sich in mir viele Verletzungen angesammelt. Wir haben darüber geredet, und ich lasse es nach und nach auch los. Möchte frei davon werden, und das ist mir auch schon weit gelungen. Doch im Moment bin ich an einem Punkt angekommen, dass ich das ganze Ausmaß meines »Ertragens während der vier Jahre« erkenne und mich frage, wieso ich immer in leidigen Situationen ausharre. Das Ausmaß dieser Verletzungen, das was ich »ertragen« habe, kann Theo nicht erahnen. Doch ich weiß, dass dies allein meins ist. Ich allein habe mir dies wieder »eingehandelt«. Doch ich habe es erkannt, und als Lösung sehe ich seit einigen Tagen, dass ich ein wenig auf Rückzug gegangen bin, in eine Art »Sicherheitssektor« für mich, mehr mein Leben allein genieße, es mir gut gehen lasse. Ganz bewusst – ein schönes Buch kaufen, in die Sonne gehen, Freunde treffen, Zeit mit meinen Kindern. Ich fahre auch immer allein mit ihnen in Urlaub, inzwischen ist dies mein Wunsch. Am Anfang der Beziehung wollte ich viel mehr Zeit mit ihm und seinen Kindern verbringen, inzwischen unternehme ich sehr gern etwas allein. Und es tut gut! Es ist friedlich. Wenn auch allein.

Ich empfinde die Konstellation »HSP/Nicht-HSP« insgesamt als relativ gut. Aber dies »nur«, weil ich ganz bewusst nach den Vorteilen schaue, was ich mir bei ihm abschauen kann und was mir mein

Leben leichter macht. Also z. B. Dinge leichter zu nehmen, das Leben zu genießen, im Moment zu sein, Kontakte mit anderen Menschen pflegen (!) Letzteres erscheint mir sehr wichtig. Im Gefühlsbereich empfinde ich es aber eher als negativ in dieser Konstellation. Aber wir sind uns über den Weg gelaufen, die Liebe ist da und so bleiben wir dran, sehen es als Lernaufgabe für beide. Wir wollen keinen Streit und wir haben die Hoffnung, dass es mit der Zeit immer leichter wird.

Das Positive am Crash: Aus den größten »Gewittern« haben wir das meiste übereinander gelernt. Wir können danach sehr gut erklären, was in einem abgelaufen ist, warum dies oder jenes »angetriggert« wurde und dass es uns leid tut. Wir entschuldigen uns, wenn die Reaktion unangemessen war. Es gab »Gefühlsausbrüche« von mir, da hat er erst und endlich an der Intensität der Ausbrüche gemerkt, dass mich da wirklich etwas berührt und verletzt haben muss. Dann konnte ich es in Ruhe erklären und er konnte verstehen. Leider war es bis dahin meist ein langer und anstrengender (Streit-)Weg für mich/uns. Denn bis dahin musste ich damit leben, dass er nicht versteht, warum mich etwas verletzt, und ich litt ziemlich heftig, weil die verletzende Situation andauerte.

Dass ich in letzter Zeit ein wenig mehr »Distanz« halte und zu mir schaue hilft mir sehr gut, mich nicht mehr so verletzlich und »gefühlsmäßig ausgeliefert« zu fühlen. Ich bemühe mich um ausreichend Kontakte zu anderen Menschen die mir gut tun und mir gleich gesinnt sind. Da ist es einfacher, da braucht es für ein Verstehen keine langen Erklärungen. Ihm erschien diese »meine neue Art« anfangs sehr bedrohlich. Er sagte, für ihn sei »ein Kartenhaus zusammen gefallen«. Weil die Nähe nicht mehr so groß ist. Und doch respektiert er es jetzt. Vielleicht kann auf diesem Wege wieder diese ganz große Nähe entstehen. Oder aber die Distanz wird noch größer. Doch dies macht mir endlich keine Angst mehr, ich halte nicht mehr fest, der Preis war mir zu hoch.

Ich weiß nun nicht, was von all dem mit HSP zu tun hat oder was »ganz einfach« zu einer Frau/Mann-Beziehung oder zu mir aufgrund meiner Vergangenheit gehört. Sicher alles irgendwie, die Vergangenheit sowieso. Denn schon in meiner Herkunftsfamilie fühlte ich mich total unverstanden und fremd, war in meiner eigenen Welt.

Klar wünsche ich mir manchmal, ich hätte einen Partner, der mich ganz easy versteht. Wer wünscht sich das aber nicht? Vielleicht ist dies bei einer »HSP-HSP-Konstellation« einfacher gegeben? Aber im Moment sehe ich es als »Schicksal« mit Theo zusammen zu sein, und wir lernen. Doch es darf durchaus ruhiger und leichter werden! **«**

Zusammenfassung – Irene und Theo:

Irene empfindet ihre Beziehung mit Theo als anstrengende Herausforderung. Theos Leichtigkeit und Gemütlichkeit empfindet sie als positiv. Als negativ sieht sie, dass es oft sehr schwer fällt, von Theo verstanden zu werden. Die beiden müssen viel miteinander reden über die Dinge, die sie bewegen, was Irene anfangs aufgrund schlimmer Kindheitserlebnisse schwer gefallen ist – und selbst dann können sie die Beweggründe des anderen oft nicht nachvollziehen. Ein weiterer Reibungspunkt ist ihr Leben als Patchworkfamilie.

Günstig ist, dass die beiden einander gut spüren, das heißt, dass sie nicht bloß nebeneinander herleben. Irene erkennt zwar einige Vorteile ihrer Hochsensibilität, allerdings (noch) keine Vorteile für ihre Partnerschaft, sondern nur für sich allein.

Zu Beginn der Beziehung wollte Irene viel mehr Zeit mit Theo verbringen, während sie nun – nach vier Jahren – auch sehr gerne etwas alleine unternimmt.

Die Beziehungs-Konstellation »HSP und Nicht-HSP« empfindet sie als relativ gut, da sie bewusst auf die Vorteile achtet wie etwa, dass sie von Theo lernen kann, Dinge leichter zu nehmen, das Leben und den Moment zu genießen und Kontakte zu anderen Menschen zu pflegen. Im Gefühlsbereich empfindet sie ihre Partnerkonstellation allerdings eher als negativ, sodass sie sich manchmal wünscht, einen Partner zu haben, der sie besser versteht.

Marietta (39) und Lukas (46)

》 *Lukas und ich sind seit 13 Monaten ein Paar und haben jeder ein eige-*
nes Haus, leben also nicht zusammen, sondern haben eine Wochen-
endbeziehung. Meistens ist mein Partner nach der Arbeit zweimal pro
Woche bei mir, am Wochenende bin ich bei ihm. Außerdem arbeiten wir
in der gleichen Firma, aber an getrennten Arbeitsplätzen. Gemeinsame
Unternehmungen sind eher selten, ab und zu mal sonntags ein Floh-
marktbesuch oder Grillen mit Freunden. An etwa drei Tagen pro Woche
bin ich alleine. Ich finde diese zeitliche Aufteilung momentan okay.

Wir haben grundsätzlich verschiedene Interessen, Vorlieben und
Geschmäcker. Ich bin seit langem dabei, bewusst meine Persönlich-
keit zu entwickeln, mich selber zu hinterfragen, zu verändern und auch
selbstkritisch zu sein. Außerdem interessiere ich mich für Spirituali-
tät und Psychologie, versuche immer, das Dahinterliegende bei allem
zu entdecken.

Mir ist es wichtig, auch bei Streitgesprächen achtsam zu sein
und konstruktiv zu diskutieren, was mit ihm aber nicht möglich ist. Ich
beherrsche die Regeln der Kommunikation, doch das alles kommt bei
ihm nicht an. Er ist sehr schnell beleidigt, fühlt sich herabgewürdigt
und übergangen. Doch ist unsere Konstellation dafür verantwortlich?
Ich glaube, das kann ich gar nicht sagen.

Bei den »Nachteilen« gibt es ein paar Punkte wo ich sage, dass
meine HS ursächlich für Missverständnisse und Streit ist, und Lukas
durch seine geringere Sensibilität nicht versteht, warum mich etwas
stört oder belastet. Das ist zum Beispiel das Fernsehprogramm, weil
Lukas gerne Krimis, Actionfilme und insgesamt eher »laute« Filme mit
Kampfszenen, Gewalt und Terror schaut. Ich kann das absolut nicht
haben und werde rabiat bei diesem ganzen Lärm. Außerdem habe ich
das Gefühl, als belaste mich die dauernde Berieselung mit negativen
Sachen, selbst wenn sie nur Fiktion sind.

Weiterer Streitpunkt ist das Thema Urlaub – ich würde am liebs-
ten in die Pampa, eher in nördliche Gefilde als den Süden und mag
Pauschalreisen absolut nicht. Doch Lukas muss es warm bis heiß
haben, ständig durch die Gegend bummeln oder in einer Bar sitzen,
das Unterhaltungsprogramm ansehen. Alles Dinge, die mir doch sehr
gegen den Strich gehen und wo mir meine regelmäßigen Auszeiten
fehlen.

Vorteile in unserer Konstellation HSP/Nicht-HSP sehe ich keine. Momentan bin ich in einer Phase, wo ich unsere Beziehung doch ein wenig in Frage stelle. Dass ich meist die Nachsichtigere bin und viel nachdenke und ihm nachsehe, liegt vielleicht an HSP, während er sich selten, eigentlich nie entschuldigen kann und immer glaubt, im Recht zu sein.

Verbesserungsmöglichkeiten unserer Beziehung wären da, wenn mein Partner versuchen würde, sich mehr in meine Lage zu versetzen. Wenn er nicht so häufig von sich und seinen Empfindungen ausgehen würde sondern versteht, warum mich manche Dinge stören und entsprechend Verständnis zeigt. Bei uns gehen Kompromisse meist von mir aus, ich versuche mich entsprechend meiner HS zu »schützen« und meine HS so in unsere Beziehung zu integrieren, dass es ihn nicht so sehr beeinflusst. Ein wenig mehr Entgegenkommen von seiner Seite wäre wunderbar, ist aber in unserem Fall sehr schwierig.

Ich empfinde die Beziehungs-Konstellation »HSP und Nicht-HSP« eher als nicht gut. Eben weil ich das Gefühl habe, meistens nicht verstanden zu werden, immer meine eigenen Bedürfnisse zurückstecken zu müssen, damit es keinen Streit oder schlechte Stimmung gibt. Ich habe ewig das Gefühl, immer Erklärungen abgeben und Dinge rechtfertigen zu müssen. Das macht es für mich sehr schwierig. Eine Beziehung mit einem hochsensiblen Menschen hatte ich bisher noch nie. Allerdings ist mein bester Freund anscheinend auch HS, und mit dem ist alles sehr harmonisch, weil er alles versteht, Rücksicht nimmt und keiner es dem anderen verübelt, wenn derjenige sich aus einer Situation zurück ziehen möchte oder seine Bedürfnisse äußert. So stelle ich mir die ideale Beziehung mit einem Partner vor. **«**

⟨ usammenfassung – Marietta und Lukas:

Marietta und Lukas haben eine Wochenendbeziehung mit eher seltenen gemeinsamen Unternehmungen. Interessen und Vorlieben der beiden sind grundverschieden. Marietta kann nicht gut mit Lukas reden, da dieser sehr schnell beleidigt ist, sich herabgewürdigt oder übergangen fühlt. Lukas versteht nicht, dass die von ihm bevorzugten lauten TV-Filme mit Gewalt- und Kampfszenen Marietta belasten. Auch beim Thema »Urlaub« sind die beiden sich nicht einig. Marietta würde einen HSP-konformeren Urlaub vorziehen, während Lukas Pauschalreisen mit viel Unterhaltung bevorzugt. Außerdem hat Marietta das Gefühl, ständig nachgeben zu müssen, während Lukas sich immer im Recht wähnt und generell stets von sich und seinen Empfindungen ausgeht. Ihre Hochsensibilität positiv in die Beziehung einzubringen, ist Marietta nicht möglich, sie kann nur darauf achten, sich vor zuviel Überstimulation zu schützen. Marietta empfindet daher ihre Beziehungs-Konstellation als nicht sehr gut. Sie nimmt an, bei einem HSP-Partner hätte sie nicht das Gefühl, sich dauernd rechtfertigen und erklären zu müssen.

Jeanette (50) und Christopher (50)

>> *Mein Partner und ich sind schon 25 Jahre lang zusammen und haben keine Kinder. Es gibt nur wenige gemeinsame Unternehmungen. Das ist für beide Seiten okay, da wir verschiedene Interessen haben.*

Ich könnte mir vorstellen, dass es harmonischer sein könnte, wenn beide HS wären (weil dann z. B. mehr Verständnis für erhöhte Stressanfälligkeit vorhanden wäre).

Problematische Bereiche gibt es bei uns anhand des mangelnden Einfühlungsvermögens des Nicht-HSP-Partners in »HS-spezifischen Eigenheiten« wie zum Beispiel erhöhtes Ruhebedürfnis oder verringerte Stressresistenz. Für uns ist es deshalb eher ein Hindernis, dass ich hochsensibel bin und mein Partner nicht.

Veränderungs- oder Verbesserungsmöglichkeiten der Beziehung, die in Zusammenhang mit unserer Beziehungskonstellation (HSP und Nicht-HSP) stehen, sehe ich eigentlich keine, denn ich glaube nicht, dass man da willentlich etwas ändern kann, der Partner kann ja seine Persönlichkeit deswegen nicht umkrempeln. Unsere Beziehungs-Konstellation empfinde ich daher als eher nicht so vorteilhaft. <<

Zusammenfassung – Jeanette und Christopher:

Jeanette und Christopher sind seit 25 Jahren ein Paar, unternehmen aber nur wenig gemeinsam, da sie verschiedene Interessen haben, was für beide in Ordnung ist. Jeanette empfindet Christophers Einfühlungsvermögen in ihre durch die Hochsensibilität bedingten Eigenschaften als mangelhaft. Ihre Hochsensibilität ist für sie in ihrer Partnerschaft eher ein Hindernis. Mit einem ebenfalls hochsensiblen Partner stellt sie sich das Zusammensein harmonischer vor, da sie sich größeres Verständnis erwarten würde.

Clara (50) und Simon (53)

>> *Kennengelernt haben wir uns vor 34 Jahren. Ich war 16 Jahre alt, mein Mann 19 Jahre alt. Zusammengezogen sind wir drei Jahre später, also im Alter von 19 und 22 Jahren. Geheiratet haben wir 1985. Wir haben zwei Kinder. Juliane ist vor kurzem 19 Jahre alt geworden, Jeremy ist 14 Jahre alt. Ich bin dankbar, dass mich das Leben mit diesem Mann zusammengeführt hat. Wir hatten viele Höhen, aber auch viele Tiefen, die wir gemeinsam gemeistert haben.*

Mein Mann ist Maschinenbauingenieur und arbeitet in einer großen Firma. Jeremy und Juliane gehen aufs Gymnasium, wobei sich Juliane derzeit auf ihr Abitur vorbereitet. Ich selbst arbeite nach einem Jurastudium und einer langen Mutterpause seit fünf Jahren in einem Weltladen als ehrenamtliche Mitarbeiterin.

Kennengelernt habe ich Simon auf einem Schul-Faschingsball. Wir haben zusammen getanzt, ich war nicht unbedingt sofort von ihm angetan. Abends aber, zu Hause, musste ich immer wieder denken: Irgendetwas ist an ihm besonders, das mich anzieht. Ihm wiederum habe ich gefallen, aufgefallen ist ihm aber vor allem, dass ich für ihn eine »gräfliche« Ausstrahlung hatte. Würdevoll und unnahbar. Und dabei fühlte ich mich an diesem Abend unter den vielen Menschen einfach nicht wohl, war innerlich vollkommen zurückgezogen, angespannt und hatte furchtbare Angst, etwas falsch zu machen. Eine vollkommene Divergenz zwischen meiner eigenen Innenwahrnehmung und der Wahrnehmung der anderen Menschen. Ist mir unbegreiflich. Woher kam an diesem Abend diese Panik – und nicht nur an diesem Abend?

Als ich 13 Jahre alt war, habe ich mich unsterblich in einen Jungen aus meiner Gemeinde verliebt. Bei einer Jugendparty hat er mich dann einmal zum Tanzen aufgefordert – Blues! Ich habe die ganze Zeit vor Aufregung am ganzen Körper unkontrolliert gezittert – und er –

viel größer als ich – hat sich von oben herunter die ganze Zeit lustig über mich gemacht. Ich wollte sterben! Ich habe diese Situation des Kontrollverlustes über meinen Körper als ganz furchtbar erlebt.

Ich hatte in der Folgezeit panische Angst vor Jungs, die mir näher kamen, fürchtete ich doch, dass man durch mein Zittern sofort meinen Gefühlszustand erkennen könnte. Erst vor ein paar Jahren habe ich durch meine Heilpraktikerin erfahren, dass meine »Haut« buchstäblich so dünn ist, dass sämtliche Eindrücke und Gefühle quasi ungefiltert und direkt in meinem Inneren ankommen bzw. aus mir herauskommen.

Die Angst, derart zu »versagen«, wurde leider noch durch mein Elternhaus verstärkt. Dort gab es keine Nähe, Wärme, Verständnis, bedingt durch die eigenen Kindheitserfahrungen. Es zählte nur das Außenbild. Und ausgerechnet da hatte ich eine enorme Schwachstelle. Was wiederum keiner verstand, denn »man« hatte keine Gefühle zu haben, weder Ängste, Aggressionen, Trauer, Wut usw. Ich bin mit dem Spruch »›Ich kann nicht‹ steht in keinem Wörterbuch« aufgewachsen. Und da stand ich nun und konnte mich nicht kontrollieren. Danach folgte eine Phase, in der ich versuchte, meine Unsicherheiten mit Alkohol zu bekämpfen. Dann kamen Tabletten dazu. Und dann kam mein Mann. Auch bei ihm zitterte ich beim ersten Treffen, aber er ist gar nicht darauf eingegangen. Er hat sich ganz normal benommen, so dass ich Zeit hatte, mich wieder zu beruhigen.

Und ich denke, dass das der wichtigste Teil in unserer Beziehung ist und war: Mein Mann hat in den vielen Jahren mich immer so genommen, wie ich bin. Er war niemals ungeduldig, hat mir nie das Gefühl gegeben, dass etwas an mir nicht in Ordnung ist, er hat nie an mir herum erzogen oder gar gehadert, dass er wegen mir auf viele Dinge verzichten musste. Er hat sich nie über mich lustig gemacht oder über mich gelacht. Er hat alle meine Eigenheiten und Besonderheiten als normal angesehen. Für Simon war ich immer okay. Im Gegenteil, er hat mich bei allem ermutigt und ist fest zu mir gestanden. Wir haben immer schon viel miteinander geredet, alles ausgetauscht und das tun wir heute noch. Das meine ich, wenn ich sage, dass ich das Glück hatte, auf ihn zu treffen. Und für ihn war es sicher nicht immer leicht mit mir.

Nach dem Erlebnis mit dem Jungen bis zum Kennenlernen meines Mannes verfestigten sich meine sozialen Ängste, so dass Außen-

kontakte für mich zeitweise kaum möglich waren. Ich hatte jahrelang immer wieder Ängste im Kontakt mit anderen Menschen. Hauptgrund war immer die Angst, die Kontrolle über mich zu verlieren. Ende der 70er und Anfang der 80er Jahre waren psychische Probleme noch lange nicht derart »normal« wie heute. Hilfen gab es auch kaum. Und vor allem von meinem Elternhaus bekam ich nur Vorwürfe zu hören. Ich glaube nicht, dass ich die Souveränität meines Mannes gehabt hätte, mit dieser Partnerkonstellation so entspannt umzugehen.

Jahrelang bezweifelte ich, dass ich normal bin, heute weiß ich, dass vieles bei mir mit meiner besonderen Veranlagung zu tun hat. Bei der Wahrnehmung meiner Person war ich ausschließlich auf die Seiten fixiert, die in meinen Augen nicht in Ordnung waren. Erst in einer Therapie lernte ich die Seiten an mir wahrzunehmen, die in Ordnung oder sogar liebenswert sind. Seiten, die für meinen Mann immer im Vordergrund standen, so sehr, dass er sich sogar mit meinen Einschränkungen gut arrangieren konnte und wollte. Und ich lernte, dass bei uns vieles auch wunderbar zusammenpasst.

Wir haben vor langer Zeit einmal festgestellt, dass unsere Wahrnehmung mit einem Fußballstadion zu vergleichen ist. Er sitzt oben auf der Tribüne und hat den vollen Überblick und ich krieche mit einer Lupe durchs Gras und betrachte jeden einzelnen Grashalm auf dem Spielfeld. Viele Dinge nehme ich wahr oder bedenke ich, die sich ihm nicht so leicht und offensichtlich erschließen. Vor allem bei den Kindern hat er dies dankbar angenommen, da ich in vielen Situationen Dinge erklären konnte, die für ihn nicht offensichtlich waren. Andererseits hilft mir immer ein Gespräch mit ihm, wenn ich mich zu sehr in Details verrenne. Dann kann er mit wenigen Sätzen aus der »Adlersicht« heraus bei mir wieder ein neues Blickfeld öffnen. Und meine »Mauswahrnehmung« hat ihm schon viel erschlossen.

Aber natürlich hatten wir auch unsere Schwierigkeiten. Zum Beispiel die Sache mit der Geräuschempfindlichkeit. Mein Mann kennt das gar nicht, ich hatte sie schon von Klein an. Wenn jemand in meiner Gegenwart einen Apfel aß, rülpste oder dauernd schniefte, war es für mich immer die Hölle. Mein Mann hat, seit wir uns kennen, mit einer chronischen Nasenverschleimung zu tun. Dies äußert sich vor allem rund um die Mahlzeiten, vor allem beim Frühstück. Er hustet und schnäuzt und dies alles recht ausgiebig und lange. Selten stört es

Marianne Skarics · Sensibilität und Partnerschaft

mich nicht, häufig nervt es mich und manchmal macht es mich so ver-
rückt, dass ich davonlaufen könnte. Zudem schnarcht er durch diese
Nasenprobleme recht häufig.

Bis zur Geburt unseres Sohnes habe ich mir nachts mit Watte
in den Ohren einigermaßen behelfen können. Jeremy hatte schon als
Baby Asthma, und ich war nächtelang mit ihm unterwegs. Wenn ich
dann ins Bett ging und mein Mann schnarchte, wurde ich fast ver-
rückt. Dieses Gefühl konnte ich mir lange nicht erklären, habe ich
aber nach der Lektüre eines Buches über Hochsensibilität verstan-
den. Ich verstand einfach nicht, dass simples Schnarchen so existen-
tiell bedrohliche Gefühle auslösen konnte. Als Jeremy zwei Jahre alt
war, bekam er im Urlaub starkes Asthma. Zudem waren mein Mann
und meine Kinder stark erkältet und schnarchten drei Wochen lang
durch - wir hatten ein Familienzimmer. Nach dem Urlaub hatte ich
innerhalb eines Vierteljahres mehrere Hörstürze, bei denen ein Tinni-
tus zurückblieb, der es mir nicht mehr ermöglichte, nachts Watte in
die Ohren zu stecken, weil ich dann nur noch das Pfeifen in meinem
Ohr hörte. Ich zog aus dem gemeinsamen Schlafzimmer aus, zog in
das Zimmer von Jeremy, und die beiden Kinder teilten sich ein Zimmer.
Damals wurde mir klar, dass wir unsere Schlafbereiche trennen muss-
ten. Ich habe mich monatelang mit Schuldvorwürfen und schlechtem
Gewissen gequält, da man doch ein gemeinsames Schlafzimmer hat,
wenn man sich liebt! Und mein Mann hat meinen Wunsch nicht nach-
vollziehen können. Wir haben dann aber doch diese Trennung vollzo-
gen. Wir haben durch unser an sich schon kleines Zimmer eine Trenn-
wand gezogen, so dass jeder einen kleinen Bereich für sich hatte. Ich
glaube, es hat meinen Mann sehr verletzt. Aber für mich war es die
beste Lösung, die es gab und ich möchte nie mehr darauf verzich-
ten. Wir achten auch im Urlaub darauf, dass wir eigene Schlafzimmer
buchen.

Unternehmungen: Wir unternehmen immer wieder etwas gemein-
sam: Theater, Kabarett, Kino, Museen, Ausstellungen, Spaziergänge,
Freunde besuchen oder einladen. Wir tauschen uns auch jeden Tag
über aktuelle Dinge aus und führen intensive Gespräche. Aber ansons-
ten geht jeder doch irgendwie seiner Wege. Dadurch, dass ich dauernd
nachdenke, Eindrücke und Erlebnisse verarbeiten muss, abwäge, plane,
bedenke, brauche ich viel Zeit für mich. Ich kann sehr gut nachdenken,

wenn ich vor mich hin arbeite oder lese. Ich bin eine leidenschaftliche Leserin. Ich bin keine große Fernsehzuschauerin. Mein Mann wiederum schaut sehr gerne fern, kann sich gut dabei entspannen, liest praktisch gar keine Bücher, nur Zeitung, hört gerne Musik. Jeder geht also dem nach, was für ihn gut ist. Als ich meinen Mann einmal fragte, was er gut an dem Zusammensein mit mir findet, nannte er unter anderem als Grund, dass ich »ihm seine Ruhe lasse«, dass ich nicht erwarte, von ihm unterhalten oder beschäftigt zu werden, dass ich mich um mich selbst kümmere. Das stimmt, ich muss schauen, dass ich mit meinen speziellen Bedürfnissen zurechtkomme. Seit wir beide zusammenleben, gibt es auch ein abendliches Ritual, das für ihn nie problematisch war. Ich gehe zwar abends mit ihm ins Bad, danach geht er ins Bett und ich nehme mir dann noch »meine kleine halbe Stunde«. Ich lese in dieser Zeit, häufig räume ich aber innerlich nebenher mein Inneres auf, immer so lange, bis ich merke, dass ich ruhig werde und loslassen kann. Da sammelt sich bei mir alles: Dinge des vergangenen Tages, ältere Eindrücke, die sich plötzlich melden, Gedanken über die Zukunft, grundsätzliche Gedanken über Leben und Tod, einfach alles, was mich bewegt, Und das ist immer sehr viel. Geradezu lebensnotwendig ist dieses Ritual an Tagen mit abendlichen Veranstaltungen. Egal ob Theater, Kino oder Elternabend, Treffen mit Freunden oder Arbeitssitzungen, ich brauche immer sehr lange, bis ich in der Lage bin, schlafen zu gehen. Würde ich mich sofort ins Bett legen, ich würde verrückt werden. Bei sehr aufwühlenden Ereignissen muss ich mich zuerst ein wenig körperlich beschäftigen, sei es mit Spülmaschineausräumen, Wäsche zusammenlegen oder nähen, bis wieder die Phase des ruhigen Dasitzens und Lesens/Nachdenkens möglich ist. Mein Mann kann, egal was war, sofort ins Bett gehen und schlafen. Und aufregende Fernsehfilme am Abend sind bei mir sowieso tabu.

Unser Freundeskreis ist recht groß, wobei praktisch alle Beziehungen durch mich aufgebaut wurden. Mein Mann hat keinen sogenannten guten Freund, trifft sich ab und an mit Arbeitskollegen. Die einzige und wichtigste Vertrauensperson in seinem Leben, mit der er über alles spricht, bin ich. Ich hatte in meinem Leben das Glück, immer wieder auf ganz tolle und nette Menschen zu stoßen, die wiederum auch Interesse an einem engeren Kontakt mit mir bzw. mit uns hatten. Und es gibt bei mir einige gute Freundinnen. Einige haben mein

Marianne Skarics · Sensibilität und Partnerschaft

Leben bereits wieder durch Wegzug verlassen, aber erstaunlicherweise konnte ich da immer gut loslassen. Und dann kamen immer wieder neue Frauen oder Männer in mein Leben, mit denen ich eine ganz tiefe Beziehung eingehen konnte. Erst vor fünf Jahren habe ich eine Frau kennengelernt, die mir in so vielem ähnlich ist und dennoch äußerlich betrachtet grundverschieden von mir ist. Wir haben heute noch große Freude daran, unsere Unterschiede oder Gleichklänge zu entdecken. Aber dennoch bleibt mein Mann sozusagen die wichtigste Instanz in meinem Leben. Das größte Vertrauen bringe ich ihm entgegen.

In erster Linie verbinden Simon und mich natürlich die langen gemeinsamen Jahre, unsere Kinder und unser Heim. Wir haben beide ein ausgeprägtes Farb-, Harmonie- und Stilgefühl, das sehr gut miteinander harmoniert. Egal ob Kunst oder Inneneinrichtung, Gemälde oder Kleidung, wir finden praktisch häufig beide das gleiche ansprechend und schön, oder wir finden sehr schnell einen guten Kompromiss. Wir haben beide ähnliche oder gleiche Wertvorstellungen in Bezug auf Benehmen, Manieren, Verhalten, Freundschaft, Umgang mit unseren Eltern und Geschwistern, Mitmenschlichkeit, Respekt und Toleranz, die wir auch unseren Kindern vermittelt haben. Uns ist beiden körperliche Nähe und der Austausch von Zärtlichkeiten im Alltag sehr wichtig. Wir lieben beide unsere Arbeit, Strukturen im Alltag und pflegen Rituale.

Aber es gibt natürlich auch gravierende Unterschiede zwischen uns. Wie bereits erwähnt, lese ich sehr viel, beschäftige mich mit Naturheilkunde, Psychologie, Philosophie und aufgrund meiner Arbeit natürlich viel mit den Problemen und Nöten auf der Welt. Mein Mann macht dies weniger, nimmt zwar gerne Sachen von mir an, trotzdem gibt es hier immer wieder Reibereien, vor allem, wenn ich mal wieder am liebsten den Fernseher abschaffen würde. Er ist irgendwie »weltlicher« und realitätsbezogener eingestellt als ich. Dafür bewege ich mich selbstverständlich in einer Welt, die ihm gar nicht nahe steht: Ich glaube an Vorsehungen, Fügungen, »Zufälle« im eigentlichen Sinn des Wortes, kann geistig in Phantasiewelten spazieren gehen, daher auch meinen Sohn gut bei seinen jeweils altersbedingten Ängsten begleiten, streichle Ängste aus Jeremys Körper hinaus, rede mit unseren Schildkröten und erhalte Antworten, rede auch mit Verstorbenen. Ich weiß nicht, ob das typisch für HSP ist, aber irgendwie hat das bei mir damit zu tun, dass ich einfach spüre, dass es mehr gibt, als wir mit unseren Augen sehen. Zu diesen Dingen hat mein Mann wenig Zugang, kann es aber bei mir lassen.

Ich genieße ein besonderes Essen sehr, bin aber auch mit boden-ständiger Alltagsküche zufrieden. Er ist in diesem Punkt anspruchs-voller, was mich schon manchmal nervt. Er ist wesentlich genussfreu-diger als ich, ich bin disziplinierter und nicht ganz so auf materielle Genüsse fixiert. Ich lebe da irgendwie mehr nach innen, kann mich an Situationen oder Eindrücken, Gedanken oder Gefühlen, Stimmun-gen und Bildern satt essen. Im letzten Jahr wurde uns mal wieder ein großer Unterschied offenbar. Bei einem Bodenseeurlaub faszinierte mich die Idee, mit einem Boot auf dem See herumfahren zu können. Ich besorgte mir die entsprechenden Lehrbücher, mehr aus Spaß, und lernte immer wieder etwas aus diesen Büchern. Nach einiger Zeit begann sich auch mein Mann für dieses Thema zu interessieren, las in den Büchern und beschloss eines Tages, den Bootsführerschein zu machen. Ich meldete mich mit ihm zu den Kursen an und wir mach-ten - trotz erheblicher Prüfungsangst meinerseits - im vergangenen Jahr alle Motorbootführerscheine, die möglich sind. Dann haben wir auf dem Bodensee ein Boot gemietet, und ich merkte erst da so rich-tig, dass ich ein Boot fahren können wollte, um auf den See hinaus-zufahren, den Motor auszuschalten, mich treiben zu lassen, in den Himmel zu schauen, die Sonne zu genießen, meinen Gedanken nach-zuhängen. Das fand mein Mann zwar auch ganz nett, er wollte aber vor allen Dingen auch fahren. Mich störte schon nach kurzer Zeit der Motorenlärm, und ich fand ihn in der schönen Natur so unangebracht. Andererseits kamen wir bei unserer dritten Bootstour in einen richtig schweren Sturm, den wir gemeinsam wunderbar bewältigt haben. Da hatte ich keinerlei Probleme, mich auf die Situation einzustellen und genau das zu tun, was zu unserer Rettung nötig war.

Interessant ist in diesem Zusammenhang, dass ich nie den Auto-führerschein gemacht habe. Ich hatte immer Angst, dass ich nicht alle Eindrücke und Situationen beim Autofahren schnell genug aufnehmen und sortieren kann, um mich so verhalten zu können, dass ich nieman-den gefährde oder gar schade.

Ein weiteres Gebiet ist die klassische Musik. Mein Mann hat sie für sich vor ein paar Jahren entdeckt und hört diese Musik gerne laut und häufig. Ich bin in meinem Elternhaus erstaunlicherweise überhaupt nicht mit klassischer Musik in Berührung gekommen und konnte mit seinen neuen Hörgewohnheiten anfangs schlecht umgehen. Ich merkte, dass ich an manchen Tagen die Musik besser aushalten konnte, an anderen Tagen innerlich so angespannt wurde, dass ich fluchtartig unser Wohnzimmer verlassen musste. Lange Zeit verstand ich mein eigenes Verhalten nicht und weigerte mich, mit meinem Mann Konzerte oder dergleichen zu besuchen. Ein Freund erklärte mir dann, wie stark klassische Musik auf die Psyche wirken kann, dass sie durchaus alle Gefühlsebenen stark ansprechen kann. Aggressionen, Trauer, aber auch große Freude könnten durch klassische Musik ausgelöst werden. Meine Reaktionen schienen also nicht ungewöhnlich zu sein. Da habe ich angefangen, mich langsam an das Gebiet heranzutasten. Was war ich bei den ersten Aufführungen angespannt! Ich hatte regelrecht Angst, die Intensität meiner Gefühle nicht aushalten zu können. Aber es ging gut. Ich konnte mich mit der Zeit entspannen, in mich hinein hören und meine Gefühle aushalten. Mittlerweile weiß ich, dass mich Sopranarien sofort in die Flucht treiben können (manchmal bekomme ich richtige Ohrenschmerzen davon) und Klavierkonzerte mich beseelen können. In großen rauschenden Chören aber sitze ich mit Freude im Herzen wie ein kleines Kind und kann nicht aufhören, über das ganze Gesicht zu strahlen.

Was mir an meinem Mann gut tut ist, er sitzt bei Veranstaltungen klaglos immer mit mir auf Außensitzplätzen, damit ich das Gefühl habe, jederzeit gehen zu können. Ich verreise nicht sehr gerne, lebe überhaupt nicht für den Urlaub, sondern versuche, es mir im Alltag gut gehen zu lassen. Irgendwie war es für mich nie stimmig, auf zwei Wochen im Jahr hinzuleben. Aber ich kann, allein durch das Anschauen von Bildern, wunderbar in meiner Phantasie auf Reisen gehen. Ich mag auch keine Städtereisen, die vielen Menschen, die vielen Eindrücke und das alles ohne eine vertraute Insel zum Luftholen. Mein Mann reist sehr gerne, ist beruflich öfters im Ausland und hat so seinen Weg gefunden. Auch haben wir einen Freund, der Pilot ist. Mit ihm war mein Mann schon in Hongkong und plant auch für dieses Jahr eine Fernreise. Ich liebe das Meer. Dort haben wir schon viele Urlaube verbracht. Langsam taste ich mich aber auch an die Lieblinge meines Mannes, die Berge, heran. Er hat dies aber nie von mir gefordert.

Ich kann meinem Mann alle meine Gefühle mitteilen, er geht darauf ein. Ich habe ein sehr idealistisches Menschenbild trotz manch schlechter Erfahrung. Mein Mann sieht die Menschen realistischer, hilft mir, immer wieder mit Enttäuschungen umzugehen oder warnt mich, wenn ich zu naiv bin. Ich glaube, dass jeder Mensch die Möglichkeit hat, sich zu ändern, wohingegen mein Mann meint, dass der Mensch von seinem Charakter her eher festgelegt ist.

Simon hält mich für sehr zuverlässig, sehr ehrlich, nicht nur gegenüber anderen, sondern auch mir selbst gegenüber. Das schätzt er an mir. Ich betreue gut unsere Finanzen, bin in allem sehr gründlich und pflichtbewusst. Ich habe mehr Zugang zu Details, kann liebevoll Sachen und Räume gestalten. Ich sehe viele Kleinigkeiten, erkenne aber häufig Äußerlichkeiten nicht. Mancher Heimweg von Einladungen brachte dann schon Erstaunliches zu Tage. Mein Mann sieht es, wenn unsere Gastgeberin gelb lackierte Fingernägel und neue rote Haare hat, was ich gar nicht merke. Ich sehe aber sofort, dass ihre Augen ein klein wenig feucht sind und ihre Stimme immer ein wenig zittert. Auf dem Nachhauseweg erklärt mir dann mein Mann, wie gut es unseren Gastgebern geht, während mir die Gastgeberin in der Küche beim Aufräumen eine Stunde ihr Leid geklagt und von Scheidung gesprochen hat.

Ich wecke bei ihm den Blick für Details, die er gar nicht sieht, aber dankbar annimmt. Für Gefühle, die er auch hat, aber gar nicht weiter darüber nachdenkt oder gar spricht. Für die großen Fragen des Menschseins.

Ja, und dann ist es noch so, dass ich gar nicht gut verdrängen kann. Alles, was wichtig ist, meldet sich bei mir zeitnah so lange, bis es bearbeitet, bedacht und aufgeräumt ist. Das gilt auch für unsere Beziehung. Alles, was ansteht, wird zeitnah besprochen und geklärt. Das kommt natürlich uns beiden zu Gute.

Ich denke, ich schließe jetzt einmal. Wichtig ist noch, dass ich schon denke, dass mein Mann und ich eine besondere Beziehung haben, dass aber nicht alles nur rosig und ideal ist, sondern dass wir auch schwierige Tage und Zeiten hatten und haben, mit schlechter Laune und Nörgeleien kämpfen und uns manches Mal auch aus dem Weg gehen müssen. Eine dicke Krise mussten wir vor ein paar Jahren bewältigen, bedingt durch eine »Mini-Außenbeziehung« meines

Mannes. In den vergangenen Jahren habe ich bei meinen Freundin-nen ähnliche Situationen miterleben müssen, die allerdings in Aus-maß und Dauer wesentlich gravierender waren als in meiner Bezie-hung. Dennoch habe ich den Eindruck, dass sich keine so schwer getan hat, diese Krise zu überwinden, wie ich. Bei meinen Freundinnen habe ich erlebt, dass der Umgang mit der Kränkung so schwer war. Komi-scherweise war dies bei mir nicht so schlimm. Für mich fast nicht aus-zuhalten war der Vertrauensbruch. Ich hatte ein ganz tiefes Bauch-vertrauen zu meinem Mann, fast wie ein kleines Kind, das nicht damit rechnet, verletzt zu werden von jemandem, der es liebt. Darunter habe ich ganz furchtbar gelitten, und es hat auch sehr lange gedauert, bis ich diese Schmerzen verwunden hatte. Diese Zeit war furchtbar, aber sie hatte auch ihr Gutes: Ich habe in dieser Zeit mich selber wesent-lich besser kennen- und schätzen gelernt, und das wiederum war ein-fach wunderbar. Ich denke heute oft, dass mir nichts Besseres pas-sieren konnte. Jedenfalls habe ich in langen Gesprächen festgestellt, dass keine meiner Freundinnen in dieser Situation so intensive Gefühle hatte, wie ich sie in dieser Zeit empfunden habe. Vielleicht ist auch das für HSP typisch. 《

Zusammenfassung – Clara und Simon:

Nach einer schwierigen Kindheit und Jugend voller sozialer Ängste, war Simon für Clara endlich ein Mensch, der sie nahm, wie sie war. Clara war lange auf die Negativseiten ihrer Hochsensibilität fixiert und lernte erst im Rahmen einer Therapie, Positives und Liebeswertes an sich wahr- und anzunehmen. Für Simon aber standen diese positiven Seiten Claras immer im Vordergrund.

Claras und Simons Wahrnehmungen sind unterschiedlich. Simon betrachtet Geschehnisse eher aus einer übergeordneten Perspektive, wäh-rend Clara sich stark mit Details beschäftigt. Die beiden ergänzen sich daher in diesem Bereich sehr gut. Problematisch ist Claras Geräuschemp-findlichkeit. Eine Trennung der Schlafbereiche hat sich diesbezüglich als sehr hilfreich erwiesen.

Oft sind Clara und Simon beide zu Hause, beschäftigen sich aber jeder für sich. Ein Ritual, das sich für Clara als sehr positiv erwiesen hat, ist ihre

»kleine halbe Stunde«, die sie sich täglich abends nimmt, um den Tag noch einmal Revue passieren zu lassen.

Clara beschäftigt sich viel mit psychologischen, philosophischen und naturheilkundlichen Themen, während sie Simon als »weltlicher« und realitätsbezogener eingestellt beschreibt. Vor ein paar Jahren entdeckte Simon sein Interesse an klassischer Musik. Auch Clara tastete sich langsam an dieses Thema heran und hat nun auch Freude daran.

Die beiden haben ein sehr ähnliches stark ausgeprägtes Farb-, Harmonie und Stilgefühl, ähnliche Vorstellungen in Bezug auf Verhalten, Freundschaft, Mitmenschlichkeit, Respekt, Toleranz, körperliche Nähe, Strukturen im Alltag und die Pflege von Ritualen.

Simon nimmt Rücksicht auf Claras Wunsch, bei Veranstaltungen immer einen Randplatz zu haben, um das Gefühl zu haben, jederzeit gehen zu können. Da Simon öfters beruflich auf Reisen ist, deckt dies sein Reisebedürfnis, das Clara nicht teilt.

Simon schätzt Claras Zuverlässigkeit, Ehrlichkeit, Gründlichkeit, Pflichtbewusstsein und Liebe zum Detail. Clara weckt in Simon auch dessen Blick für Details, die er sonst nicht sieht, aber dankbar annimmt, sowie für Gefühle, die er auch hat, aber sonst nicht weiter darüber nachdenkt und für die großen Fragen des Menschseins.

Claras Menschenbild ist sehr idealistisch, während Simon die Menschen realistischer sieht und Clara daher warnen kann, wenn sie zu naiv an eine Sache herangeht bzw. ihr helfen kann, mit Enttäuschungen umzugehen.

Clara kann ihrem Mann all ihre Gefühle mitteilen und weiß, dass er darauf eingeht. Die beiden führen viele intensive Gespräche. Probleme werden immer sofort besprochen, denn Clara kann nichts verdrängen. Ihrer Ehe kommt diese Eigenschaft sehr zugute.

Marianne Skarics · Sensibilität und Partnerschaft

Gudrun (45) und Reinhold (44)

》 *Reinhold und ich sind seit vier Jahren ein Paar. Was unsere Beziehung speziell macht ist, wir haben uns über ein Internet-Forum kennengelernt, zweimal telefoniert, uns getroffen und dann waren wir gleich zusammen. Da wird uns kaum kannten, war das sehr brisant. Wir haben uns höllenmäßig gestritten am Anfang, da wir uns nicht verstanden. Heute sieht das ganz anders aus – wir haben uns gut kennengelernt und immer weniger gestritten und sind heute verliebter als damals. Mein Freund sagt »andere sind am Anfang ganz eng und dann streiten sie sich, bei uns ist es umgekehrt«.*

Wir sind beide sehr zärtlich miteinander. Kuscheln ist für uns beide überlebenswichtig!

Inwiefern ist meine Hochsensibilität für unsere Beziehung von Bedeutung: Ich bin schnell genervt von Geräuschen, Gerüchen und Gesellschaft. Mein Partner hat ADHS, er braucht Geräusche, Gerüche tangieren ihn nicht und Gesellschaft mag er. Das mussten wir beide erst mal respektieren lernen. Er hielt mich für lahm und ich ihn für oberflächlich. Heute beschützen wir uns da eher gegenseitig, nehmen Rücksicht aufeinander. Er weiß, dass ich »nein« sage zu Aktivitäten und dann einfach nicht mehr kann und er akzeptiert das. Manchmal ist er sogar besorgt und fragt, ob ich mir nicht zu viel zumute.

Im Gegenzug vertraut er öfters auf mein Urteil, ob er sich zu viel auflädt durch das ADHS. Da ich sehr ordentlich und strukturiert bin und er gar nicht, helfe ich ihm bei Strukturfindung und er mir beim Lockerlassen. Zudem ist er ein Computergenie – mein PC ist erste Sahne und zwar immer! Er kocht für mich, da er sich dabei auch noch entspannen kann. Mich hingegen nervt schon der Geruch von Bratöl und die Schnippelei beim Kochen. Macht also er. Er wäscht seine Sachen parfümfrei, benutzt nur Kosmetik, die ich riechen kann. Manchmal muss ich da etwas einfordern, aber das geht schon. Manchmal vergisst er es auch und ich muss ihn erinnern. Dann kann es schon mal zwischen uns krachen, weil er sich gemaßregelt fühlt und weniger meine Empfindsamkeit bestimmten Dingen gegenüber sehen kann. Ich kann mir aber auch vorstellen, dass man das nur schwer nachvollziehen kann, also ist Toleranz und Verständnis auf beiden Seiten gefragt.

Was unsere Beziehung speziell macht, ist sicher die Verbindung der Gegensätze HSP und ADHS. Es kann sein, dass wir, hätten wir das vorher gewusst, doch zurückgeschreckt wären. Ich habe den Begriff »HSP« auch erst während der Beziehung entdeckt und hielt mich vorher eher für »ein bisschen überempfindlich«. Meine große Empathiefähigkeit war für mich selbstverständlich – heute sehe ich die Vorteile, aber auch die Last. Ich konnte jedoch meinem Partner schnell einen Tipp geben bezüglich des ADHS – der Begriff und das, was ihn ausmacht, war mir vertraut. Zumal ich Psychologie und Pädagogik studiert, eine psychologische Zusatzausbildung absolviert, viele Jahre eigene Therapie gemacht und wirklich viel zu all den Themen gelesen habe.

Am Anfang habe ich mich tatsächlich mehr um seine als um meine Besonderheiten und »Schwierigkeiten« gekümmert – etwas, was ich als sehr typisch »weiblich« und eventuell auch als sehr HSP-typisch bezeichnen könnte (für andere da zu sein, damit die sich wohl fühlen und sein eigenes Wohlbefinden hintanstellen). Heute ist das anders und wir haben einen Weg gefunden, über unsere »Macken« zu sprechen, anstatt durch sie – ich kann ihm heute sagen, »Du, ich habe das Gefühl, ich muss mich jetzt um dich kümmern, aber ich schaffe das eigentlich nicht« und er kann sich sogar dafür bedanken und mir rückmelden, ob und was da nötig ist an »Kümmern«. Manchmal ist es gar nicht erwünscht – das kann ich inzwischen sehr gut akzeptieren. Auch, wenn ich ihn vorsichtig unterstützen muss bei Dingen, die ich flugs erledigen würde. Das empfinde ich ebenfalls als sehr speziell.

Ich habe noch eine wichtige Erfahrung gemacht: Viele Dinge erledige ich schnell und sehr geordnet, damit ich möglichst viel freie und ungestörte Zeit am Stück für mich habe! Ich entspanne mich dann, wenn nichts anliegt. Das ist sehr wichtig für mich und da empfinde ich mich als supersensibel. Umso wichtiger, dass ich mich abzugrenzen lernte, auch von meinem Partner! Und er sich jedoch auch mir gegenüber, da ihn sonst Schuldgefühle plagen, ob er mich »gestört« haben könnte. Dabei gibt es auch hier Dinge, die mich wider Erwarten gar nicht stören, bei denen er aber die Befürchtung hatte. Zum Beispiel wenn er früh aufstehen muss, ich aber nicht – das macht mir gar nichts aus, ich schlafe dann wieder ein.

Meine Hochsensibilität ist insofern von Bedeutung und manchmal auch ein »Nachteil«, und das nicht nur in Beziehungen, dass ich merke, dass ich mich manchmal schnell als Opfer fühlen kann, wenn jemand keine Rücksicht auf mich nimmt und zum Beispiel seiner Natur gemäß laut ist, lärmend oder irre lange irgendwo bleibt, wenn ich schon nach Hause will. Ich finde es ganz wichtig, dass man zu sich steht, sich nichts einreden lässt (zum Beispiel, dass man zu empfindlich sei), aber auch nicht zu ängstlich wird. Es schadet mir nicht, gelegentlich nach einer Party später nach Hause zu kommen, es bringt mich auch kein Abend in einer verräucherten Kneipe gleich um, und ich kann Lärm meistens ja auch wieder entgehen.

Ich kann auf keinen Fall meine Umwelt in meinem Sinne zurechtbiegen oder kontrollieren, ich kann um Rücksicht bitten, aber sie nicht von jedem einfordern. Und ich kann auch lernen, etwas robuster zu werden und meine Sensibilität »nützlicher« einzusetzen, wenn es wirklich um Gefühle anderer, zum Beispiel Freundinnen, geht oder mich von Dingen fernzuhalten, die mir wirklich und dauerhaft nicht gut tun. Ich bin dabei, das zu lernen!

Wichtig ist auch, Menschen, die nicht HSP sind, nicht gleich als egoistisch, rücksichtslos oder oberflächlich abzuwerten. Das kann mir passieren, da mir alles Laute und Vordergründige zuwider ist und für mich drei Personen schon eine Menschenmasse darstellen, der ich aus dem Weg gehen will.

Problematisch in unserer Beziehung könnte sein, dass mein Freund gerne ausgeht, sich mit vielen Leuten trifft und ich absolut gar nicht. Da geht er dann schon mal alleine und findet das nicht so toll. Auch schläft er bei sich zu Hause besser ein, wenn der Fernseher läuft – für mich völlig undenkbar und für ihn wiederum am Anfang die Hölle, bei mir ohne TV zu übernachten. Wir haben auch festgestellt, dass wir wohl nie in einer gemeinsamen Wohnung werden wohnen können, aufgrund unseres sehr unterschiedlichen Ordnungs-Bedürfnisses und -Verhaltens. Möglich wären zwei Wohnungen im selben Haus, nur muss man so was erst mal finden. Unter Umständen ist das also alles schwieriger als bei »normalen« Pärchen. Das liegt jedoch sicher eher an mir als an ihm, da ich mich mit Unordnung so gar nicht abfinden könnte, er sich jedoch mit Ordnung sehr wohl – ich hätte aber berechtigte Angst, dass ich dann nur am Aufräumen wäre. Nein, lieber nicht.

Veränderungs- und Verbesserungsvorstellungen habe ich aktuell nicht, aber ein wichtiger Punkt bei uns war ganz sicher die gegenseitige Rücksichtnahme und das Lernen, dass keiner von uns beiden dem jeweils anderen etwas abverlangen will, was derjenige nicht leisten *kann. Das heißt, ich wollte ihn nicht gängeln und er mich nicht ärgern, sondern wir haben uns lediglich »naturgemäß« verhalten und mussten uns das gegenseitig erklären.*

Ich würde vermuten, dass der Gesprächsbedarf in einer solchen Konstellation ungleich höher ist als in anderen Beziehungen, andererseits gibt es die verrücktesten Konstellationen und ohne Gespräch geht es ohnehin sehr selten. Wir mussten jedoch auch lernen, kleinste Kleinigkeiten zu besprechen und zu erklären, die unter Umständen für andere selbstverständlich sind. Zum Beispiel wippt mein Freund immer mit den Beinen, wenn er im Bett liegt – mich machte das manchmal wahnsinnig, seitdem ich aber weiß, dass er das unbedingt so machen muss und es gar nicht recht beeinflussen kann, empfinde ich es nahezu als entspannend und wippe so ein bisschen mit.

Die Zeit, die wir miteinander verbringen, ist schon hoch bemessen, zumal wir täglich so oft wie möglich miteinander telefonieren, obwohl wir in der selben Stadt wohnen. Das ist uns beiden ganz wichtig, auch wenn es manchmal nicht viel zu sagen gibt. Dann sagen wir kurz »Hallo, ich denk an dich« und gut ist's. Wir übernachten gerne zusammen und machen Dinge am Computer, für die speziell mir alleine komplett der Nerv fehlt. Da kann er sich aber sehr gut konzentrieren und mich so mitziehen. Also, kurz: Wir verbringen viel Zeit miteinander. Für mich kann ich das so einteilen: 35 % meiner Zeit verbringe ich mit ihm, 20 % mit anderen und den Rest (sehr gerne!) alleine.

Ich brauche viel Zeit für mich alleine! Das ist für meine Freunde problematischer als in meiner Beziehung – die würden mich gern öfter sehen, aber mir reicht das so bzw. ist das bereits meine Grenze, bei der ich mich noch wohlfühle.

Vorteile gibt es sicher durch meine Hochsensibilität: Ich kann andere gut erspüren, ich baue schnell ein Gespür auf, was andere so brauchen könnten. Mein Zugang zu anderen ist gefühlsmäßig. Bei mir fühlen sich viele Leute wohl, gut aufgehoben und verstanden. Ich sorge in Gesprächen für eine ruhige, aufmerksame und ungestörte Atmosphäre, ich bin da sehr konzentriert und auch interessiert. Ich mag es einfach, achtsam mit Menschen und Dingen umzugehen. Ich sehe das als Vorteil an – in jedweder Beziehung. Und ich freue mich sehr, wenn ich einem ähnlich gepolten Menschen begegne. **《**

Zusammenfassung – Gudrun und Reinhold:

Gudrun ist sehr geräusch- und geruchsempfindlich. Sie ist sehr ordentlich und strukturiert und somit eine Hilfe für Reinhold, der ADHS und somit Probleme hat, sich zu organisieren. Reinhold hingegen hilft Gudrun beim Lockerlassen. Außerdem kocht er, da sie Küchengerüche nur schwer erträgt. Auch sonst nimmt Reinhold Rücksicht auf Gudruns Geruchsempfindlichkeit. Generell haben die beiden gelernt, gut mit dem Eigenheiten des Partners umzugehen. Reinhold trifft sich gerne mit vielen Leuten, Gudrun braucht viel Zeit für sich alleine. Er schläft gerne bei eingeschaltetem Fernseher ein, für Gudrun ist das undenkbar. Deshalb – und auch wegen ihres unterschiedlichen Ordnungsbedürfnisses – ist Gudrun der Ansicht, dass getrennte Wohnungen beibehalten werden sollten. Die beiden haben gelernt, auch kleinste Kleinigkeiten zu erklären und zu besprechen und gegenseitig viel Rücksicht zu nehmen. Ein Vorteil ihrer Hochsensibilität ist, dass Gudrun einen guten gefühlsmäßigen Zugang zu anderen Menschen und deren Bedürfnissen hat und ruhig, achtsam und aufmerksam mit Menschen umgeht.

Fazit: Hochsensible Frauen in Beziehungen mit Nicht-HSP

Viele hochsensible Frauen sind glücklich mit nicht-hochsensiblen Partnern. Die meisten von ihnen betonen jedoch, dass es ihnen wichtig ist, dass ihr Partner, auch wenn er keine HSP ist, ein sensibler, einfühlsamer und verständnisvoller Mann ist. Mit unsensiblen Männern könnten sie sich keine Beziehung vorstellen.

Beziehungen hochsensibler Frauen mit Nicht-HSP-Partnern sind von allen Paarkonstellationen, in denen einer oder beide Partner hochsensibel sind, diejenige, die am ehesten als »konventionell« gelten kann, denn: Hier ist der Mann typischerweise eher derjenige, der dem Klischeebild des Mannes gerecht wird, indem er für »Bodenhaftung« sorgt, einen kühlen Kopf behält (weil er nicht so leicht von Eindrücken überwältigt wird) und für die HSP-Partnerin »erdend« wirkt. Die hochsensiblen Frauen bezeichnen ihre Nicht-HSP-Partner daher häufig als »sicherheitsgebenden Ruhepol«, als jemandem, durch den »Orientierung für die Realität« gewährleistet ist, da er am »Boden der Tatsachen« bleibt, sie unterstützt und gleichzeitig für das Lockerlassen, für Leichtigkeit, Gelassenheit und Unbeschwertheit sorgt, während sie eher verstärkt »Tiefe« in die Beziehung bringen.

Viele HSP-Frauen berichten davon, dass sie von der Ruhe, der Ausgeglichenheit und der Bodenständigkeit ihrer nicht hochsensiblen Partner profitieren und diese Eigenschaften als »Balsam für das überflutete Nervenkostüm« empfinden, während sie in ihren Partnern im Gegenzug den Blick für Details und die großen Fragen des Menschseins wecken können. Der Schwerpunkt der Wahrnehmung ist bei diesen Paaren oft unterschiedlich. Einige Hochsensible beachten vor allem kleinste Details, während ihre nicht hochsensiblen Partner Situationen weniger differenziert, dafür vielleicht oft von einer höheren Perspektive betrachten. Diese beiden Wahrnehmungsweisen ergänzen einander sehr gut. Generell wird in dieser Paarkonstellation das einander Ergänzende oft als Erleichterung darüber erfahren, dass der Nicht-HSP-Partner »pflegeleichter« bzw. ein »Mann fürs Grobe« ist, sowie als Freude, dass die HSP-Partnerin in vielen Bereichen eine große »Tiefe« mitbringt. Dadurch ist eine ständige gegenseitige Bereicherung möglich.

Zudem werden die Nicht-HSP-Männer durch ihre hochsensiblen Partnerinnen oft angeregt, selbst feinfühliger und aufmerksamer zu reagieren, während die HSP-Frauen sich ein wenig abschauen können, wie man es macht, sich zumindest in manchen Situationen ein »dickeres Fell« zuzulegen. Weiters berichten viele HSP/Nicht-HSP-Paare von einem eher idealistischen Menschenbild des Hochsensiblen, während der Nicht-Hochsensible die Menschen oft realistischer sieht und dem HSP-Partner dadurch eher helfen kann, mit menschlichen Enttäuschungen umzugehen.

In glücklichen HSP/Nicht-HSP-Beziehungen reden die Partner typischerweise sehr viel miteinander. Sie teilen einander Gefühle und Gedanken mit, sie besprechen Probleme miteinander, erklären einander auch kleinste Kleinigkeiten, die unausgesprochen zu Unstimmigkeiten führen könnten und nehmen generell gegenseitig viel Rücksicht. Der aufmerksame, achtsame Umgang, den Hochsensible meist mit ihren Mitmenschen pflegen und ihre Fähigkeit, Stimmungen des Gegenübers rasch zu erfassen, sind hierbei von Vorteil.

Akzeptanz, Toleranz, Rücksicht und liebevolles Annehmen der Unterschiede sind wichtige Eckpfeiler in Beziehungen Hochsensibler mit Nicht-HSP. Einige HSP-Frauen berichten von sehr unterschiedlichen Interessen, der konkreten Suche nach Anknüpfungspunkten oder dem langsamen Herantasten an die Interessen des Partners, anderen Paaren machen die unterschiedlichen Interessen nichts aus, und wieder andere haben mit dem Partner von Anfang an einige Interessensgebiete gemeinsam.

Glückliche HSP/Nicht-HSP-Paare haben sich so arrangiert, dass auch bei unterschiedlichen Interessen und Bedürfnissen keiner zu kurz kommt. Sind sie zu Hause, beschäftigen sie sich oft jeder für sich mit dem eigenen Interessensgebiet und freuen sich, dass der andere »einfach nur da« ist.

Manche Paare fühlen sich aufgrund verschiedener Bedürfnisse oder Geräuschempfindlichkeiten mit getrennten Schlafbereichen wohl, bei anderen wird das größere Reisebedürfnis des Nicht-HSP durch Geschäftsreisen gedeckt, in wieder anderen Beziehungen ist der Nicht-HSP-Mann derjenige, der kocht, da die HSP-Frau Küchengerüche schwer erträgt. Gemeinsam ist diesen Beziehungen, dass aufeinander eingegangen wird und gut mit den Eigenheiten des jeweils anderen umgegangen werden kann.

Als problematisch und anstrengend empfinden HSP-Frauen ihre Partner-schaft mit einem Nicht-HSP-Mann, wenn das Einfühlungsvermögen des Partners in ihre durch die Hochsensibilität bedingten Eigenschaften gering ist. Eine weitere Problematik entsteht, wenn man einander selbst bei viel Kommunikation nicht versteht und die Beweggründe des anderen nicht nachvollzogen werden können. Manche HSP-Frauen werden in die Rolle der ewig Nachgebenden gedrängt, die Belastendes und Überforderndes dem Partner zuliebe in Kauf nimmt. Dies ist dann der Fall, wenn die Hoch-sensibilität – was leider immer noch manchmal vorkommt – vom Partner als etwas »nicht Normales« empfunden wird.

Hochsensible Frauen, deren Partnerschaft mit einem Nicht-HSP-Mann weniger erfüllend ist, berichten, dass sie die Partnerkonstellation im Gefühlsbereich als eher negativ empfinden, dass sie ihre Hochsensibili-tät nicht positiv in die Beziehung einbringen können und stattdessen das Gefühl haben, sich oft rechtfertigen und erklären zu müssen. Diese Frauen würden sich mehr Verständnis von ihren Partnern wünschen.

Zahlreiche andere hochsensible Frauen empfinden es als gut, einen Nicht-HSP-Partner zu haben, weil dies immer wieder neuen Schwung in die Beziehung bringt, weil sie sich ohne ihren Nicht-HSP-Partner unter Umständen stärker von der Außenwelt abschotten und zurückziehen wür-den, weil die Partnerschaft einen bereichernden Ausgleich und Austausch sowie die gegenseitige Kompensation von Defiziten bietet, weil in die-ser Paarkonstellation beide voneinander profitieren, lernen und einander gut ergänzen können und weil diese Beziehungs-Konstellation Anlass zum Perspektivenwechsel und zur Weiterentwicklung beider gibt.

Einige HSP-Frauen sind der Ansicht, dass ein HSP-Partner anstren-gend wäre. Sie nehmen an, sie würden einander »hochschaukeln« und bezweifeln, dass sie dauerhaft die Energie aufbrächten, auf einen eben-falls hochsensiblen Partner angemessen einzugehen, da sie ohnehin schon genug mit ihren eigenen Ansprüchen beschäftigt sind. Der möglicher-weise geringere Erklärungsbedarf gegenüber einem ebenfalls hochsensib-len Partner wird zwar als positiv erwähnt, aber die befürchteten Nachteile würden dadurch nicht aufgewogen.

Die eigene Hochsensibilität wird einerseits als Herausforderung für die Beziehung gesehen, da beispielsweise Unternehmungen meist geplant werden müssen und in einigen Bereichen Rücksicht erforderlich ist, ande-rerseits ist sie eine Bereicherung für die Tiefe der Beziehung.

Marianne Skarics · Sensibilität und Partnerschaft

Hochsensible Männer erzählen über ihre Beziehung mit einem/r Nicht-HSP-Partner/in

Hermann (49) und Gertrud (55)

>> *Unsere Beziehung besteht seit 26 Jahren, verheiratet sind wir seit 23 Jahren. Wir haben zwei Töchter, heute 23 und 21 Jahre alt. Ein wesentliches Merkmal unserer Beziehung ist ihre große Stabilität. Tatsächlich gab es nach meiner Erinnerung in der gesamten Zeit, die wir zusammen sind, keine einzige Krise, die den Fortbestand unserer Beziehung grundsätzlich in Frage gestellt hätte. Ich glaube schon, dass meine Sensibilität daran Anteil hat, und zwar in mehrfacher Hinsicht.*

Ein Punkt ist sicher, dass ich Konfliktquellen sehr früh spüre und ihnen entgegenwirken kann, noch bevor sie sich zu einem ernsthaften Problem auswachsen. Eine mindestens ebenso große Rolle spielt aber auch unser beider unbedingter Wille, unsere Beziehung auch über Durststrecken und schwierige Zeiten hinweg zu erhalten, zu pflegen und weiterzuentwickeln. Altmodisch nennt man das wohl Treue. Dieser Wille ist auf meiner Seite wesentlich bedingt durch die große emotionale Investition, die das Eingehen einer Beziehung für mich als HSP darstellt. Diese Investition will ich nicht aufgeben, und je länger unsere Ehe besteht, umso wertvoller empfinde ich sie.

Ein weiteres Charakteristikum unserer Partnerschaft lässt sich unter dem Begriff »Komplementarität« zusammenfassen: Meine Frau und ich haben in vielen Bereichen sehr unterschiedliche, sich je nach Sichtweise widersprechende oder ergänzende Fähigkeiten und Neigungen. Sie ist eher der an- und zupackende Typ, ich eher der abwartende und -wägende. Sie geht gern und gut mit Geld um, was mir überhaupt nicht liegt. Ich kann komplexe Abläufe besser überschauen und planen als sie. Ich bin besser im Herstellen von Konsens, sie im Durchsetzen eigener Interessen. Sie telefoniert gern, ich schreibe lieber Briefe. Sie ist mehr an Literatur, bildender Kunst und Geschichte interessiert, ich mehr an Naturwissenschaft und Mathematik. Selbst bei unserer gemeinsamen Leidenschaft, dem Gesang, über den wir uns auch kennengelernt haben, sind unser beider Herangehensweisen markant unterschiedlich, ich mehr harmonisch, rhythmisch, analytisch und textbezogen, sie mehr melodisch, dynamisch, unbekümmert und expressiv.

Es hat viel Zeit und Einsatz erfordert, die Unterschiede anzunehmen und immer wieder den Schritt weg vom »Wieso kannst du das nicht, das ist doch nicht so schwer?« und hin zum »Das liegt dir halt nicht so wie mir« zu vollziehen. Dieser Prozess ist nicht abgeschlossen und wird es vielleicht auch nie sein.

Mit der Frage nach der gemeinsam oder alleine verbrachten Zeit sprechen Sie ein sehr sensibles Thema an. Tatsächlich hat die Zeit, die wir mit gemeinsamen Aktivitäten verbringen, im Verlauf unserer Beziehung kontinuierlich abgenommen, von der ersten frisch verliebten Zeit, in der wir jede Gelegenheit zum Beisammensein nutzten, bis zu unserem heutigen Leben als »altes Ehepaar«, wo jeder seinen eigenen Interessenbereich pflegt und wir gemeinsame Unternehmungen als etwas Besonderes genießen. Dabei hat sich zwischen getrennten und gemeinsamen Aktivitäten ein großer Zwischenbereich entwickelt, wo wir zwar zusammen sind, aber jeder einer anderen Beschäftigung nachgeht. Auch diese Entwicklung ist ein nicht abgeschlossener Prozess. Einerseits haben wir uns immer gegenseitig darin ermuntert und bestärkt, dass jeder von uns das Bedürfnis nach unabhängigen eigenen Aktivitäten hat und ausleben darf. Aber auf der anderen Seite stellt sich immer wieder einmal das besorgte Gefühl ein, in dieser Richtung zu weit gegangen zu sein, wenn ich mich (wie zum Beispiel zum Verfassen dieser Zeilen) stundenlang zurückziehe, und es bedarf einer bewussten Anstrengung, mir zu sagen, dass das in Ordnung ist. Meine Frau ist auch in dieser Hinsicht anders gestrickt und äußert sich immer wieder überrascht, dass ich solche Bedenken hege. Sie versichert mir dann jedes Mal, dass sie es mir bestimmt sofort sagen würde, falls sie sich vernachlässigt fühlte. In der umgekehrten Richtung ertappe ich mich hingegen immer wieder dabei, dass ich erwarte, meine Frau müsste von selbst merken, wenn ich mir mehr Aufmerksamkeit von ihr wünsche, statt dass ich es ihr einfach sage.

Von der besonderen Bedeutung und dem Einfluss meiner Hochsensibilität für unsere Beziehung ist nun schon einiges angeklungen. Sie hat, denke ich, ebenso viele Vor- wie Nachteile. Ich bin nur oft in Gefahr, die Vorteile als selbstverständlich zu verbuchen und mit den Nachteilen zu hadern. Zum Beispiel ist es ein immer wiederkehrendes Problem für mich, in Gesprächen zu Wort zu kommen. Während ich noch darauf warte, dass die Schwingungen sich legen und der Sprech-

raum für mich frei ist, empfindet meine Frau bereits eine peinlich lange Stille, füllt diese und bedauert dann in der Folge, dass ich so wenig zum Gespräch beitrage. Mittlerweile ist dieser Mechanismus uns beiden bewusst und wir versuchen ihm entgegenzusteuern. Auf der anderen Seite profitieren wir, recht besehen, beide auch ungemein davon, wenn ich einfach nur zuhöre. Vieles, was ihr Freude macht, wie zum Beispiel die Begeisterung für impressionistische Malerei, springt so auf mich über und eröffnet mir den Zugang zu Bereichen, die sich mir ohne ihre Hilfe vielleicht nie erschlossen hätten; und oft wird ihr etwas, was sie belastet, schon dadurch leichter erträglich, dass ich mir ihre Erzählung darüber anhöre. Sich das in Erinnerung zu rufen hilft, wenn wir wieder einmal beide darüber seufzen, dass ich »den Mund nicht aufkriege«.

HSP zu sein bringt für mich sowohl Vorteile als auch Nachteile in Beziehungen mit sich. Oftmals erweist sich sogar, was in einer Situation nachteilig ist, in einer anderen Situation als Vorteil.

Bei den Nachteilen steht an erster Stelle die Schwierigkeit, bei Gesprächen zu Wort zu kommen. Sie kann zum einen den Aufbau einer neuen Beziehung erheblich erschweren. Zum anderen belastet sie immer wieder auch unsere bestehende Beziehung durch ein beiderseitiges Gefühl der Frustration nach dem Schema:»Der Mann kriegt's Maul nicht auf« / »Die Frau lässt mich nicht zu Wort kommen.«*Hier stets erneut wahrzunehmen, was geschieht, und bewusst gegenzusteuern, indem wir offen und vertrauensvoll über das Problem sprechen, ist eine laufende Aufgabe, auch im Sinne Ihrer Frage nach Verbesserungsmöglichkeiten in unserer Beziehung.*

Dabei ist die zugrunde liegende Neigung, mehr zuzuhören als selbst zu reden, für Beziehungen durchaus nicht nur von Nachteil. Mir ist schon mehr als eine tiefe und wertvolle Freundschaft nicht trotz, sondern gerade wegen dieser Neigung geschenkt worden, und sie tut auch unserer Ehe oft genug gut.

Einen großen Vorteil habe ich als HSP in Beziehungen durch die Fähigkeit, mich in Empfindungen und Gemütslage meines Gegenübers einzufühlen. Dies gilt nicht nur für meine Ehe, sondern auch für Freundschaften, Beziehungen zu Verwandten, Arbeitskollegen, Kunden usw. Auch das gilt aber nicht uneingeschränkt, denn in Auseinandersetzungen, wie sie nun einmal zu jeder Beziehung gehören, erweist sich dieses Einfühlungsvermögen oft genug als durchaus hin-

derlich, wenn es darum geht, erst einmal die eigene Position geltend zu machen. Auch hier ist in unserer Ehe ein andauernder Lernprozess im Gange: Ich übe, meine eigenen Interessen trotzdem zu formulieren, auch wenn ich schon weiß oder zu wissen glaube, dass sie denen meiner Frau zuwiderlaufen, und meine Frau versucht darauf zu achten, dass sie mich nicht mit ihrer Position überfährt, sondern Raum für meine Gegenvorstellungen lässt.

Generell hat es sich in unserer Beziehung als hilfreich erwiesen, bei Konflikten so weit wie irgend möglich die Schuldfrage zu vermeiden. Außerdem lohnt es sich, die Beziehung schon in guten Zeiten zu pflegen, sei es durch gemeinsame Unternehmungen, durch kleine und große Zeichen der Zuneigung oder schlicht dadurch, dass wir sich bietende Gelegenheiten nutzen, unsere Gefühle füreinander auszusprechen. Sie gewinnt dadurch an Kraft, auch Krisenzeiten zu überstehen. Das sind aber meinem Empfinden nach keine HSP-spezifischen Dinge.

Ob ich die Beziehungs-Konstellation »HSP und Nicht-HSP« insgesamt als gut empfinde? Diese Fragestellung widerstrebt mir. Ob eine Beziehung gelingt oder scheitert, hat nichts damit zu tun, ob nur einer oder beide Partner HSP sind. Es kommt darauf an, was man daraus macht. Es wäre verfehlt, beim Aufbau von Beziehungen gezielt eine solche Konstellation anzustreben oder zu vermeiden in der Hoffnung, damit die Chancen auf das Gelingen der Beziehung zu verbessern. 〈〈

Zusammenfassung – Hermann und Gertrud:

Hermann und Gertrud haben eine sehr stabile Beziehung, zu der Hermanns Hochsensibilität einen großen Beitrag leisten konnte und kann. So erkennt er beispielsweise Konfliktquellen sehr früh.

Hermann und Gertrud ergänzen einander in vielen Bereichen. Gertrud ist eher ein zupackender, sich durchsetzender, Hermann ein abwägender, konsenserzeugender Typ. Auch ihre Interessen und Herangehensweisen an verschiedene Themen sind sehr unterschiedlich. Dies erfordert viel Akzeptanz.

Die beiden verbringen viel Zeit damit, dass jeder seinen eigenen Interessensbereich pflegt. Manchmal beschleicht Hermann deshalb ein schlechtes Gewissen, das Gertrud aber stets beruhigt.

Seine Hochsensibilität sieht Hermann in der Partnerschaft sowohl als Vorteil als auch als Nachteil. Ein Nachteil ist, dass er in Gesprächen schwer zu Wort kommt, da seine Frau, wenn er noch darauf wartet, dass der Sprechraum für ihn frei ist, bereits peinliche Stille empfindet und deshalb etwas sagt. Dafür ist Hermann ein aufmerksamer Zuhörer. Ein Vorteil ist Hermanns Fähigkeit, sich in Empfindungen und Gemütslage seines Gegenübers gut einfühlen zu können. Im Weg ist ihm diese Fähigkeit allerdings, wenn es darum geht, die eigene Position geltend zu machen, vor allem, wenn ihm klar ist, dass sie der Position seiner Frau zuwiderläuft.

Bei Konflikten versuchen Hermann und Gertrud, so weit dies möglich ist, die Schuldfrage zu vermeiden. Außerdem versuchen sie, die Beziehung schon in guten Zeiten durch gemeinsame Unternehmungen, Zeichen der Zuneigung und das Aussprechen der Gefühle füreinander zu pflegen, sodass sie an Kraft gewinnt, die sie in Krisenzeiten benötigt. Ob eine Beziehung gelingt oder nicht, hat für Hermann nichts mit seiner Beziehungs-Konstellation »HSP und Nicht-HSP« zu tun. Es kommt für ihn vielmehr darauf an, was man daraus macht.

Miguel (37) und Anton (37)

» *Wir sind seit fünfeinhalb Jahren ein Paar. Tagsüber ist jeder in seinem Job. Abends sind wir etwa zwei Stunden zusammen und essen, lesen etc. Einmal pro Woche gehen wir gemeinsam essen. Am Wochenende ist der Sonntag »unser Tag«: Unternehmungen oder einfach mal nur auf der Couch rumlungern. Ein gemeinsamer Tag ist ungefähr 75 % gemeinsam und zu 25 % ist jeder für sich. Ich bin sehr zufrieden mit dieser Aufteilung.*

Wir sind beide Menschen, die ihren Freiraum brauchen. Zum Beispiel hat jeder sein eigenes Zimmer. Ohne Eifersüchteleien hat jeder seinen eigenen Freundeskreis. Wir interessieren uns für einander, aber können uns auch mal gut ignorieren. Das Besondere ist für mich die Selbstverständlichkeit in unserer Beziehung: Ich nehme ihn so wie er ist, und er macht genau das gleiche. Und definitiv unser beider Humor – meist schwarz und mit einer Menge Selbstironie!

Meine Hochsensibilität wirkt sich in unserer Beziehung insofern positiv aus, als meist die Initiative von mir ausgeht, wenn Probleme

auftreten, besser gesagt, ich sie früh genug erkenne. Frühwarnsystem.
Er ist offener, direkter und auch emotionaler zu anderen geworden, in
seiner Familie und bei seinen Freunden.

Ich bin auch Ansprechpartner für seine Freunde und muss
manchmal etwas direkter meine Grenze ziehen.

Problematisch ist manchmal meine etwas geringe Reizschwelle.
Er könnte neben einer Bombe weiter schlafen, ich eben nicht. Daher
werden Urlaube, Weihnachten etc. sorgfältig geplant. Die Spontanei-
tät geht leider manchmal etwas verloren.

Ein Vorteil meiner Hochsensibilität ist mein »Frühwarnsystem«
und die gelernte Rhetorik mein Innenleben zu beschreiben. Ein Nach-
teil: Ich kann nicht so gut abschalten, wie zum Beispiel »Lass uns mor-
gen darüber reden«. Nehme das dann arg zu wichtig, mich zu wichtig.

Bei Beziehungskrisen hilft uns Reden und eben unser Humor! Sich
nicht so wichtig nehmen, was ich von ihm gelernt habe! Selbstiro-
nie hatte ich zum Glück schon immer, und mein Partner ja auch. Mit
ihm habe ich aber gelernt, wie wichtig diese Eigenschaft ist. Mir hilft
mein Humor sehr dabei, das Leben etwas leichter zu nehmen und auch
meine spezielle Art und jedermanns und -fraus spezielle Art anzu-
erkennen. Mein Partner und auch ich haben viel Zeit in der Jugend und
später in England verbracht. In meinem Kopf habe ich mir schon früh
in meinem Leben eine Insel erschaffen, und bis heute in jeder Bezie-
hung, in jedem Lebensalter, war mir auch immer eine private reale
Rückzugsinsel wichtig – und die Briten haben schließlich ihre ganz
eigene. War nicht nur ein Scherz, ich glaube, da steckt eine Menge
Wahrheit drin – so ist das eben mit Selbstironie!

Die Beziehungs-Konstellation »HSP und Nicht-HSP« finde ich gut.
Sie ist eine Horizonterweiterung für beide! Ich will kein einfaches, son-
dern lieber ein interessantes Leben, und das gilt sicher auch für die Liebe. **《**

Zusammenfassung – Miguel und Anton:

Miguel und Anton brauchen beide ihren Freiraum. Sie haben beide ein
eigenes Zimmer und einen eigenen Freundeskreis. Die beiden nehmen
einander wie sie sind und haben den gleichen Humor. Miguels Hochsensibilität ist insofern ein Vorteil, als er sich anbahnende Probleme früh

erkennt und zur Sprache bringt. Das brachte auch Anton dazu, offener, direkter und emotionaler zu werden. Aufgrund Miguels niedrigerer Reizschwelle erfordert manches (z. B. Urlaube) mehr Planung. Abzuschalten und Dinge weniger wichtig zu nehmen fällt ihm oft schwer.

Bei Beziehungskrisen hilft den beiden neben reden und Humor, sich nicht zu wichtig zu nehmen, was Miguel von seinem Partner lernen konnte. Die Beziehungs-Konstellation »HSP und Nicht-HSP« empfindet Miguel als Horizonterweiterung für beide.

Andreas (49) und Hanna (42)

>> *Hanna und ich sind seit zehn Jahren ein Paar und zutiefst unterschiedliche Menschen. Manchmal fragen wir uns tatsächlich, warum wir einander ausgewählt haben.*

Während sie als ausgesprochen ausgeglichen, vernünftig und strukturiert gilt, werde ich als oft unausgeglichen, dabei aber bunt und schillernd empfunden. Auch sind mir kindliche Reaktionsmuster nicht unbedingt fremd. Insgesamt ist es also so, dass wir uns auf der Beziehungsebene sehr gut ergänzen oder – wie es Jürg Willi so trefflich beschrieb – sich unsere Macken ergänzen aber nicht überlappen. Darin liegt aber auch eine große Gefahr, um auch das Thema Paartherapie anzusprechen: Wenn man versucht, fehlende Stärken durch den Partner zu leben, kann dies natürlich zu einer symbiotischen Abhängigkeit führen.

Meine These ist, dass Hanna und ich einen stillschweigenden Deal miteinander haben, der im Wesentlichen auf unserer grundsätzlichen Loyalität basiert. Würden wir, oder einer von uns, diesen Deal brechen, würde wahrscheinlich die Beziehung nicht mehr funktionieren. Es bleibt also nur die Chance, sich gemeinsam einzeln weiterzuentwickeln.

Hanna meint, dass Sie keinen zweiten so empathischen Mann wie mich kennt. Es ist in der Tat so, dass ich – obwohl äußerlich eher dem Macho-Klischee entsprechend – eine ganz starke weibliche Seite in mir habe. Das irritiert andere Menschen oftmals.

Ich kann Stimmungen von Menschen oft sehr intensiv nachempfinden und in Gesichtern lesen. Das hat für meine Partnerin vielleicht den Vorteil (manchmal auch Nachteil), dass ich ihr ungewöhnlich viel Aufmerksamkeit widme; nicht im Sinne von Zeit, sondern von der Tiefe der Wahrnehmung. Ein weiterer Punkt ist die Inspiration, die meine Partnerin durch meine Weltsicht erfährt. Sie erlebt die Welt eben ganz anders und ist oft daran interessiert, in meinen Blickwinkel einzutauchen.

Meine Sensibilität macht mich aber auch zu einem irre schwierigen Partner. Ich reagiere eben auf Dinge in mir genauso wie um mich herum, die andere Menschen gar nicht oder viel weniger intensiv wahrnehmen. Die gewisse Schrulligkeit, (»Monk-Syndrom«) wird von meiner Partnerin aber eher als liebenswürdig wahrgenommen. Zumindest sagt sie das.

Seit einigen Wochen meditiere ich jeden Tag auf Basis des sogenannten »Alpha-Relaxing«, was auf dem Yoga Nidra basiert, und nach dem Yoga Nidra selbst. Ich praktiziere das mit geführten CDs. Die Wirkung ist teilweise ganz erstaunlich und schön, weil mir klar wird, wie reaktionsfähig mein Organismus tatsächlich ist. Wenn ich also meine Konzentration in besondere Räume innerhalb meines Körpers richte, dann reflektiert diese Region das meist mit schönen Empfindungen (Wärme, Kribbeln etc.). Ich hätte nicht gedacht, wie wunderbar das sein kann und wie es meinen oft unruhigen Geist zur Ruhe bringt – und dadurch auch den Körper.

In unserer Beziehung gibt es eine ganz besondere Form von Respekt und gegenseitiger Aufmerksamkeit. Unser Therapeut meint immer: »Sie sind ein ganz besonderes Paar. Die Art, wie Sie kommunizieren, ist eine ganz besondere.« Ich glaube, er hat recht. Ich persönlich meine, dass unsere Konstellation ähnlich ist wie die guter Freundinnen. Dieses Vertrauen resultiert meines Erachtens daraus, dass ich in Beziehungen keine Chance hätte, wenn ich mich nicht sehr weit öffnen könnte und würde. Andererseits muss meine Partnerin auch die Bereitschaft haben, dieser Öffnung eine Basis zu geben und sie zu reflektieren. Ich glaube, das ist genau die Dynamik, die es oft unter Frauen gibt; mehr als unter Männern.

Aufgrund der aufmerksamen Betrachtung (und leider auch Beobachtung) meines Innenlebens ist es vielleicht fast zwangsläufig, dass ich mich intensivst für das Innenleben anderer Menschen interessiere. Sofern ich dabei nicht zu invasiv werde, erlebt das Gegenüber also großes Interesse an seiner Person. Ich gelte als höchst aufmerksamer Zuhörer (wenn mich der Mensch interessiert).

Das hat manchmal aber auch Auswirkungen, die mich sehr traurig machen: Männer lehnen mich ab, weil ich wahrscheinlich ihre homophoben Schichten »antriggere« und Frauen meinen, ich wolle etwas von Ihnen. Dabei ist es ganz ernst- und ehrlich gemeinte Neugier am Menschen.

Da die Sensibilität ja nicht fragt, ob der jeweilige Wirkungsbereich mit positiven oder negativen Vorzeichen belegt ist, bin ich bei allem Gewinn für meine Partnerin sicher auch ängstlich, unstet, schwankend, oft entscheidungsschwach, nicht risikofreudig, manchmal unberechenbar, unklar, impulsiv, manchmal doppeldeutig, manchmal überempfindlich, leichter kränkbar, nicht stressresistent, dann auch mal aggressiv. Reicht, oder? (Also, nicht, dass Sie glauben, ich halte mich irgendwie für »toll« oder so.)

Besonders positiv ist dafür: Ich bin empathisch, zärtlich, liebevoll, aufmerksam, zugewandt, interessiert, bunt, impulsiv, gefühlsbetont, intensiv, kreativ, ideenreich usw.

Auch meine sexuelle Erlebnisqualität ist sehr hoch. Gelebte Sexualität ist für mich sehr wichtig und ich betrachte mich in dieser Hinsicht als sehr freizügig. Ich glaube von mir, dass ich in sexueller Hinsicht – genauso wie im Alltag – sehr intensiv auf meine Partnerin eingehen kann und oft intuitiv ihre Bedürfnisse spüre. Ich möchte mich als intensiven und aufmerksamen Liebhaber betrachten, aber leider nicht als sonderlich ausdauernd. Bedingt durch meine hohe Empfindungsqualität bin ich sehr leicht erregbar. Diese Erregbarkeit drückte sich auf der körperlichen Ebene auch schon durch den sogenannten Orgasmuskopfschmerz aus. Genau dieser Punkt ist bei meiner Partnerin diametral entgegengesetzt ausgeprägt. Sie kommt nur sehr schwer in Wallung. Da würde ich mir schon manchmal eine größere Sensitivität wünschen.

Einer Reihe von positiven Eigenarten der Hochsensibilität stehen also die passenden Gegenpole gegenüber. Grundsätzlich meine ich aber, dass (Liebes-)Beziehungen für mich sehr schwierig sind. Zum einen aus ganz praktischen Erwägungen im täglichen Leben, dann aber auch aus einer Art Anspruch, den ich entwickele, wenn ich merke, dass mir zum Beispiel die Sensibilität bei meiner Partnerin fehlt. Ich würde mir oft wünschen, dass mich meine Partnerin »sieht«, ohne dass ich mich lange erklären muss. (Ist das nicht etwas, was sich Frauen gern von Männern wünschen?)

Mein starkes Bedürfnis nach Rückzug lässt mich eigentlich als den idealen Single erscheinen. Dann wiederum käme aber mein gleichermaßen großes Bedürfnis »in Beziehung zu sein« zu kurz. Dieser Ambivalenz gerecht zu werden, ist für mich oft nicht leicht. Im ersten Jahr unserer Beziehung habe ich oft gedacht, »ich schaffe das nicht«, und das auch deutlich artikuliert.

Grundsätzlich scheine ich Angst vor (viel) Verantwortung in mir zu tragen. Ich denke, das ist ein Relikt der Lasten, die ich schon als kleiner Junge getragen habe, wenn ich sofort spürte, dass das System meiner Herkunftsfamilie nicht tragfähig funktionierte. (Das berühmte »Drama des begabten Kindes«, wie Alice Miller so wunderbar schrieb.)

Bei Problemen oder Beziehungskrisen hilft Hanna und mir Toleranz, liebevolles Verstehen und Akzeptieren von Eigenarten, Offenheit, Ehrlichkeit, gemeinsame Werte, Klarheit, aber auch Rückzug (um sich zentrieren zu können) schließlich auch externe Hilfe, wenn die Zeit reif ist.

Auch, wenn ich oft die Sehnsucht nach mehr Empfindlichkeit im Gegenüber habe, würde ich die Frage, ob ich die Beziehungs-Konstellation »HSP und Nicht-HSP« insgesamt als gut empfinde, ganz eindeutig mit »ja« beantworten. Dort, wo meine Stimmungslagen vielleicht stärker modulieren, steht meine Nicht-HSP-Partnerin als ausgeglichener Mensch und lässt sich dadurch nur wenig beeindrucken. Ich stelle mir vor, wie es wäre, wenn meine Achterbahnfahrten meine Partnerin vielleicht zu eigenen ›Ups‹ und ›Downs‹ inspirieren, dass sie womöglich im Gegentakt schwingt; welch ein Chaos.

Das ist aber nur eine Vorstellung, denn die praktische, dauerhafte Erfahrung fehlt mir.

Ich habe eine gute Freundin, Mitte 30, die sehr attraktiv ist, und ähnlich sensibel wie ich. Wir haben mal spaßeshalber durchgespielt, wie eine Liebesbeziehung zwischen uns wohl laufen würde. Ich meinte damals etwas lakonisch, aber durchaus mit Hintergrund: »Nach etwa einer Woche würde ich schreiend weglaufen«. Nein, ich meine, ich reiche in einer Beziehung als etwas überkomplexer Organismus.

In unserer Paartherapie wird deutlich, wie sehr wir die Eigenarten des/der anderen brauchen, um selbst heiler oder ganzer zu werden;

um als Persönlichkeit zu wachsen. Das Problem liegt darin, wie sehr wir bereit sind, die fehlenden Dinge auch selbst zu leben, um unabhängiger zu werden. Bindung ist ohne Autonomie nicht möglich. Und an dieser Autonomie arbeiten wir. Es ist ganz schwer, oft schmerzhaft und zäh, aber wir stellen uns. Bei uns geht es darum, dass Hanna einen besseren Zugang zu ihrem wilden Feuer bekommt (das sie über mich lebt) und ich einen besseren Zugang zu meiner Sicherheit und Struktur, die ich über Hanna lebe. Hanna hilft mir, meine Impulsivität und meine bunte innere Welt besser zu strukturieren und zu ordnen. Aber genau darin liegt der Anfang der Abhängigkeit. Ich habe mich mein ganzes Leben im gewissen Sinn als abhängig empfunden, weil ich immer meinte, ich komme allein nicht gut klar oder ich komme nur allein einigermaßen klar, weil ich mich niemanden zumuten kann. **«**

Zusammenfassung – Andreas und Hanna:

Andreas und Hanna sind sehr verschieden. Hanna ist ausgesprochen ausgeglichen, vernünftig und strukturiert, während Andreas oft unausgeglichen, bunt und schillernd, sehr empathisch, tief wahrnehmend, gefühlsbetont, intensiv, kreativ, ein sehr aufmerksamer Zuhörer und auf eine, wie Hanna meint, liebenswürdige Weise schrullig ist.

Andreas, der schon als Kind sofort Unstimmigkeiten im System seiner Herkunftsfamilie erspürte, würde sich oft wünschen, dass ihn seine Partnerin »sieht«, ohne dass er sich lange erklären muss.

Er hat sowohl ein starkes Bedürfnis nach Rückzug als auch danach, »in Beziehung zu sein«. Dieser Ambivalenz gerecht zu werden, ist für ihn oft nicht leicht.

Bei Problemen oder Beziehungskrisen helfen den beiden Toleranz, liebevolles Verstehen und Akzeptieren von Eigenarten, Offenheit, Ehrlichkeit, gemeinsame Werte, Klarheit, Rückzug (um sich zentrieren zu können) und zuweilen externe Hilfe.

Die Beziehungs-Konstellation »HSP und Nicht-HSP« empfindet Andreas insgesamt eindeutig als positiv, denn dort, wo seine Stimmungslagen stärker schwanken, bleibt seine Nicht-HSP-Partnerin ausgeglichen. Er meint, er alleine reiche in einer Beziehung als etwas überkomplexer Organismus.

Eine Paartherapie verdeutlicht Andreas und Hanna, wie sehr sie die Eigenarten des Anderen brauchen, um selbst heiler oder ganzer zu werden und um als Persönlichkeit zu wachsen.

Fazit: Hochsensible Männer in Beziehungen mit Nicht-HSP

Hochsensible Männer, die eine Partnerschaft mit einer/m Nicht-HSP haben, sehen ihre Hochsensibilität meist als positiv, bereichernd, ergänzend, Horizont erweiternd und wertvoll an. Es fällt auf, dass diese Männer selbstbewusste Hochsensible sind, die sich der positiven Seiten ihrer hohen Empfindsamkeit bewusst sind. So erwähnen sie etwa das frühere Erkennen von Konfliktquellen und sich anbahnenden Problemen als wertvolle Gabe, die sich günstig auf Beziehungen auswirkt. Auch die Fähigkeit, ein guter Zuhörer zu sein und sich in Empfindungen und Gemütslagen des Partners gut einfühlen zu können, trägt zu einem guten Beziehungsklima bei.

Die Nicht-HSP-Partnerin wird als ausgleichend erlebt, teilweise auch als zupackender und sich durchsetzender, als vernünftig, ausgeglichen und strukturiert im Gegensatz zur eigenen eher abwägenden, konsenserzeugenden, gefühlsbetonten, empathischen, tief wahrnehmenden und intensiven Natur.

Die einander ergänzenden Eigenschaften empfinden die HSP-Männer als bereichernd, ohne aber unter den Tisch zu kehren, dass auch ein hohes Maß an Toleranz erforderlich ist, wenn etwa die Interessen oder auch die Herangehensweisen an Themen sehr unterschiedlich sind. Einander so zu nehmen, wie man ist, viel miteinander zu reden, sich nicht zu wichtig zu nehmen, sich eigenen Freiraum und Freundeskreis zu bewahren sowie Humor, werden als wichtige Pfeiler der Beziehung genannt. Auch gegenseitiges liebevolles Akzeptieren von Eigenarten, Offenheit und Ehrlichkeit, sowie die Möglichkeit zum Rückzug ist den HSP-Männern in ihren Beziehungen wichtig.

Die Fähigkeit, Stimmungen des Gegenübers rasch zu erkennen, kann von Nachteil sein, wenn es heißt, eine eigene Ansicht geltend zu machen, die der Position der Partnerin zuwiderläuft.

Auch kann es sein, dass man beim Warten auf freien Sprechraum gegenüber einem Nicht-HSP-Partner schwer zu Wort kommt, wenn dieser bereits peinliche Stille empfindet und weiterspricht, während für den Hochsensiblen noch das eben Gesagte nachklingt. So mancher hochsensible Mann wünscht sich auch, vom Partner oder der Partnerin »gesehen« zu werden, ohne sich lange erklären zu müssen.

Generell fällt auf: Während es sehr viele hochsensible Frauen mit Nicht-HSP-Partnern gibt, gibt es offenbar vergleichsweise wenige HSP-Männer mit Nicht-HSP-Partnerinnen. Zum einen erklärt sich das sicher dadurch, dass der Mann doch typischerweise derjenige Beziehungspartner ist, der die aktivere, durchgreifendere, mutigere Rolle übernimmt. HSP-Männer entsprechen dem typischen Männerklischee aber normalerweise nicht. Offensichtlich besteht wenig Interesse daran, wenn man selbst das Klischee des »harten, toughen Mannes« nicht bedienen kann, dies durch eine Partnerin auszugleichen, die dieser Rolle womöglich eher gerecht wird als man selbst. Vielmehr ist es so, dass hochsensible Männer offenbar besonders gerne eine ebenfalls hochsensible Partnerin möchten, weshalb es auch sehr schwierig war, für die Interviews HSP-Männer mit Nicht-HSP-Partnerinnen zu finden.

Der Grund dafür dürfte darin zu finden sein, dass ein völliger Tausch der geschlechtertypischen Rollen in Partnerschaften offenbar unerwünscht ist. Mit einer Frau, die ihm »männlicher« scheint als er selbst es ist, fühlt sich ein hochsensibler Mann daher kaum wohl. Da diese »Gefahr« aber bei der Paarkonstellation »HSP-Mann mit Nicht-HSP-Frau« eher besteht, ist diese Konstellation relativ selten. Die hochsensiblen Männer, die eine glückliche Beziehung mit einer Nicht-HSP-Frau führen, sind sehr selbstbewusst und wissen um die Positivseiten ihrer Hochsensibilität.

Nicht-hochsensible Partner von HSP erzählen ...

Walter (37) und Annemarie (33)

>> *Wir sind seit zwei Jahren zusammen und leben schon fast seit dem Zeitpunkt zusammen, als wir uns kennengelernt haben. Es war Liebe auf den ersten Blick, und meine Partnerin ist dann gleich zu mir gezogen.*

Wir sind beide selbstständig und unterstützen uns manchmal bei unserer Arbeit, aber tatsächlich zusammen arbeiten tun wir nicht. Zum Glück haben wir beide keinen Kinderwunsch und sind uns diesbezüglich absolut einig, da wir beide im Grunde keinerlei Bezug zu Kindern haben. Wir haben aber zwei Katzen, die wir sehr lieben.

Annemarie und ich unternehmen sehr viel gemeinsam, auch wenn unsere Interessen teilweise doch etwas auseinander klaffen. Sich auf einen Kinofilm zu einigen ist zum Beispiel nicht so einfach, da ich lieber lustige Filme sehe und meine Partnerin lieber (für mich) langweilige Filme mit viel Herz und Schmerz sehen will. Alleine sind wir nur sehr selten, was aber – in diesem Ausmaß – in Ordnung ist. Ich bin oft beruflich unterwegs, und so sehen wir uns manchmal über Nacht nicht. Das sind eigentlich die einzigen Zeiten (außer wenn wir im Büro sind und arbeiten) wo wir alleine sind. Jedoch kommt es schon vor, dass jeder in seinem Zimmer alleine etwas macht und man nicht die ganze Zeit aneinander »klebt«. Die Aufteilung zwischen gemeinsamer und alleine verbrachter Zeit ist aus meiner Sicht so in Ordnung.

Ich glaube, das Spezielle an unserer Beziehung ist, dass wir uns trotz einiger unterschiedlicher Interessen immer gut verstehen und auf den anderen Rücksicht nehmen. Teilweise sind wir auch schon so »eins«, dass wir oft haargenau das Gleiche denken bzw. auch gleichzeitig oft das Gleiche sagen. Wir sind uns auch in wichtigen Dingen meist einig, und wenn nicht, dann besprechen wir alles in Ruhe, um auf einen gemeinsamen Nenner zu kommen. Zudem können wir viel gemeinsam lachen, was auch ganz wichtig ist. Im Großen und Ganzen halte ich unsere Beziehung deshalb für speziell, weil wir einfach perfekt harmonieren und gut zusammen passen.

Es gibt sicherlich Besonderheiten in unserer Beziehung, die daraus resultieren, dass meine Partnerin hochsensibel ist. Sie ist viel ruhiger als ich und bringt daher auch oft Ruhe in mein Leben, wenn ich nicht so ruhig bin, alleine durch ihre Ausstrahlung. Auch im sexuellen Bereich ist es viel schöner, da meine Partnerin ganz besonders zärtlich ist. Die Unterschiede zwischen Nicht-HSP und HSP in einer Beziehung sind sicher jene, dass man sich gut ergänzen kann. Was mir überhaupt nicht liegt, kann meine Partnerin und umgekehrt. Man versteht sich oft ohne Worte und hat oft die gleichen ergänzenden Gedanken. Zwei Nicht-HSP haben sicher mehr Konfliktpotential, jedoch zwei HSP führen vielleicht auch ein sehr einsames und langweiliges Leben, weil die Ergänzung fehlt. Ich ›pushe‹ meine Partnerin doch in vielen Dingen, und sie holt mich in vielen Dingen wieder runter vom Baum, wenn ich mich aufrege oder dabei bin tausend Dinge anzufangen oder zu überstürzen.

Natürlich hat alles, was Vorteile hat, auch Nachteile, das ist in einer Beziehung auch nicht anders. Annemarie tut sich sehr schwer, wenn wir uns mit Freunden treffen und würde sich eigentlich am liebsten nur mit mir zu Hause einigeln. Es ist manchmal schwierig, mein Bedürfnis, sich doch mal hin und wieder mit Freunden zu treffen, oder gemeinsam geschäftliche Termine wahrzunehmen, mit der Abneigung meiner Partnerin vor solchen Anlässen in Gleichklang zu bringen. Auch im Bereich der Lieblingstemperatur klaffen unsere Empfindungen weit auseinander. Während meine Partnerin eine sehr kühle Raumtemperatur bevorzugt und bei höheren Temperaturen total verzweifelt ist, wäre ich mit durchgängigen 23 Grad durchaus zufrieden.

Und dann gibt es noch Kleinigkeiten wie beispielsweise, dass ich es lieben würde, meiner Freundin zärtlich die Haare zu streicheln. Sie aber hält das nicht aus, sie sagt, das schmerzt sie irgendwie an den Haarwurzeln und irritiert sie total. Ich darf ihre Haare daher nicht berühren. Das finde ich schon recht schade.

Dafür ist meine Partnerin sehr gefühlvoll und extrem rücksichtsvoll, was ich als besonders positiv empfinde.

Bei Problemen oder Krisen hilft es uns, ganz viel miteinander zu reden. Ohne Reden geht einfach gar nichts, das ist das Wichtigste in einer Beziehung. Probleme sind schließlich da um gelöst zu werden, und wenn man einander dann auch noch etwas entgegenkommt, haben wir meist sehr schnell eine gute Lösung.

Jede gut laufende Beziehung bringt es mit sich, dass beide Parteien auch nachgeben müssen. Ich sollte wohl öfters mal ruhiger sein und mich nicht mit tausend Dingen gleichzeitig beschäftigen, meine

Marianne Skarics · Sensibilität und Partnerschaft

Partnerin könnte dafür öfters mal ohne Murren einem Treffen mit Freunden zustimmen. Sonst haben wir uns alles schon sehr gut gerichtet, und mit viel gegenseitigem Verständnis gute Kompromisse, mit denen beide leben können, geschlossen.

Ich hatte bislang noch keine HSP-Partnerin (und wusste von dem Thema vor meiner jetzigen Beziehung auch nicht wirklich viel), und kann nur sagen, dass unsere Beziehungs- Konstellation (HSP und Nicht-HSP) für mich einfach traumhaft ist. Ich habe mich noch nie so wohl und zu einem Menschen hingezogen gefühlt wie jetzt. Es ist einfach diese perfekte Ergänzung, welche die Beziehung so harmonisch und gut laufen lässt. Natürlich muss man auch in dieser Konstellation Kompromisse eingehen, aber es fällt wesentlich leichter, weil einfach auch soviel zurückkommt und die unterschiedliche Ausprägung wohl für beide Seiten sehr belebend ist. **«**

Zusammenfassung – Walter und Annemarie:

Walter und Annemarie verbringen viel Zeit miteinander. Häufig sind beide zu Hause, beschäftigen sich aber jeder für sich. Wirklich alleine sind die beiden selten, was für Walter in Ordnung ist. Trotz einiger unterschiedlicher Interessen sind die beiden sich in wichtigen Dingen meist einig und wenn nicht, werden sie in Ruhe besprochen. Sie lachen viel gemeinsam und harmonieren sehr gut.

Annemarie ist die Ruhigere von beiden, die oft schon durch ihre Ausstrahlung Ruhe in Walters Leben bringt. Walter »pusht« Annemarie dafür zuweilen. Außerdem empfindet Walter seine Partnerin als besonders zärtlich. Seiner Ansicht nach kann man sich als Nicht-HSP mit einer Hochsensiblen besonders gut ergänzen, während er sich das Zusammensein zweier Nicht-HSP als konfliktreicher, das zweier HSP als einsam und langweilig vorstellt.

Etwas schwierig ist es, Walters Bedürfnis nach Treffen mit Freunden oder die Notwendigkeit des gemeinsamen Wahrnehmens von geschäftlichen Terminen mit Annemaries Tendenz, sich zu Hause einzuigeln, in Einklang zu bringen. Außerdem ist Annemarie sehr hitzeempfindlich, sodass es ihr unmöglich ist, die für Walter angenehmen 23 Grad Raumtemperatur zu ertragen.

Besonders schön findet Walter, dass Annemarie sehr gefühlvoll und extrem rücksichtsvoll ist. Bei Problemen reden die beiden viel miteinander. Mit etwas Entgegenkommen von beiden Seiten finden sie so meist rasch gute Lösungen. Walter hat erst in der Beziehung mit Annemarie von der Thematik der Hochsensibilität erfahren. Davor hatte er – rückblickend betrachtet – keine hochsensiblen Partnerinnen. Für ihn bedeutet die Beziehung mit Annemarie die perfekte Ergänzung, aufgrund derer die Beziehung so harmonisch und gut läuft.

Theo (38) und Irene (33)

(Interview mit Irene siehe Kapitel »Hochsensible Frauen erzählen über ihre Beziehung mit einem Nicht-HSP-Partner«)

>> *Ich weiß nicht genau, ob unsere Beziehung speziell ist – damit meine ich nicht abschätzig, dass mir unsere Beziehung nicht alles wert ist, sondern dass wir keine außergewöhnliche Beziehung leben. Freude, Lachen, Glück und Streit, alles ist inbegriffen. Speziell finde ich, dass wir eine Patchworkfamilie haben und die birgt immer wieder Konflikte und das empfinde ich als sehr ungut.*

Die Hochsensibilität meiner Partnerin ist insofern für unsere Beziehung von Bedeutung, als ich manchmal das Gefühl habe, ich kann sagen was ich will und sie reagiert so wie ich mir das nicht vorstelle. Einzelne Wörter reichen schon.

Irene arbeitet 60 %, ich 80 %. Infolgedessen sind wir nur an den Wochenenden und den Abenden zusammen. Ich habe den Eindruck, dass wir viel Zeit zusammen verbringen. Mir passt diese Aufteilung, und wenn ich an Samstagen am Haus Dinge erledige und wir dann am Abend zusammen essen und vielleicht noch weggehen, dann ist das für mich befriedigend. An den Sonntagen könnten wir von mir aus gesehen mehr unternehmen. Wir schaffen das aber nur selten.

Eine Besonderheit in unserer Beziehung, die daher kommt, dass Irene hochsensibel ist, ist, dass sie so ziemlich viel spürt und ich ihr nichts vormachen kann. Umgekehrt ist es aber auch so, dass ich bei ihr auch sehr schnell merke, wenn etwas im Busch ist. Herkömmliche Sexualität ist dann zum Beispiel fast nicht möglich.

In der Zwischenzeit kann ich Irene viel mehr so »ticken« lassen, wie sie eben tickt. Ich mag es ja auch nicht, wenn man an mir dauernd rumnörgelt. So kann ich sagen, dass wenn man seine Partnerin annehmen kann, man durchaus auch was von ihr lernt. Nämlich besser auf sich zu hören, einen Gang runter zu schalten in Begegnungen – zum Beispiel in der Arbeit und in der Beziehung. Die Wahrnehmung zu schärfen aufgrund einer HSP-Partnerin ist doch was ganz Positives.

Schwierig ist, da unsere Anfangsgeschichte recht problematisch war und wir daran aber nichts mehr schrauben können, liegt es vielleicht an Irenes Hochsensibilität, dass diese Zeit immer wieder bei Irene hochkommt, und ich bin da eher drüber weg, auch wenn ich ebenfalls gelitten habe in der Zeit und eingeklemmt war zwischen zwei Welten. Aber: Es ist doch vorbei!

Bei Beziehungskrisen und Problemen hilft für mich das Gespräch. So lange, bis wir uns verstehen. Leider geht das oft kaum, wenn wir mitten drin sind und wenn wir uns streiten. Oft nimmt Irene Reißaus und ich bleibe im Sumpf sitzen. Ich kann heftige Auseinandersetzungen gut ertragen, aber Weglaufen ertrage ich schlecht. Die Gespräche über einen Vorfall finden oft Tage später statt, wenn sich der Sturm gelegt hat.

Zum Thema »Veränderungs- oder Verbesserungsmöglichkeiten der Beziehung« fällt mir ein, ich dürfte sensibler werden und unterscheiden lernen, dass es eben Unterschiede gibt in der Kommunikation mit Irene oder anderen Menschen. Habe das Gefühl, dass mein Sein, meine Ansichten noch nie so auf einer Waagschale lagen. Ich möchte gerne besser kommunizieren können mit Irene – verständnisvoller, emotionsloser. Die Streitereien wegen unserer Kinder machen mich wirklich fertig. Ich habe immer das Gefühl, sie müsste doch mit Marina (meiner älteren Tochter) reden, reden, reden und dann lenkt sich das ein. Sie findet aber, dass reden nichts bringt und sehen Sie, da haben wir schon wieder das Dilemma.

Ob ich die Beziehungs-Konstellation »HSP und Nicht-HSP« als gut empfinde? Ich hatte immer auch in anderen Partnerschaften Probleme mit meinem Tun und Lassen, und ob sich das so gravierend unterscheidet, weil Irene HSP ist und ich nicht, das wage ich zu bezweifeln. Viele Dinge sind gelernt und/oder abgeschaut von unseren Eltern, und die kann man ja bekanntlich nur sehr langsam und erst wenn sie einem bewusst werden, ablegen. Ich weiß nicht, ob's denn besser wäre zwischen uns zwei, wenn wir beide HSP wären. Anfangsgeschichte bleibt Anfangsgeschichte, und vielleicht hätten wir die so nicht gehabt, wäre alles besser und schöner und stressfreier. Doch eines ist klar für mich: Ich will mit Irene zusammen sein und sie nehmen, wie sie ist, und das bedeutet halt noch ein bisschen Arbeit. Ich bin der Meinung, dass wir uns durchaus ergänzen, wenn wir das sehen würden. Beide haben ihre Stärken und die gilt es zu nutzen. Ich liebe Irene. **《**

ᘔusammenfassung – Theo und Irene:

Theo und Irene leben in einer Patchworkfamilie, wodurch immer wieder Konflikte entstehen. Auch der Beginn ihrer Partnerschaft war sehr problematisch, was für Theo zwar nun vorbei und abgehakt ist, bei Irene aber immer wieder hochkommt. Theo würde gerne besser mit Irene kommunizieren können. Er hat das Gefühl, als lägen seine Ansichten und sein Sein bei ihr auf einer Waagschale.

Die Menge der gemeinsam verbrachten Zeit ist für Theo in Ordnung, lediglich an Sonntagen würde er sich über häufigere Unternehmungen freuen. Theo kann Irene nichts vormachen, da sie das sofort erspüren würde. Andererseits erkennt auch Theo an Irene, wenn etwas nicht in Ordnung ist, da sie sich nicht verstellen kann.

Bei Beziehungskrisen und Problemen hilft Theo das Gespräch. Für ihn ist es daher belastend, dass Irene häufig aus solchen Gesprächen geht und erst Tage später darüber reden kann.

Theo denkt, dass er und Irene einander durchaus ergänzen können, wenn sie dies besser sehen würden. Er denkt nicht, dass man die Beziehungs-Konstellation »HSP und Nicht-HSP« als allgemein günstig oder ungünstig bezeichnen kann.

Fazit: Nicht-hochsensible Partner von HSP

Für die Nicht-HSP-Partner Hochsensibler kann die Beziehung sehr bereichernd sein, wenn man einander ergänzt und Verschiedenheiten liebevoll akzeptiert. Auch wenn in manchen Bereichen einiges an Toleranz erforderlich ist, kann eine solche Partnerschaft aus Sicht des Nicht-HSP wundervoll harmonieren, wenn man viel miteinander redet, sich in Grundsätzlichem einig ist, miteinander lachen kann und Probleme bespricht.

Als schwierig empfinden die Nicht-HSP-Partner Hochsensibler die Partnerschaft, wenn die Kommunikation nicht gut funktioniert, wenn sie das Gefühl haben, ihr Sein und ihre Meinungen lägen auf einer Waagschale und wenn keine guten Kompromisse gefunden werden können (beispielsweise bezüglich der Häufigkeit von Freundesbesuchen).

Über Beziehungen Hochsensibler mit Nicht-Hochsensiblen

Das Besondere in Beziehungen Hochsensibler mit Nicht-Hochsensiblen

»Die schönste Harmonie entsteht durch Zusammenbringen von Gegensätzen.«
Heraklit

Im Idealfall ist eine Partnerschaft eines Hochsensiblen und eines Nicht-Hochsensiblen gekennzeichnet durch:

- gegenseitige Ergänzung
- eine große Vielfalt an Vorlieben und Geschmäckern, Ansichten und Betrachtungsweisen
- die beidseitige Möglichkeit, viel voneinander zu lernen
- gegenseitige Achtung und Respekt
- Horizonterweiterung durch den Partner
- das Entdecken neuer Sichtweisen
- liebevolle Toleranz für die Unterschiede
- die Bewunderung der Andersartigkeit des Partners
- gegenseitige Bereicherung durch Dinge, die man alleine nicht so sehen oder erleben würde wie mit dem Partner
- die Möglichkeit, voneinander zu lernen

Die Herausforderungen in Beziehungen Hochsensibler mit Nicht-Hochsensiblen

Im kritischen Fall stolpern Hochsensible und Nicht-Hochsensible in ihrer Partnerschaft häufig über:

- die häufig nötige Toleranz sowohl des Nicht-HSP wie auch des HSP-Partners
- die Empfindung der HSP, der Partner wäre zu »grob« oder »abgestumpft«
- die Empfindung der Nicht-HSP, der Partner wäre zu mimosenhaft
- das Gefühl, sich ständig erklären zu müssen und doch nie ganz verstanden zu werden
- generelle Kommunikationsprobleme, wenn nicht »die gleiche Sprache« gesprochen wird
- die Gefühle, Wünsche, Freuden und Vorlieben des Partners nicht nachvollziehen können
- optimale Stimulation zu verschiedenen Zeiten, d. h. wenn es dem Nicht-Hochsensiblen noch langweilig ist, fühlt sich der HSP wohl, während der Hochsensible bereits Überreizung empfindet, wenn der Nicht-HSP sich wohl fühlt
- für die Nicht-HSP ist vieles, was gemeinsam erlebt wird und für die HSP schön ist, daher unter Umständen langweilig, reizlos und zu wenig actionlastig (besonders, wenn sie auch noch extravertiert ist)
- für die HSP sind Situationen, die für den Nicht-Hochsensiblen befriedigend sind, oft nervenaufreibend – sei es im Alltag, auf Feiern, beim Ausüben von Hobbys, im Urlaub, bei Treffen von Freunden etc.
- Im Negativfall herrscht Verständnislosigkeit und Gereiztheit über die Eigenheiten des Gegenübers vor
- die HSP kann sich auch »ungesehen« vorkommen, wenn er selbst das Befinden, Wünsche des Partners u. ä. schnell erkennt, den Partner aber immer mit der Nase darauf stoßen muss, damit dieser auch einmal was derartiges bemerkt (z. B. dass die HSP sich in einer bestimmten Situation unwohl fühlt etc.)

*T*ipps für HSP/Nicht-HSP-Paare

Lassen Sie sich die Empfindungen und Beweggründe Ihres Partners erklären

Um die Andersartigkeit Ihres Partners wirklich verstehen zu können, ist es oft sinnvoll, ihn zu bitten, sich genauer zu erklären. Da man üblicherweise immer von sich selbst, von eigenen Ansichten und Denkweisen ausgeht, fällt es manchmal schwer, andere Vorlieben und Geschmäcker wirklich nachzuvollziehen. Bekommt man aber detaillierte Erklärungen dazu, fällt es plötzlich viel leichter, andere Standpunkte einzunehmen und etwas »mit anderen Augen zu betrachten«.

Üben Sie sich im liebevollen Annehmen Ihrer Unterschiede

Unterschiedliche Stärken und Schwächen können in einer Partnerschaft sehr bereichernd sein, sofern man fähig ist, ihren Wert auch zu erkennen. Sich bewusst zu machen, in welchen Bereichen man einander ergänzen kann und welche individuellen Stärken jeder in die Beziehung einbringt, kann daher sehr hilfreich sein. Hochsensible Menschen stellen ihr Licht oft unter den Scheffel, sie bewundern ihre Nicht-HSP-Partner für deren Tatkraft oder Mut, für Verhandlungsgeschick oder die Eloquenz, die sie bei gesellschaftlichen Anlässen an den Tag legen. Ihre eigenen Stärken hingegen nehmen sie oft als weit weniger bedeutend wahr. Dabei sind ihre gute Intuition, das Einfühlungsvermögen, der rücksichtsvolle Umgang mit anderen und ihre Empathie ebenso wertvoll und bereichernd für das menschliche Miteinander.

Nehmen Sie aufeinander Rücksicht

Nehmen Sie Rücksicht auf Ihre unterschiedlichen Bedürfnisse. Es ist wichtig, dass nicht nur der nicht-hochsensible Partner Rücksicht nimmt auf Lärm-, Geruchs- oder Temperaturempfindlichkeiten sowie auf überreizende Situationen, in die der Hochsensible gerät, sondern auch der HSP sollte rücksichtsvoll sein. Möglicherweise ist es dem Nicht-HSP-Partner ein Bedürfnis, häufiger Freunde zu treffen, eine etwas riskantere Sportart auszuüben, vielleicht möchte er ab und zu einen Thriller sehen oder auf einer Feier auch einmal bis zum Morgengrauen dabei sein. Legen Sie ihm keine Steine in den Weg, und freuen Sie sich mit ihm, wenn er etwas für ihn Schönes oder Aufregendes erlebt hat.

Achten Sie darauf, einander gleichwertige Partner zu sein

Viele Hochsensible tendieren dazu, zurückzustecken, eigene Wünsche aus Rücksichtnahme oder mangelndem Durchsetzungsvermögen nicht deutlich zum Ausdruck zu bringen und sich dem Partner allzu häufig um des lieben Friedens willens, oder um ihm Freude zu bereiten, anzuschließen. Achten Sie daher darauf, dass die Ansichten, Wünsche und Vorlieben des Hochsensiblen genauso beachtet werden wie die des Nicht-Hochsensiblen. Dass HSP sie weniger selbstverständlich zum Ausdruck bringen, bedeutet nicht, dass sie keine Vorlieben und Wünsche haben!

Werten Sie die Andersartigkeit Ihres Partners nicht ab

Allzu leicht gerät man in Versuchung, Eigenschaften, Vorlieben oder Ansichten, die man von sich selbst nicht kennt oder denen man skeptisch gegenüber steht, abzuwerten – sei es aus Unverständnis, sei es aus heimlichem Neid oder aus anderen Gründen. Damit bringt man sich um die Möglichkeit, andere Sichtweisen, Gewohnheiten und Geschmäcker kennen und verstehen zu lernen. »Anders« ist lediglich »anders«, es ist nicht »schlecht« oder »falsch«. Besonders für überkritische Menschen ist es hilfreich, sich dies immer wieder vor Augen zu halten.

Partnerlose Hochsensible

Interviews

Alleinstehende hochsensible Frauen erzählen

Ariane (46)

>> *Ich hatte schon mehrere langjährige Beziehungen. Derzeit strebe ich keine Beziehung an, weil ich ganz zufrieden bin und mich auch ohne Partner ganz fühle. Das heißt nicht, dass ich einer Beziehung ausweiche oder so. Ich tu einfach nichts um einen Partner zu finden – streben impliziert ja, etwas dafür zu tun. Ich nehm's wie es kommt.*

Mir ist es nicht wichtig, ob ein Partner HSP ist oder nicht. Für mich zählen andere Qualitäten in einer Beziehung. Ich tendiere höchstens zu Nicht-HSP, weil es viele HSP gibt, die viele Probleme in ihrer Hochsensibilität sehen, obwohl diese nichts damit zu tun haben, höchstwahrscheinlich nicht mal HS sind. Ich möchte also eher einen Partner, der mit sich im Reinen ist.

Es fiel mir nie schwer, einen Partner zu finden. Einen passenden schon eher. Ich sehe dabei, wenn ich zurückschaue, keinen Zusammenhang zur Hochsensibilität, sondern eher zu meiner überdurchschnittlichen Begabung und anderen Faktoren – weil mir der geistige Austausch in einer Partnerschaft doch auch sehr wichtig ist.

Ich glaube nicht, dass meine Hochsensibilität in meinen früheren Partnerschaften spezifische Probleme hervorgerufen hat. Probleme sind doch immer ein Wechselspiel von verschiedenen Faktoren zwischen zwei Menschen und nicht von Hochsensibilität abhängig.

Ob Hochsensibilität eine Bereicherung für eine Beziehung ist, kann ich nicht sagen. Ich lebte noch nie eine Beziehung ohne meine HS und kann diese von vielem anderen nicht einfach so abkoppeln. <<

Zusammenfassung – Ariane:

Ariane hatte schon mehrere langjährige Beziehungen und ist derzeit als Single ganz zufrieden. Ob ein Partner ebenfalls hochsensibel ist, ist ihr nicht wichtig, da für sie andere Qualitäten zählen. Vor allem möchte sie einen Partner, der mit sich im Reinen ist. Einen passenden Partner zu finden, fällt ihr vor allem aufgrund ihrer überdurchschnittlichen Begabung und ihres starken Bedürfnisses nach geistigem Austausch in einer Partnerschaft schwer. Sie denkt nicht, dass ihre Hochsensibilität in früheren Partnerschaften Probleme hervorgerufen hat.

Andrea (38)

>> *Ich bin seit zwei Jahren Single und hatte bisher drei Beziehungen. Ich hätte gerne einen HSP-Partner, denn ich denke, dass das gegenseitige Verständnis größer und der Umgang miteinander einfacher, sprich ohne ständiges »Sich-Erklären« wäre. Einen Partner zu finden fällt mir schwer. Ich bin eher schüchtern, was die Partnersuche betrifft und kann nur schwer auf jemanden zugehen, für den ich mich interessiere.*

Die ideale Beziehung beinhaltet für mich in erster Linie Vertrauen und Ehrlichkeit. Es sollten gemeinsame Interessen da sein, man sollte sich aber auch ergänzen. Wichtig ist, dem anderen Freiheit für sich zu lassen. Miteinander zu lachen, füreinander da sein, aber auch mal in einer Partnerschaft allein sein zu können.

Die Frage, ob es in früheren Beziehungen wegen meiner Hochsensibilität Probleme gab, ist schwierig zu beantworten, da ich in den Beziehungen noch nichts von der HS wusste. Rückblickend war mein Bedürfnis nach Rückzug ein Problem. Und mein Bedürfnis, über Eindrücke und Gefühle zu sprechen. Zwei meiner Partner (definitiv Nicht-HSP) brauchten ständig Trubel und wollten häufig unter Menschen sein. Beim dritten Partner (von dem ich vermute, dass er HS gewesen war) gab es diese Diskrepanzen nicht.

Wenn ich die Partner vergleiche, waren tiefgründige Gespräche eigentlich nur mit dem HSP-Partner wirklich möglich und erfüllend. Bei den Nicht-HSPs hatte ich oft das Gefühl, aneinander vorbei zu reden und dass die Gespräche immer wieder irgendwie an der »Oberfläche« hängen blieben.

Marianne Skarics · Sensibilität und Partnerschaft

In meiner dritten Partnerschaft war meine Hochsensibilität eine Bereicherung. Mein damaliger Partner war vermutlich auch hochsensibel. Was Unternehmungen, Urlaub und generell Freizeitgestaltung betraf, hatten wir dieselben Interessen. Hier hatte ich auch das Gefühl, dass wir uns manchmal ohne Worte verstanden. Kleine Dinge, auf die wir einander aufmerksam machten, über die wir uns begeistern konnten. Gefühle, die für beide Seiten sehr intensiv waren und über die offen gesprochen werden konnte. Verständnis für den Partner, wenn er sich zurückgezogen hat. **《**

Zusammenfassung – Andrea:

Andrea hätte gerne einen HSP-Partner, da sie sich den Umgang miteinander einfacher und das gegenseitige Verständnis größer erhofft. Da sie, was die Partnersuche betrifft, schüchtern ist, fällt es ihr schwer, einen Partner zu finden. Die ideale Beziehung bietet für sie eine Mischung aus Gemeinsamkeiten und Ergänzungen. Andreas Bedürfnis nach Rückzug und das Sprechen über Eindrücke und Gefühle war mit dem Wunsch nach ständigem Trubel zweier nicht hochsensibler Ex-Partner nicht in Einklang zu bringen. Mit einem dritten Partner – vermutlich HSP – gab es diese Probleme nicht. In dieser Partnerschaft war auch Andreas Hochsensibilität bereichernd sowie das Verständnis und der Gleichklang größer.

Elisabeth (46)

》 *Ich bin seit neun Jahren alleinstehend, von einem Beziehungsversuch und Bekanntschaften abgesehen, und hatte zwei langjährige Beziehungen (sieben und sechs Jahre) mit Lebenspartnern. Ich hätte gerne einen Partner, der eine HSP ist. Weil ich glaube, dass dieser durch seine Sensibilität eher in der Lage ist, meinen Charakter zu verstehen, nachzuvollziehen und zu respektieren.*

Es ist für mich allerdings schwer, einen solchen Partner zu finden. Durch mein attraktives Äußeres ziehe ich überwiegend Nicht-HSP an, was vielleicht darauf zurückzuführen ist, dass sie eher den Mut haben, mich anzusprechen als eine HSP. Die Art, wie Nicht-HSP nor-

malerweise ansprechen und vorgehen verschreckt mich jedoch und ist mir zu kalt und zielgerichtet. Ein Bekannter meinte mal »Du bist nicht nur eine toll aussehende Frau, sondern auch noch lieb – das hält ja keiner aus!«.

Als HSP kann ich mich sofort auf einen Menschen einstellen und in ihn einfühlen. Ich spüre, wie mein Gegenüber »tickt« und merke, ob und was hinter seiner Fassade los ist. Ich dachte eine Zeit lang, dass ich eine gute Menschenkenntnis besitze, erworben durch meine Tätigkeit. Das auch, aber die Eigenschaft habe ich schon seit ich denken kann. Ich kann also bei einem Mann erspüren, was seine Beweggründe sind, mich anzusprechen. Fährt er »nur« auf mein Äußeres ab oder meint er »mich«? Ich weiß es einfach. Was auf der einen Seite die Spreu vom Weizen trennt – auf der anderen Seite …

Eine für mich ideale Beziehung wäre eine, wenn diese die Gefühle von Vertrauen, Verstehen, Sicherheit und Liebe bei mir auslöst – in der ich authentisch sein kann. In der Liebe, Lachen, Freude und Spaß, Spontaneität, die Liebe zur Natur, zur Stille und zum Leben Ausdruck finden. Diese Dinge zu teilen, weil man sie gemeinsam mag. Die gleiche Wellenlänge hat.

Das was ich in eine Beziehung eingeben könnte (nämlich meinen Wesenskern), ist mir heute wichtiger als das, was der Partner mitbringen soll und gemeinhin als Partnerwahl in den meisten Fällen ausschlaggebend ist, wie Aussehen, Status und Einkommen.

Meine letzte langjährige Partnerschaft war eine sehr intensiv gelebte Beziehung zu einer männlichen Nicht-HSP. Intensiv deswegen, weil dieser Mann sehr facettenreich war, langweilig wurde es mir nicht! Vielmehr überforderte er (und ich) mich (selbst) mit vielen Aktivitäten und zu guter Letzt dann auch mit der Selbstständigkeit, die er im ersten Jahr unserer Beziehung begann. Das Leiten eines Sportstudios entsprach mir – die Tätigkeit wurde zu meiner »Berufung«. Ich tanzte damals schon 13 Jahre, mein Vollzeitberuf im Büro erfüllte mich nicht. So begann ich nach dem Umstieg auf Teilzeit nebenberuflich dort mitzuarbeiten. Das Studio stand an erster Stelle und bekam alle Zeit und Kraft.

Mit meinem heutigen Wissen um meine Hochsensibilität kann ich erkennen, dass ich mich damals überlastet hatte. Bis an meine Grenzen und darüber hinaus – der Perfektionismus. Von seiner Seite wurde das nicht so gesehen und der Einsatz erwartet. Die Beziehung ging nach sechs Jahren in die Brüche. Er hat sich getrennt, weil er sich in eine andere Frau verliebt hat.

In der Beziehung zu diesem Mann war meine Hochsensibilität keine Bereicherung. Vielleicht für das Studio, weil es meiner Berufung entsprach. Die Intensität der Gefühle und meine Sensibilität haben ihn aber eher überfordert, und er fühlte sich eingeengt. Meine Stärke, mich auch schwach zu zeigen (als ich kurz vom Burnout stand) hat er nicht als Hinweis genommen, dass etwas verändert werden muss.

In dem Tief, das dem Ende der Beziehung folgte, habe ich vieles aufgearbeitet und eines gelernt: Besser für mich zu sorgen! Meine Wesensart zu leben und zu lieben.

Da ich gerne alleine bin und das auch brauche, fällt mir das Singleleben nicht schwer. Eine Beziehung einzugehen, um der Einsamkeit zu entfliehen, kommt für mich nicht in Frage. Das erklärt auch, warum ich seit neun Jahren alleine lebe. Erst wenn ich mich mit einem Mann wohlfühle, könnte ich mir noch einmal vorstellen, mit jemandem zusammen zu ziehen. 〉〉

Zusammenfassung – Elisabeth:

Das Singleleben fällt Elisabeth nicht schwer. Nur um der Einsamkeit zu entfliehen, benötigt sie keinen Partner. Wenn es sich ergäbe, hätte sie aber schon gerne einen ebenfalls hochsensiblen Partner, da sie denkt, dieser könne sie wahrscheinlich besser verstehen und ihr Wesen respektieren. Einen solchen Partner zu finden, fällt ihr allerdings schwer. Zwar wird sie aufgrund ihres attraktiven Aussehens öfters von Männern angesprochen, Diese Männer sind aber ihrer Erfahrung nach meist Nicht-HSP, deren Art, sie anzusprechen, ihr nicht zusagt. Elisabeth wäre es wichtig, in einer Beziehung das, was ihr viel bedeutet – wie etwa die Liebe zur Natur und zum Leben, Lachen und Vertrauen – teilen zu können. Eine frühere Beziehung mit einem Nicht-HSP überforderte sie mit zu vielen Aktivitäten und dadurch bedingter Überlastung. Ihre Hochsensibilität konnte in dieser Beziehung nicht bereichernd wirken. Sie hat daraus gelernt, besser für sich zu sorgen und ihre Wesensart zu achten und nicht zu verleugnen.

Kerstin (43)

》 *Ich bin eigentlich schon immer Single. Die paar »Beziehungen« im Teenageralter haben jeweils nur ein paar Monate gedauert. Ich hätte aber gerne einen Partner. Ein HSP-Partner wäre mir lieber, weil ich mir davon mehr Verständnis für mich erwarte. Und ich wäre wohl auch eher vor »seltsamen« Überraschungen sicher. Wir würden einander verstehen und eher als ein Nicht-HSP erkennen, warum der andere mit etwas Probleme hat, bzw. dass der Partner sich für bestimmte Dinge interessiert/begeistert. Ich würde mich nicht öfter »genötigt« fühlen meinem Partner zuliebe Dinge tun zu müssen, die mich extrem belasten, nur um ihm zu zeigen, dass mir seine Interessen auch wichtig sind. Es fällt mir allerdings sehr schwer einen Partner zu finden. Die meisten Männer (bzw. überhaupt Menschen), die ich kennenlerne, sind viel aktiver als ich, sind ständig unterwegs, haben ständig irgendetwas vor. Das ist mir zu stressig. Ich brauche viel Ruhe um zu mir zu finden. Stress habe ich bei der Arbeit genug. Da möchte ich mit meinem Partner zusammen entspannen. Natürlich möchte ich mit ihm auch öfter was unternehmen, aber ich habe keine Lust mich nach neun Stunden bei der Arbeit im Großraumbüro noch durch Geschäfte zu wühlen oder in eine Kneipe oder ein Lokal zu setzen. Mir reicht es dann völlig, mich mit meinem Partner oder vielleicht noch ein paar Freunden zu Hause hinzusetzen. Ich brauche auch bei gemeinsamen Unternehmungen nicht ständig irgendeinen Nervenkitzel.*

Ich bin absolut nicht für irgendwelche Statussymbole zu begeistern. Mich kann man nicht mit einem bestimmten Auto oder Beruf, mit teurer Kleidung, teuren Restaurants oder ähnlichem beeindrucken. Ich bin nicht die typische Frau, die sich durch bestimmte ›genormte‹, ›normale‹ Werbungsaktivitäten kriegen lässt. Einladungen zum Essen, Blumen, Schmuck oder die schon genannten Statussymbole interessieren mich nicht. Wo sind die Männer, die noch ›originell‹ sind, die wirklich auf die Frau, die sie erobern wollen, eingehen? Und vor allem dabei auch alle Psychospielchen bleiben lassen. Und die Frau nicht unter Druck (emotional wie zeitlich) setzen. Auch optisch (klamottentechnisch) entspreche ich nicht dem typischen Bild, das ›Mann‹ von einer Frau in meinem Alter hat. Meiner Erfahrung nach ist für Männer (jedenfalls für die meisten, die ich bisher kennengelernt habe), aber die Optik viel wichtiger als der Charakter.

Marianne Skarics · Sensibilität und Partnerschaft

Ich denke, viele Männer finden mich einfach nur langweilig, weil ich mich nicht fürs Ausgehen oder sonstige Aktivitäten mit vielen Menschen (schlechter Luft, Lärm) begeistern kann. Es wird einfach vorausgesetzt, dass man sich dafür begeistert. Es ist wohl auch problematisch, dass ich einfach zuviel nachdenke. Ich mache mir viel zu viele Gedanken, wie etwas, was ich sage oder tue, beim anderen ankommen könnte und lasse es dann lieber gleich ganz bleiben.

Ich bin ein introvertierter Mensch, brauche länger als normal angesehen wird um mich in neuen Situationen zurecht zu finden, mich zu akklimatisieren, um dann auftauen und munterer werden zu können. Diese Zeit ist den »Normalen« anscheinend zu lang, sie halten mich eher für langweilig, lahm, uninteressant, uninteressiert, dumm.

Die ideale Beziehung stelle ich mir so vor: Wir haben zu einem großen Teil dieselben Interessen. Wir lassen uns gegenseitig die Freiheit, die Interessen, die wir nicht teilen, auch leben zu können. Jeder akzeptiert, wenn der andere auf etwas Bestimmtes keine Lust hat, etwas Bestimmtes nicht mag. Jeder akzeptiert und respektiert den anderen genauso wie er ist. Keine Zwänge.

In meinen früheren Beziehungen war es problematisch, dass ich nie Interesse an Discobesuchen oder lauten Partys mit vielen fremden Leuten und viel Alkohol hatte. Ich hatte immer Angst im Auto wenn eine bestimmte Geschwindigkeit überschritten wurde. Ich wollte nicht meine sämtliche Freizeit ausschließlich mit meinem Partner verbringen. Ich war wohl immer zu rational. Es ging mir immer alles zu schnell und war mir zu oberflächlich. Mir haben Gespräche gefehlt, es ging immer nur darum, etwas zu unternehmen. Ich denke, meine Partner waren alle Nicht-HSP. **«**

Zusammenfassung – Kerstin:

Kerstin war bis auf ein paar Teenagerbeziehungen immer Single. Sie hätte jedoch gerne einen HSP-Partner, von dem sie sich mehr Verständnis erhofft, findet es aber schwierig, einen Partner zu finden, da sie wenig unterwegs und nach der Arbeit am liebsten zu Hause ist. Sie nimmt an, deshalb auf die meisten Männer langweilig zu wirken. Statussymbole, Blumen oder Einladungen zum Essen reizen sie nicht, stattdessen möchte sie einen Mann, der wirklich auf sie eingeht. Kerstin ist introvertiert und sehr nachdenklich. Sie braucht eine Weile, um sich auf neue Situationen einzustellen und »aufzutauen«, weshalb ihrer Ansicht nach die Gefahr besteht, für lahm, uninteressant, uninteressiert oder gar dumm gehalten zu werden. Die ideale Beziehung beinhaltet für Kerstin viel gegenseitige Akzeptanz und einen Großteil ähnlicher Interessen – zwei Dinge, die sie neben guten Gesprächen in früheren Beziehungen mit eher nicht hochsensiblen Partnern vermisste.

Sara (26)

》 *Ich hatte noch nie eine richtige Beziehung, hätte allerdings gerne einen Partner. Ich hätte lieber einen HSP-Partner oder einen einfühlsamen Nicht-HSP. Ich möchte auf jeden Fall einen Partner haben, der in der Lage ist, sich in mich einzufühlen, das heißt, der akzeptieren kann, dass ich manchmal meine Ruhe brauche. Außerdem stehe ich auf reflektierende Menschen mit weitem Horizont.*

Es gibt nur wenige Männer, die ich interessant finde. Außerdem bin ich zurzeit arbeitsunfähig und lerne deshalb auch nicht so viele Männer kennen. Ich suche nach einem Mann, der mir sehr ähnlich ist, das heißt, der meine Einstellung zum Leben teilt. Zum Beispiel auch meinen Hang zur ganzheitlichen Körperarbeit oder meine Art mit Gefühlen umzugehen, auch mit negativbesetzten Gefühlen. Darin würde ich sagen, besteht auch der Zusammenhang mit Hochsensibilität. Denn genussfähig sollte er auch sein. Ansonsten stelle ich mir unter einer idealen Beziehung vor, dass man sich gegenseitig unterstützt, aber gleichzeitig auch sein eigener Mensch bleibt mit eigenen Interessen und Meinungen und auch eigene Freunde hat.

Als Grund für mein bisheriges Alleinsein sehe ich, dass meine Ansprüche an eine Beziehung hoch sind, ich habe klare Vorstellungen von meinem Partner. Na ja, und deshalb verliebe ich mich vielleicht nur sehr, sehr selten. Ich bin halt so, dass ich weiß, was ich will – bekomme ich das aber nicht, will ich auch nichts anderes. 《

Zusammenfassung – Sara:

Die 26-jährige Sara hatte noch keine Beziehung und wünscht sich einen HSP- oder einen einfühlsamen Nicht-HSP-Partner, der ihr Rückzugsbedürfnis akzeptiert. Sie wünscht sich, dass ein zukünftiger Partner ihre Lebenseinstellung teilt, genussfähig ist, dass sie einander gegenseitig unterstützen und doch eigenständig bleiben und auch eigene Freunde haben. Als Grund für ihre bisherige Partnerlosigkeit nennt sie ihre hohen Ansprüche und klaren Vorstellungen von einem Partner, aufgrund derer sie sich nur selten verliebt.

Tessa (35)

>> *Ich bin seit etwa zwei bis drei Jahren Single. Da ich noch nie einen HSP-Partner hatte, kann ich nicht wirklich beurteilen, ob mir ein solcher lieber wäre als ein Nicht-HSP. Käme vielleicht auf einen Versuch an? Ich bin (endlich) zu der Erkenntnis gekommen, dass ich gar keinen Mann an meiner Seite brauche (das war leider lange anders – es hatte mich immer irgendwie beunruhigt, wenn ich keinen Partner hatte). Seitdem geht es mir wesentlich besser. Wenn ich es darauf »anlegen« würde, hätte ich sicher kein Problem, einen Partner zu finden. Das war nie das Problem. Die Probleme haben sich immer erst innerhalb der Partnerschaften herausgestellt.*

Ich hatte, wie gesagt, immer Nicht-HSP-Männer als Partner. In diesen Beziehungen gab es einige Probleme wegen meiner Hochsensibilität: Ich habe in Beziehungen immer wieder den Fehler gemacht, mich anfangs viel zu sehr auf meinen Partner einzustellen. (Das ist für mich selbstverständlich! Ich finde das grundsätzlich gar nicht so schlimm, wenn der Partner das nicht ausnutzt!) Dabei habe ich mich und meine Bedürfnisse völlig vergessen und/oder in den Hintergrund gestellt. Das ging dann schon eine Weile gut, aber ab einem gewissen Punkt dann eben nicht mehr. Wenn meine Sensibilität sich gemeldet hat (oft in Form von Überreaktionen), wurde darauf meist nur mit vollkommenem Unverständnis reagiert. Da ich erst seit kurzem weiß, dass ich eine HSP bin und dies keine »Krankheit« oder psychische Störung ist, waren diese Beziehungen oft mehr Qual als angenehm, denn ich habe wirklich an mir selbst gezweifelt und mich gefragt, warum ich »so« (anders) bin. Im Grunde ist meine ganze Energie dafür drauf gegangen und ich hatte kaum Kraft für andere Dinge.

Erst jetzt, ohne Partner, merke ich, wie stark ich eigentlich doch bin (ich bin alleinerziehend mit zwei Kindern und bekomme das wider Erwarten sehr gut geregelt!). Vor allen Dingen fühle ich mich nun nicht mehr »gezwungen«, Dinge zu tun, zu denen ich manchmal einfach nicht in der Lage bin (z. B. abends weggehen, Streitgespräche führen, spontane Aktionen, Urlaub).

In Beziehungen war für mich oft unangenehm, dass ich mich automatisch in mein Gegenüber hineinversetze. Auf der einen Seite ist das ja sehr positiv, aber bei Streitgesprächen war es verhängnisvoll und hat mich völlig durcheinandergebracht. Umgekehrt hat das bei mir leider keiner versucht. Letztendlich hatten es meine Partner sehr bequem, denn ich habe die Schuld meist bei mir gesucht. Und es hat mich teilweise an den Rand der Verzweiflung gebracht, dass man(n) mich scheinbar nicht versteht!

Trotz der ganzen Probleme würde ich meine Hochsensibilität auf jeden Fall (auch in Beziehungen) als Bereicherung sehen. Denn auf diese intensive Gefühlswahrnehmung würde ich nur ungern verzichten wollen (auch wenn dadurch auch die unschönen Gefühle sehr ausgeprägt auftreten). Ich fühle mich in Beziehungen mit meinem Partner sehr verbunden (was seine Vor- und Nachteile hat) und kann schöne Momente richtig genießen (man »verschmilzt« dann mit diesem Moment). Für meine Partner war es sehr von Vorteil, dass ich mich so in sie hineinversetzen konnte. Dadurch war ich ein wichtiger, einfühlsamer Ratgeber in jeglicher Lebenslage.

Besonders viel Pech in der Liebe hatte ich eigentlich nicht. Es hat einfach nur (noch) nicht gepasst! Ich sehe es positiv und sage mir, dass ich in jeder Beziehung Erfahrungen sammeln und mich selbst besser kennenlernen konnte. 《

Zusammenfassung – Tessa:

Tessa hatte bisher immer Nicht-HSP als Partner. Am Beginn ihrer Beziehungen stellte sie sich viel zu sehr auf ihre Partner ein, was aber dazu führte, dass sie ihre eigenen Bedürfnisse völlig vernachlässigt hat. Das ging zwar bis zu einem gewissen Punkt gut, aber irgendwann einmal nicht mehr, worauf ihre Partner mit Unverständnis reagierten. Ihre Fähigkeit, sich stark in ihr Gegenüber hineinzuversetzen, war bei Streitgesprächen oft problematisch, da sie die Schuld meist bei sich suchte, es den Partnern damit zwar sehr bequem machte, aber letztlich verzweifelte, weil sie nicht verstanden wurde. Bevor Tessa von ihrer Hochsensibilität wusste, zweifelte sie deshalb oft an sich.

Doch ihre Hochsensibilität war in früheren Beziehungen auch eine Bereicherung. So hätte Tessa ihre intensive Gefühlswahrnehmung und ihr starkes Verbundenheitsgefühl dem Partner gegenüber nicht missen wollen. Schöne Momente konnte sie besonders intensiv auskosten, und ihrem jeweiligen Partner war sie stets ein wichtiger, einfühlsamer Ratgeber.

Mit dem Wissen um ihre Hochsensibilität und durch ihre derzeitige Partnerlosigkeit merkt sie erst, wie stark sie ist. Als alleinerziehende Mutter zweier Kinder, die nun nicht mehr »gezwungen« ist, Dinge zu tun, die ihr nicht zusagen (zum Beispiel abends weggehen, Streitgespräche führen oder spontane Aktionen), managt sie Alltag und Familienleben einwandfrei. Tessa legt es nicht unbedingt darauf an, einen neuen Partner zu finden. Ihren vergangenen Beziehungen kann sie Positives abgewinnen, denn sie konnte in jeder Beziehung Erfahrungen sammeln und sich selbst besser kennenlernen.

Verena (26)

>> *Ich bin seit eineinhalb Jahren Single, hätte allerdings gerne einen Partner. Bei der Frage, ob ich lieber einen HSP- oder einen Nicht-HSP-Partner hätte, bin ich hin- und hergerissen. Zunächst tendiere ich zu einem Nicht-HSP. Als Ausgleich. Häufig habe ich das Gefühl, dass ich viele Dinge verkompliziere, so dass ich mich freuen würde, wenn diese Grübelei durch meinen Partner nicht noch verstärkt, sondern eher ausgeglichen werden würde. Bei Partnern, die ich als HSP kategorisieren würde oder die zumindest in diese Richtung tendieren, habe ich häufig das Gefühl, die »Mutterrolle« bzw. die vernünftige Rolle übernehmen zu müssen. Ich beruhige den Partner und rede ihm gut zu. Aus meiner Erfahrung klammerten diese Partner häufig, drehten mir jedes Wort im Mund um, so dass wir auf der Stelle traten und nicht weiterkamen.*

Diese Partner waren viel zu stark auf mich fixiert, was mich wiederum überfordert hat. Vielleicht aufgrund meiner eigenen Empfindsamkeit. Vielleicht nehme ich solche Bedürfnisse schnell wahr und möchte natürlich auch darauf eingehen, um dem anderen zu helfen. Es fällt mir selbst schwer, dem HSP-Partner (innerlich) zu sagen:»Bitte löse deine Probleme alleine.« In einer Partnerschaft möchte ich allerdings eher einen selbstständigen, unkomplizierten Partner, mit dem ich auf gleicher Ebene kommunizieren kann. Mit dem ich mich gut austauschen kann, der mich auch versteht, der aber auch seine eigene Position vertreten kann.

Einerseits fällt es mir nicht schwer einen Partner zu finden, weil ich mich leicht begeistern und verlieben kann. Anderseits ja. Ich kann mich zwar schnell begeistern, aber die Begeisterung ist auch genauso schnell weg, wenn ich feststelle, dass es die gleiche Wellenlänge, eine gewisse gemeinsame Basis nicht gibt, wenn ich mich dem Partner gegenüber fremd fühle. Was leider schnell passiert. Ich habe den Eindruck, dass ich hohe Ansprüche an eine Partnerschaft stelle. Ich sehe hier durchaus einen starken Zusammenhang mit meiner HS. Wenn ich mich nicht in einer grundsätzlich harmonischen Beziehung (in der Missstimmigkeiten durchaus vorkommen) befinde, mache ich mir viele Gedanken. Es stresst mich. Und ich kann mich auf nichts anderes (Kunst, Freunde, Hobbys) konzentrieren. Dann bin ich lieber alleine, aber dafür nicht gestresst. Ein zweiter Grund ist, es fällt mir schwer, einen Partner zu finden, weil ich einem solchen in meinem Alltag gar nicht erst begegne. Meine Arbeit verlangt mir viel Zeit und Energie ab. In meiner wenigen Freizeit lebe ich momentan relativ zurückgezogen, treffe mich mit Freunden und Bekannten auf einen Kaffee, mache Sport, lese ein Buch und bilde mich weiter. Während der Studienzeit war es für mich wesentlich leichter, neue Leute kennenzulernen. Durch die Arbeit ist mir diese Möglichkeit weggefallen. In Fitnessstudios, Kneipen und Clubs werde ich zwar angesprochen, jedoch nie von den Typen, die mich ansprechen. Zudem lebe ich momentan in einer kleinen Stadt, in der das kulturelle Angebot oder auch Bibliotheken nicht vorhanden sind. Vielleicht werde ich sobald wie möglich auch wieder in eine größere Stadt ziehen. Wann das allerdings sein wird, steht derzeit in den Sternen. Tägliches langes Pendeln stelle ich mir im Moment noch zu schwer vor.

In einer für mich idealen Beziehung kann ich mich frei fühlen. Und ich werde angenommen wie ich bin. Ich brauche immer wieder Freiraum und Zeit für mich alleine. Diese Bedürfnisse muss ich in einer Partnerschaft ausleben dürfen. Gleichzeitig darf dies auch der Partner tun. Basis ist für mich eine ähnliche Weltsicht, ähnliche Werte und Vertrauen. Vertrauen ist für mich das Wichtigste. Und Kommunikationsfähigkeit. Ich liebe und genieße es, mich mit anderen Menschen auszutauschen, um Neues zu lernen, um meine Ideen und Meinungen auf den Prüfstand zu stellen und ggf. auch anzupassen. Menschen, bei denen ich das Gefühl habe, verstanden zu werden, mit denen ich auf einer Wellenlänge liege, sind mir am allerwichtigsten. Solche Menschen habe ich glücklicherweise immer wieder in meinem Leben getroffen. Sie sind für mich immer wieder die allergrößte Energiequellen und Grund für mich, mich am Leben erfreuen zu können und um mich im Alltag zu behaupten, wo ich mich oft unverstanden fühle. In einer (für mich) langen Beziehung war mir das möglich. Mein Partner sollte jemand sein, der sich Gedanken macht. Der nachdenkt über die Welt, die Menschen, das Leben. Der sich eine eigene Meinung bilden kann.

Rückblickend muss ich zunächst feststellen, dass es sich bei meinen früheren Partnern hauptsächlich um HSP gehandelt hat. Oder zumindest um Partner, die über Eigenschaften von HSP verfügen. Diese haben mich angezogen, weil sie anders waren, weil sie mehr nachgedacht haben. So zumindest mein Eindruck.

Probleme wegen meiner Hochsensibilität gab es, wenn ich zum Beispiel zu viel mit dem Partner geteilt habe. Vor allem Zeit. Wenn wir uns gemeinsam in Gruppen mit Freunden und Bekannten aufgehalten haben. Hier ist es mir plötzlich, scheinbar von einem Augenblick auf den anderen, zuviel geworden. Ich habe mich in meinem eigenen Bekannten- und Freundeskreis unwohl und fremd gefühlt. Aber dann einfach zu verschwinden, war nicht möglich – oder zumindest hielt ich das nicht für möglich, für unsensibel und egoistisch. Also habe ich ausgeharrt. Allerdings mit dem Ergebnis, dass ich gereizt und empfindlich und genervt und eifersüchtig war. Und mich einsam und missverstanden gefühlt habe – auch vom Partner. Häufig war dann ein scheinbar völlig sinnloser Streit die Folge. Mit unnötigen Verletzungen.

Ich gebe mich gerne sehr offen in Beziehungen. Ich berichte gerne über meine Gedanken und Gefühle. Häufig fühle ich mich unsicher.

Dass der Partner dann Tipps gibt, empfand ich anfangs oft als auf-merksam. Ich fühlte mich verstanden und hatte den Eindruck, dass der Partner mich versteht und ihm etwas an mir liegt. Andererseits ist es mir dann häufig zuviel geworden. Ich wiederum fühlte mich dann bemuttert und bevormundet.

Nachdem ich in meiner Jugendzeit sehr ruhig und unsicher war, änderte sich dies. Ich ging für einige Zeit ins Ausland. Diese Erfahrungen – mich auch auf einem anderen Kontinent behaupten zu können – gab mir, zurück in Deutschland, das nötige Selbstvertrauen. Ich kann was. Ich brauche nicht ständig Hilfe. Das habe ich gelernt. In den ersten Beziehungen war ich dann jedoch wieder unsicher. Mit zunehmender Erfahrung habe ich allerdings auch im Bereich meiner Beziehung immer mehr verstanden, was ich will und was ich nicht will. Ich habe anfangs oft ja gesagt zu Dingen, die ich eigentlich gar nicht wollte. Mit mehr Selbstvertrauen gelingt es mir nun besser, meine Meinung zu vertreten. Dieses Selbstvertrauen hat sich dann allerdings auch negativ in meinen Beziehungen ausgewirkt. Ich stieß auf Widerstand. Das nun einmal entdeckte Selbstvertrauen gab mir jedoch so ein Glücks-gefühl, dass ich oftmals nicht mit mir habe diskutieren lassen. Und das wiederum haben die Partner nicht »verkraftet«. So dass ich mich auch in einem Fall von einem Partner getrennt habe, weil ich das Gefühl hatte, dass ich nicht frei entscheiden durfte, sondern nur so, wie es für den Partner okay war.

In einem Fall einer Beziehung mit einem Nicht-HSP habe ich mich relativ bald nicht mehr verstanden gefühlt. Nachdem die erste Zeit der Verliebtheit vorbei war und ich gemerkt habe, dass ich mit dem Part-ner nicht auf einer Wellenlänge liege, dass ich mich mit ihm nicht aus-tauschen kann, dass das gewisse Etwas fehlt, vielleicht die innere Ver-trautheit, war die Beziehung nach relativ kurzer Zeit wieder beendet.

Schließlich lebte ich mit einem HSP, der sich mir wiederum nicht in dem Grad öffnen konnte, wie ich es benötigt hätte. Das ging auch nicht lange gut.

Als Bereicherung empfinde ich meine HS in meinen früheren Bezie-hungen jedoch auch. Ich habe meine Beziehungen recht intensiv erlebt. Dies bezieht sich vor allem auf Beziehungen mit HSP.

Auch in Beziehungen mit Nicht-HSP empfand ich meine HS als Bereicherung, weil ich meinen Partner auf neue Gedanken gebracht

habe, zum Nachdenken angeregt habe und er meine HS als Beson-
derheit empfunden hat. Diese »Besonderheit« empfanden häufig auch
frühere HSP-Partner. Auch diese schätzten die intensiven Gespräche
und fühlten sich wiederum verstanden.   **«**

Zusammenfassung – Verena:

Die 26-jährige Verena ist seit eineinhalb Jahren Single, hätte allerdings gerne einen Partner. Ein Nicht-HSP wäre ihr lieber, da sie sich eher einen Ausgleich wünscht, und unter den Nicht-HSP eher selbstständige, unkomplizierte Männer erwartet, die auch ihre eigenen Positionen vertreten können. Sie möchte wirklich verstanden werden (etwas, das ihr bei einem früheren Nicht-HSP-Partner abging) und sie möchte, dass ihr Partner sich öffnen kann (was sie wiederum einmal bei einem HSP-Partner vermisste).

Verena stellt hohe Ansprüche an eine Partnerschaft, eine nicht grundsätzlich harmonische Beziehung stresst sie. In einer Beziehung möchte sie sich frei und angenommen fühlen und auch Zeit für sich alleine haben. Auch eine ähnliche Weltsicht, ähnliche Werte, Kommunikationsfähigkeit und Vertrauen sind ihr sehr wichtig. Ihr Partner sollte sich Gedanken machen über die Welt, die Menschen, das Leben.

In früheren Beziehungen wurden ihr lang andauernde gemeinsame Treffen mit Freunden oft zuviel. Am liebsten wäre sie dann oft gegangen, was ihr aber unhöflich erschien. Die Folge waren Überreizung, Genervtheit und daraus resultierende Streits.

Verena ist in Beziehungen sehr offen und möchte mit dem Partner über ihre Gedanken und Gefühle reden können. Durch einen längeren Auslandsaufenthalt machte sie die Erfahrung, sich alleine behaupten zu können, was ihr viel Selbstvertrauen gab, wodurch sie immer deutlicher wusste, was sie möchte und was nicht. Dies führte auch zur Trennung von einem Partner, durch den sie sich in ihren Entscheidungen eingeschränkt fühlte.

Bereichernd erlebte sie ihre Hochsensibilität in ihren bisherigen Partnerschaften insofern, als sie ihre Beziehungen recht intensiv erlebt hat und ihre Sensibilität als etwas Besonderes anerkannt wurde. Nicht-HSP-Partner konnten sie auf neue Gedanken bringen und zum Nachdenken anregen.

Hanni (37)

» Ich bin vor kurzem 37 Jahre geworden und seit ca. fünf Jahren Single. Nachdem ich jetzt aus den verschiedensten Gründen längere Zeit alleine war (anfangs wollte ich mir keinen neuen Partner suchen, da mein ehemaliger Partner auch noch keine Partnerin hatte, und ich es unfair gefunden hätte, zumal ich mich von ihm getrennt hatte; später war ich mit anderen spannenden Dingen sehr beschäftigt), fühle ich mich jetzt für eine Beziehung wieder bereit und freue mich auf meine nächste Partnerschaft. Ich möchte am liebsten einen hochsensiblen Partner, weil ich Sensibilität sehr schätze. Ich mag es, mit meinem Partner »auf einer Wellenlänge« zu sein. Bei den HSP, die ich in den letzten Jahren kennenlernen durfte (egal ob männlich oder weiblich), hatte ich dieses starke Gefühl »auf einer Wellenlänge« zu sein. Ich habe mittlerweile auch einige Freundschaften geschlossen und es ist ein wunderschönes Gefühl, sich verstanden und aufgehoben zu fühlen, auch ohne große Worte. Es ist schön, in vielen Dingen einen gemeinsamen Konsens zu haben – egal ob in alltäglichen Dingen, wenn jemand zum Beispiel Rücksicht darauf nimmt, dass ich gerade müde bin, bis hin zu den großen Dingen des Lebens, wie ethische Werte, ein gewisses Maß an Spiritualität usw. All das habe ich unter den hochsensiblen Menschen erlebt. Wenn ich so darüber nachdenke, bin ich mir ziemlich sicher, dass zumindest mein letzter Partner hochsensibel war, wahrscheinlich waren aber die meisten meiner ehemaligen Partner zumindest sehr sensibel, glaube ich, jetzt so im Nachhinein betrachtet. Deshalb möchte ich wieder einen hochsensiblen Partner in meiner nächsten Beziehung haben – ich finde das schön.

Ich glaube nicht, dass es mir schwer fallen wird, einen Partner zu finden, da ich in den letzten Jahren reifer geworden bin. Ich habe gelernt, mich so anzunehmen, wie ich bin – nicht nur mit meiner Sensibilität. Da hatte ich in gewisser Weise so meine Schwierigkeiten, weil ich von anderen nicht als schwach angesehen werden wollte. Denn meine hochsensible Mutter wurde von ihrer Mutter als schwach angesehen, das hatte aber wahrscheinlich auch noch viele andere Gründe, nicht nur die Sensibilität, wie ich mittlerweile weiß. Ich glaube, dass es mir jetzt leichter fallen wird als in der Vergangenheit, einen Partner zu finden, da ich offener geworden bin, ich fühle mich mit anderen viel verbundener und weiß jetzt besser, was ich an anderen schätze.

In den Phasen, in denen ich in der Vergangenheit Schwierigkeiten hatte einen Partner zu finden, stand ich mir meist in der einen oder anderen Weise selbst im Weg.

Vielleicht war ich zu sehr darauf fixiert unbedingt einen Partner zu finden. Das Problem war eigentlich nie, dass ich selbst unbedingt einen Partner gewollt hätte – ich kann auch ganz gut alleine leben. Aber wenn man längere Zeit alleine ist, wird man dann irgendwann von Verwandten und Freunden ständig darauf angesprochen, dass man keinen Partner hat. Das nervt. Dann bemüht man sich eben einen zu finden und dann klappt es nicht, weil ein potenzieller Partner sich selbstverständlich nicht wohl fühlt, wenn er den Druck spürt, der da rüber kommt. Ich hatte zumindest bei mir oft das Gefühl, dass das so war.

Häufig kam es vor, dass ich eine Gelegenheit schlichtweg verpasst habe. Meist, weil ich mich gerade nicht getraut hatte, weil ich irgendwie blockiert war und nicht so aus mir heraus gehen konnte, wie ich es gerne getan hätte und wie es nötig gewesen wäre, weil ich dachte, der ist zu gut für mich, usw. Dann war die Gelegenheit vorbei (oder ich wollte, dass sie vorbei war, um nicht aktiv werden zu müssen), und ich habe es bereut.

Einen Zusammenhang speziell zu Hochsensibilität kann ich persönlich nicht sehen. Ich glaube, dass es auch weniger sensiblen Menschen oft so geht (das habe ich schon oft beobachtet). Ich glaube, dass das einfach menschlich ist. Es kommt auch auf die Tagesverfassung an. Wenn ich einen guten Tag habe, gelingt mir vieles leichter und wenn dann gerade der Richtige kommt, findet man sich mitten in einer Beziehung wieder.

Vor ein paar Tagen habe ich zufällig einer Freundin von so einer Begegnung erzählt. Ich war einmal mit einer Freundin in der Disco. Da die Disco recht weit entfernt war, hat sie einen Bekannten gefragt, ob er mitkommen möchte, und uns mit dem Auto fährt. Da er sehr freundlich, kumpelhaft war (wir waren sofort auf einer Wellenlänge), meine Freundin dabei war und ich nicht im Traum daran gedacht hätte, dass aus uns etwas werden könnte (er war ja nur die »Mitfahrgelegenheit«), war ich sehr entspannt und ausgelassen. Als meine Freundin kurz auf der Toilette war, haben wir uns unterhalten und er hat mir eine Menge über sich erzählt – nur so allgemein, er war überhaupt nicht aufdringlich (und ich dachte, wie gesagt, überhaupt nicht daran). Irgendwann kamen wir darauf zu sprechen, dass ich eine neue Wohnung suche. Er hat mir erzählt, dass in seinem Haus gerade einige alte Damen ausgezogen sind und die Mieten in diesem Haus relativ günstig sind. Er hat so beiläufig gefragt, ob er sich bei seiner Hausverwaltung erkundigen und mich dann anrufen soll. Da mir dies wichtig war und ich ihm vertraut habe, habe ich darüber überhaupt nicht nachgedacht und ihm meine Telefonnummer gegeben (gut, das war sehr naiv von mir, aber das ist jetzt eine andere Sache). Am nächsten Tag hat er mich bereits angerufen. Ich habe mich zwar gewundert, weil es Sonntag war und ich mir dachte, er konnte doch noch überhaupt nicht mit der Hausverwaltung geredet haben (ja, es geht noch naiver), habe mich dann aber mit ihm getroffen. Ich habe mich dann noch einige weitere Male mit diesem Mann getroffen, er hat immer gesagt, dass sein Freund es gerne hätte, wenn ich auch kommen würde, weil es dann lustiger wäre (ja es geht auch noch ein wenig naiver). Richtig realisiert habe ich das ganze erst, als er mich einmal, nachdem er mich nach Hause gebracht hatte, im Auto anschließend geküsst hat. Was ich damit eigentlich sagen wollte, ist, dass es gut läuft, wenn ich entspannt bin. In diesem Fall hatte ich das Glück, dass ich nicht wusste worauf es hinausläuft und somit keinen Grund hatte, nervös zu werden.

Wie ich mir eine ideale Beziehung vorstelle? Ich glaube, da falle ich mittlerweile, wie bei vielen Dingen in meinem Leben, stark aus dem Rahmen. Meine Beziehungen haben sich immer schon von denen der Menschen in meinem damaligen Umfeld stark unterschieden. Sie waren durchweg liebevoll und verbindlich (von beiden Seiten). Die schönsten Beziehungen davon waren sehr frei, in jeder Hinsicht. Wir haben unser Leben gelebt, für unsere Karriere getan, was wir geglaubt haben, tun zu müssen, hatten unseren eigenen Freundeskreis, obwohl wir auch gemeinsam Freunde besucht haben (aber oft haben wir unsere Freunde alleine getroffen). Jeder hatte seine Hobbys, die wir ebenfalls teilweise geteilt hatten, teilweise mangels Interesses auch nicht. Wir konnten über alles reden – wie Kumpels. Wir konnten auch über Sexualität sehr offen reden und sie spontan ausleben, was uns beiden Freude gemacht hat. Ich hatte auch sehr enge Beziehungen in denen wir viel gemein-

Marianne Skarics · Sensibilität und Partnerschaft

sam gemacht und geteilt hatten. Obwohl ich mich dort nicht so frei gefühlt habe, habe ich es zu diesem Zeitpunkt genossen.

Meine ideale Beziehung für die Zukunft stelle ich mir so vor:

- *Wir leben beide unsere Berufung und machen alles, was dafür nötig ist.*
- *Wir können jederzeit über alles miteinander reden.*
- *Wir haben liebevolle Gedanken und Gefühle füreinander.*
- *Wir lassen uns unsere Freiheit – Liebe und Freiheit sind eigentlich dasselbe.*
- *Wir leben und feiern unsere Sexualität.*
- *Wir sind bewusst und achtsam.*
- *Wir haben viel Freude aneinander und miteinander.*
- *Wir sind beide autonom und schreiben einander nicht vor, was wir machen sollen. Da wir beide im Fluss mit dem Leben sind, funktioniert das auch reibungslos.*

Die oben angeführten Punkte praktiziere ich bereits (abgesehen vom sexuellen Aspekt) mit einigen Freundinnen – das funktioniert, wenn man sehr bewusst und achtsam ist. Ich habe es in meinen früheren Beziehungen bis zu einem gewissen Grad gelebt, wenn es mir auch noch nicht so ganz gelungen ist. Für meine nächste Beziehung wünsche ich es mir, und ich bin sehr zuversichtlich was das betrifft, da mein Leben zur Zeit insgesamt sehr gut läuft.

In meinen früheren Beziehungen gab es Probleme wegen meiner Hochsensibilität und wegen der meines Partners. Das lag zum einen daran, dass ich zu diesem Zeitpunkt nicht wusste, dass ich und mein Partner hochsensibel sind (mein Partner wusste es auch nicht). Zum anderen waren wir beide unreif. Hochsensibilität drückt sich ja durch viele Aspekte aus. Ich glaube, dass hochsensible Menschen auch stärker unter Traumen leiden als weniger sensible Menschen und sie möglicherweise auch anfälliger für Traumen sind – da sie eben sehr sensibel sind. Wenn ich gewisse Dinge habe, auf die ich »allergisch« reagiere, weil sie mir schon öfters passiert sind, und die negativen Erfahrungen rund um ein Thema kumuliert sind, mein Partner diese wunden Punkte findet und drückt – und als Hochsensibler findet er sie schnell, da er das Gespür dafür hat – dann kracht es nun halt öfter mal. Zudem hatte ich oft ähnliche wunde Punkte wie mein hochsen-

sibler Partner, ich war manchmal befangen, fühlte mich leicht zurück-
gesetzt, fühlte mich zu wenig angenommen so wie ich bin (erst spä-
ter habe ich festgestellt, dass nur ich mich annehmen kann, um mich
angenommen zu fühlen). Meine Partner haben mir diese Eigenschaf-
ten oft gespiegelt, da sie häufig ähnliche Probleme hatten. Dadurch
fühlte ich mich oft unangenehm berührt.

Mit weniger sensiblen Partnern habe ich weniger Erfahrung. Mit
diesen Partnern hatte ich nur sehr kurze Beziehungen – falls man in
diesem Fall überhaupt von Beziehung reden kann. Da ich bei ihnen das
Gefühl hatte, nicht verstanden zu werden, was auch bestimmt der Fall
war, ohne dass sie eine Schuld treffen würde – es waren zwei ver-
schiedene Welten.

Meine Hochsensibilität war in meinen früheren Beziehungen, wie
in meinem ganzen Leben, eine große Bereicherung. Ich wusste früher
nicht, dass ich hochsensibel bin, beziehungsweise, dass man das so
nennt, bevor ich mich mit dem Thema auseinander setzte. Aber die
ganzen Aspekte und Eigenschaften, die Hochsensibilität ausmachen,
habe ich sehr genossen – gerade auch in den Beziehungen.

Die schönsten Gefühle und Bereicherungen hatte ich in Bezie-
hungen mit HSP. Ich habe diese tiefe Verbundenheit mit meinem Part-
ner genossen, die ich von anderen Menschen in meinem damaligen
Umfeld so nicht kannte. Ich durfte in den Beziehungen mit hochsen-
siblen Männern meine Träume und Visionen haben und ausleben, und
mich dabei verstanden fühlen, da mein Partner ebenfalls seine Träume
hatte. Offenheit und über Grenzen hinausdenken war eine Selbstver-
ständlichkeit für uns beide.

Aber auch in die wenigen Beziehungen, die ich mit Nicht-HSP
hatte, habe ich all meine Eigenschaften und Fähigkeiten und somit
auch meine Hochsensibilität eingebracht. Die weniger sensiblen Män-
ner haben mich zwar in einigen Bereichen nicht so verstanden wie
die HSPs, haben aber andere Dinge an mir geschätzt, die so mancher
hochsensible Mann nicht verstehen, oder in gewisser Weise manchmal
auch nicht ertragen konnte. In den Beziehungen zu weniger sensiblen
Männern konnte ich wilder sein, meine Leidenschaft manchmal mehr
ausleben als in Beziehungen mit hochsensiblen Männern.

Ich habe mich nie so gefühlt, als ob ich Pech in der Liebe gehabt
hätte. Meine Beziehungen waren alle anfangs durchweg schön.

Irgendwann haben wir uns dann immer in verschiedene Richtungen entwickelt und auseinander gelebt. Von meinem letzten Partner habe ich mich hauptsächlich deshalb getrennt, weil mir die Kraft zum Weitermachen zu diesem Zeitpunkt gefehlt hat. Er hatte entweder keinen Job, und sich darüber beschwert, oder wenn er einen hatte, dann hat er sich über die Arbeitsbedingungen beschwert. Obwohl ich ihn sehr geliebt habe, konnte ich irgendwann nicht mehr und habe mich von ihm getrennt. 〉〉

Zusammenfassung – Hanni:

Hanni ist seit fünf Jahren alleinstehend und hätte gerne einen hochsensiblen Partner, da sie bei einem HSP eher das Gefühl hat, »auf einer Wellenlänge« zu sein, Rücksicht zu erfahren und auf ähnliche ethische Werte zu treffen.

Früher hat sie sich teilweise deswegen Partner gesucht, weil sie es leid war, ständig von Freunden darauf angesprochen zu werden, warum sie noch solo sei. Manchmal hat sie auch gute Gelegenheiten, jemanden kennenzulernen, verpasst, weil sie nicht so schnell aus sich herausgehen konnte. Doch in den letzten Jahren hat Hanni gelernt, sich selbst anzunehmen, wodurch sie offener wurde und sich anderen nun verbundener fühlt. Es würde ihr daher nun nicht mehr so schwer fallen, einen Partner zu finden.

In ihren schönsten Beziehungen fühlte sie sich sehr frei. Beide hatten sowohl gemeinsame als auch eigene Hobbys und Freundeskreise. Sie konnten über alles reden, auch über Sexualität, und sie spontan ausleben. Die »ideale Beziehung« bedeutet für Hanni, über alles miteinander reden zu können, sich gegenseitige Freiheit zu lassen, bewusst, achtsam, liebevoll zu sein, viel Freude an- und miteinander zu haben, die Sexualität zu genießen und autonom zu bleiben.

In früheren Beziehungen hat sie erlebt, dass es öfters gekracht hat, wenn ihr Partner ihre wunden Punkte »gedrückt« hat (was ihm als HSP relativ leicht fiel, da er sie gut aufspüren konnte). Zudem hatte sie ähnliche wunde Punkte wie ihr Partner, sodass sie diese einander auf unangenehme Weise gespiegelt haben. Mit Nicht-HSP klappten Beziehungen nicht, da sie sich nicht verstanden fühlte. Dass sie viel Pech in der Liebe hatte, findet Hanni nicht, es war eher so, dass sie und ihre Partner sich auseinander entwickelt und dann irgendwann getrennt haben.

Ihre Hochsensibilität war ihr in früheren Beziehungen eine große Bereicherung, besonders in Beziehungen mit HSP. Hier gab es eine sehr tiefe Verbundenheit, sie konnte Träume und Visionen haben und ausleben und sich dabei verstanden fühlen sowie über Grenzen hinausdenken.

Nicht-HSP-Partner haben sie zwar in einigen Bereichen nicht so verstanden, dafür haben sie es geschätzt, dass sie wild und leidenschaftlich sein konnte, was so mancher hochsensible Mann nicht verstehen oder ertragen hätte können.

Waltraud (58)

>> *Ich hatte bis vor einem halben Jahr eine platonische Beziehung mit einem etwa zehn Jahre älteren Mann, mit dem ich weder richtig zusammenleben noch wirklich zusammen sein konnte, weil er nicht treu sein konnte. Davor war ich fünf Jahre lang mit einem zehn Jahre jüngeren Mann zusammen, mit dem ich auch zusammengelebt habe. Davor war ich zehn Jahre lang allein und davor war ich 13 Jahre lang verheiratet. Also eine längere Liste.*

Für die Zukunft hätte ich gern einen treuen und zuverlässigen Partner. Mit welchem Mann ich zusammen sein will, hängt nicht nur von seiner Sensibilität ab, sondern auch von anderen Faktoren, das heißt, ich will ihn attraktiv finden können – von seinem Wesen und auch vom Äußeren her. Er soll ruhig und verständnisvoll sein und mir meine gelegentlichen »Ausrutscher«, wenn ich allzu überreizt bin, nicht übel nehmen können.

Einen HSP-Mann oder nicht? Beides hat Vor- und Nachteile. Ein Nachteil, den ich bei einem HS-Partner befürchte, wäre zum Beispiel, dass man sich gegenseitig so in seine jeweilige Sensibilität hineinsteigert, dass am Ende beide sehr niedergeschlagen und passiv sind wegen der »bösen« Welt. Wenn sich die HS positiv auswirkt, kann man natürlich das Schöne viel intensiver zu zweit genießen und sich gegenseitig unterstützen. Ein weniger sensibler Partner hätte vielleicht den Vorteil, dass er eher mit beiden Beinen auf dem Boden steht und mich bei Bedarf »runterholt« von allzu starker Empfindlichkeit, die mich manch-

mal hilflos und handlungsunfähig macht. Wenn er sich jedoch mit der Zeit als zu grob erweisen sollte, was ja manchmal nach der ersten Verliebtheitsphase so ist, könnte er mir am Ende aber dann doch dreimal so sehr auf die Nerven gehen wie anderen, »normalen« Frauen. Dann werde ich sehr unangenehm.

Was mir wichtig, vielleicht sogar am Wichtigsten ist in einer Beziehung: Es wäre schön, einen Mann zu haben, der Verständnis dafür hat, dass ich mich öfters mal völlig zurückziehen muss, um diese vielen überstarken Reize zu verarbeiten, die mich täglich umgeben wie zum Beispiel Lärm, laute und aggressive Leute, zu viele Forderungen von allen möglichen Personen, und er sollte auch meine Gutmütigkeit nicht ausnutzen. Leider gebe ich anderen oft zu sehr nach, weil ich ja so gut verstehen kann, dass sie diese und jene Bedürfnisse haben. Das geht manchmal so weit, dass ich mich selbst völlig vergesse und dann am Ende erschöpft und mit leeren Händen dastehe.

Es fällt mir schwer, einen Partner zu finden, weil ich Menschen sehr schnell durchschaue (ich habe da so ›ne telepathische Ader und sehe an kleinen Gesten, Blicken und Bemerkungen, worauf jemand hinauswill), und immer wieder auf Männer treffe, die mich als Trophäe betrachten, mich schnell zu ihrem »Besitz« erklären wollen, aber an einer wirklich tiefen Beziehung, in der man sich Zeit nimmt für Gemeinsames und Austausch, nicht interessiert sind.

Ich reagiere sehr empfindlich auf – meiner Meinung nach – überstürzte Wünsche nach Nähe, das heißt, ich möchte mir gern Zeit lassen, einen Menschen kennenzulernen. Das kann unter Umständen sehr lange dauern. Ich brauche auch lange, bis ich zu jemandem Vertrauen gefasst habe und gelte deshalb manchmal als arrogant. Die meisten haben nicht die Geduld dazu.

Eine ideale Beziehung wäre für mich so, dass man sich fürs Kennenlernen Zeit lässt, dass man einiges miteinander unternimmt und sich in verschiedenen Situationen begegnet. Es sollte auch angenehm sein, mit dem Anderen zu tun zu haben, das heißt easygoing, er sollte nett und gepflegt, verständnisvoll und vor allem nicht aggressiv sein. Dann könnte man gemeinsam in Ruhe planen, wie es weitergeht. Zeit und Ruhe – das ist für mich wichtig.

Davon abgesehen habe ich wenige Bedürfnisse. Ich möchte ruhig und halbwegs angenehm leben und bin mit dem, was ich besitze und erreicht habe, meistens völlig zufrieden, wenn ich mich nicht gerade am Existenzminimum befinde oder meine Tochter Not leidet. Deshalb möchte ich auch einen Mann, der mich so leben lässt, wie ich bin, weil ich mich meistens im Gleichgewicht befinde und ich dies nicht ändern möchte. Das ist mein Bedürfnis. Ich möchte gut gelaunt, optimistisch und gesund bleiben und erlebe durch meine intensive Wahrnehmung so viel, dass mein Leben für mich immer spannend ist. Ab und zu mal ausgehen und Freunde treffen ist auch okay, und wenn's mir zu langweilig wird, verreise ich gelegentlich. Verreisen ist aber auch so eine Sache – allein macht's mir gar keinen Spaß, dann habe ich Heimweh. Also eigentlich bin ich eine ziemlich langweilige Person im Alltag, ich will immer dasselbe und ab und zu ein kleines ›Highlight‹.

Ich brauche viel Zeit, um mich nach einem Arbeitstag wieder einzukriegen, das Notwendigste zu organisieren und mein Berufsleben halbwegs durchzustehen. Meistens habe ich eine Putzfrau oder ein Hausmädchen, die mir 'was abnimmt, weil ich eine schlechte Hausfrau und Finanzplanerin bin. Ich träume viel vor mich hin und wenn ich 'was lese, bin ich hin und weg. Es dauert lange, bis ich einen neuen Arbeitsschritt beginne oder bis ich mich auf neue Menschen oder Situationen eingestellt habe. Das erzähle ich normalerweise niemandem, denn ich möchte mich nicht als langweilig ›outen‹.

In früheren Beziehungen gab es massenhaft Probleme wegen meiner Hochsensibilität, denn ich konnte mich niemals durchsetzen mit dem, was ich gedacht und gewünscht habe, sodass ich mich am Ende mit meinen Bedürfnissen in meinen Beziehungen verloren habe. Meine Partner waren für ihre eigenen Wünsche und Bedürfnisse und Befindlichkeiten sensibel, auch für das, was von außen kam (Musik, Literatur, Malerei), aber nicht für mich. Fast keiner hat bisher versucht, sich in mich hineinzuversetzen, so habe ich oft mit allen Entscheidungen und Schwierigkeiten allein dagestanden. Ich denke, hochsensibel waren meine Partner nicht, eher egozentrisch, einer davon auch sehr geizig mit Gefühlen und materiellen Gütern – das war nicht einfach.

Da ich aber immer den guten Kern in ihnen gesehen habe, habe ich zumeist nicht glauben wollen, dass ihr Verhalten sich auch gegen mich richten könnte, was es am Ende jedoch immer getan hat. Irgendwie bin ich, glaube ich, ziemlich verträumt und »verplant« – alles dauert so lange.

Ich glaube trotzdem nicht, dass ich viel Pech in der Liebe hatte, denn man macht ja Lernprozesse durch und verändert sich. Ich bin jetzt viel vorsichtiger als noch vor zehn Jahren. An die Falschen bin ich sicherlich nicht geraten – ich habe mir immer den Luxus gegönnt, den Mann auch wirklich zu lieben, mit dem ich zusammen war, und anders hätte ich sicherlich nicht das gelernt, was ich jetzt weiß. Andererseits bin ich natürlich manchmal traurig, wenn ich Paare sehe, die schon lange zusammen sind und hätte auch gern »den Einen«, schon der Vertrautheit wegen, doch das scheint nicht mein Weg zu sein. Und wenn man bei einigen Paaren hinter die Kulissen schaut, ist es ja manchmal auch nicht so prächtig, was da zum Vorschein kommt.

Verbittert bin ich nicht, mutlos auch nicht. Ich bin gesund, habe eine genial kluge, sensible, wunderschöne Tochter, eine gute Ausbildung, mein Beruf macht mir meistens Spaß und ich sehe mindestens zehn Jahre jünger aus, als ich bin. Im Moment kann ich mich um Beziehungen nicht kümmern. Ich lebe seit zwei Jahren in China, und mit Chinesen habe ich nichts im Sinn. Wenn ich im Sommer wieder nach Hause ziehe, wird schon ›was passieren, die letzten zwei Jahre waren so eine tolle Erfahrung, dass mein Optimismus und meine Energie noch eine Weile anhalten werden. **«**

Zusammenfassung – Waltraud:

Die 58-jährige Waltraud war schon verheiratet und hatte lange Beziehungen, ist aber nun solo. Wichtig wäre ihr, dass ein Partner, sei er nun HSP oder nicht, treu, zuverlässig, attraktiv und ruhig ist sowie Verständnis für ihre häufigen Rückzugsbedürfnisse hat.

Mit einem HSP-Partner könnte es, so Waltraud, passieren, dass man sich gegenseitig so in seine Sensibilität hineinsteigert, dass am Ende beide niedergeschlagen und passiv sind wegen der »bösen« Welt. Andererseits hat man auch die Chance, das Schöne zu zweit viel intensiver zu genießen und sich gegenseitig zu unterstützen. Ein Nicht-HSP-Partner steht vielleicht eher mit beiden Beinen auf dem Boden, könnte sich aber mit der Zeit als zu grob erweisen.

Wichtig ist auch, dass ein Partner Waltrauds Gutmütigkeit und ihre Fähigkeit, sich stark in ihr Gegenüber hineinzuversetzen, nicht ausnutzt.

Waltraud durchschaut Menschen und deren Absichten schnell. Deshalb fällt es ihr schwer, einen passenden Partner zu finden. Sie möchte einen Menschen langsam kennenlernen und nichts überstürzen, wohingegen viele Männer sie schnell als »Trophäe« oder »Besitz« zu betrachten scheinen.

In früheren Beziehungen hatte Waltraud Probleme, sich durchzusetzen und blieb oft mit ihren Bedürfnissen alleine. Ihre Partner waren im Prinzip egozentrisch und haben kaum versucht, sich in sie hineinzuversetzen. Dennoch hat sie immer den guten Kern in ihnen gesehen. Waltraud denkt jedoch nicht, dass sie viel Pech in der Liebe hatte, denn sie hat in ihren Beziehungen viel gelernt, auch wenn sie manchmal traurig ist, wenn sie Paare sieht, die schon lange zusammen sind.

Tara (37)

>> *Gibt es etwas Schöneres als sich zärtlich in die Arme desjenigen zu kuscheln, den man von Herzen lieb hat? In meinem Leben war ich schon ein paar Mal verliebt und stets habe ich diese Gefühle als sehr intensiv empfunden, wenn sie sich auch in ihrer Art unterschieden haben.*

Ziemlich häufig, gerade als junge Frau, hatte ich die klassischen Schmetterlinge im Bauch, und vereinzelt hatte ich das große Glück, ruhige, tiefe Liebe zu empfinden, ein Gefühl, das mich erfüllte von Kopf bis Fuß, bis in den letzten Winkel, und mich eine Verbundenheit mit der Welt erahnen ließ, die meiner Seele Glücksjauchzer entlockte.

Meine letzte »feste« Liebesbeziehung endete bzw. wandelte sich vor drei Jahren in eine Freundschaft. Wir hatten einige Jahre eine sehr schöne, harmonische Beziehung, die dabei aber selten von leidenschaftlichem Sexual-Erleben geprägt war. Heute ist er, ein liebenswürdiger hochsensibler Mann, mein bester Freund. Wir haben uns nach wie vor innig lieb, leben das aber nicht mehr körperlich aus. Ich bin sehr dankbar, dass wir den Sprung vom Verliebtsein hin zur platonischen Freundschaft geschafft haben.

Ich fühle mich häufig zu hochsensiblen Menschen hingezogen. Auf einer Seelenebene habe ich wohl den Eindruck, in der Verbindung zu ihnen nicht so fremd in dieser Welt zu sein und in Verbundenheit zu sein; nicht getrennt, sondern zugehörig.

Oft empfinde ich mich in meiner Persönlichkeit als recht eigenwillig und bin, was bestimmte Dinge angeht, ziemlich unnachgiebig – das sind wohl eher ungünstige Eigenschaften, um einen Partner zu finden und eine konfliktarme Beziehung zu pflegen. Zum Beispiel kann ich aufgrund hoher Geruchsempfindlichkeit keinen Zigarettenqualm in meiner Umgebung vertragen, oder andere für mich unangenehme Gerüche wie Schweiß oder in der Kleidung hängende Essensgerüche. Auch brauche ich oft Zeit, um meine Gefühle zu ordnen, Rückzugszeit, in der ich mich sammeln kann, um dann wieder in mir ruhend liebevoll auf mein Gegenüber zuzugehen. Weiters ist es so, dass ich aufgrund der häufigen Reizüberflutung, die durch die vielen Eindrücke im »Leben da draußen« geschieht, einfach Ruhe brauche, wenn ich wieder zu Hause bin. Ruhe in Form von: Wirklich keinerlei Geräusche mehr für eine Zeit lang. Von Disko-Besuchen, Animations-Urlauben, Jahrmärkten und derlei turbulenten Veranstaltungen, denen ich mich überhaupt nicht gern aussetze, will ich jetzt gar nicht erst anfangen.

Ich bin sehr dankbar für die innigen Freundschaften, innerhalb derer ich mich bewegen darf. Innerhalb dieser Freundschaften kann ich mein Bedürfnis nach verwöhnender Fürsorge am Gegenüber ausleben, bekomme auch mal eine liebe Umarmung, oder wir führen Gespräche, die derartigen Tiefgang haben, dass sie mich nicht langweilen, wie es bei Small-Talk-Themen der Fall ist. Manchmal vermute ich, dass ich, solange ich solche lieben Freunde habe, auch ganz gut als Single alt werden könnte, auch wenn ich es mir nicht wünsche. Doch die vielen Gefühle in ihrem Facettenreichtum, die sich innerhalb einer Liebesbeziehung in meinem Inneren umher tummeln, empfinde ich manchmal als kaum aushaltbar vielfältig und intensiv.

Vielleicht war die Unklarheit »will ich eine Partnerschaft wirklich?«, eine unbewusste Voraussetzung dafür, warum ich mich letztes Jahr in einen verheirateten und damit für mich unerreichbaren Mann verliebt habe. Es begann als sehr zuwendungsvoller, freundschaftlicher Kontakt. Zu dem Zeitpunkt war es auf der Verstandesebene für mich ausgeschlossen, mich in einen gebundenen Mann mit Kindern zu verlieben. Und doch ist es geschehen. Natürlich hat das Ganze mir, die ich ohne Mutter aufgewachsen bin und zu keinem Zeitpunkt bereit war, kleinen Menschen ihren Papa wegzunehmen, intensivste Gefühlssituationen und viel Leid verursacht. Ihm vermutlich auch. Als er dann von heute auf morgen rigoros einen kompletten Kontaktabbruch entschied, litt ich danach sehr, vor allem aber unter der Vorstellung, dass wir heute vielleicht immer noch Freunde sein könnten, wenn wir uns nicht auf eine erotische Ebene begeben hätten. Ich spürte einen innigen Gleichklang der Seelenfrequenzen zu ihm, meine Gefühle für ihn gingen weit über das Thema »Sexualität« hinaus. Es war der Mensch in ihm, der in erster Linie mein Herz berührte. Vermutlich hat mich dieses Erlebnis sehr vorsichtig werden lassen. Ich möchte nicht wieder einen Menschen ähnlich vermissen wie ich ihn vermisste. Und dennoch bin ich mir klar darüber, dass ich meine »Herzenstür« nicht auf ewig vermauern kann und es auch nicht möchte. Denn dafür ist mein Herz nicht vom lieben Gott in mich hineingelegt worden. Es möchte lieben, es möchte sich hingeben, es möchte die schönste Form des Gefühls leben – in Schwingung zu gehen mit einem anderen Menschen und sich zu Hause zu fühlen.

Kürzlich begann jemand anzuklopfen an diese »Herzenstür«. Ein Mensch, der mich auf besondere Art zart und nachhaltig berührt. Als ich ihn letztens fragte, was er sich wünschen würde, wenn eine gute Fee zu ihm käme und sagen würde »An jedem Tag deines Lebens bis immer darfst du mit Tara zwei Dinge erleben – was wünschst du dir?«, antwortete er: »Ich möchte morgens neben ihr aufwachen, und das erste, was sie mir sagt, wird sein: ›Ich bin glücklich‹, und ich möchte abends mit ihr einschlafen, und das letzte, was sie mir sagt, wird sein: ›Ich bin glücklich‹. Wir sind dabei, uns kennenzulernen. Behutsam und ehrlich, mit viel Offenheit und Achtung für die Besonderheiten im Wesen des Gegenübers. Das sind für mein Empfinden wichtige Pflastersteine für einen Weg in die Liebe. In die Liebe, die immer eine Brücke entstehen lässt – zueinander und damit zu dem Ort, wo unser Herz lächelt, weil es sich gleichzeitig geborgen und frei fühlt. **《**

Zusammenfassung – Tara:

Tara fühlt sich häufig zu hochsensiblen Männern hingezogen, da sie sich ihnen eher seelenverwandt fühlt. Einige innige Freundschaften, in denen sie ihr Bedürfnis nach verwöhnender Fürsorge am Gegenüber ausleben kann, erleichtern ihr das Singleleben. Den Facettenreichtum der Gefühle, die sie innerhalb einer Liebesbeziehung erlebt, empfindet sie manchmal als kaum aushaltbar vielfältig und intensiv.

Nach einer unglücklich beendeten Beziehung mit einem verheirateten Mann ist sie zudem recht vorsichtig geworden. Doch seit Kurzem gibt es wieder jemandem in ihrem Leben, der ihr Herzklopfen verursacht.

Fazit: Alleinstehende hochsensible Frauen

Viele hochsensible Singlefrauen sagen, sie hätten gerne einen ebenfalls hochsensiblen Partner. Die Gründe dafür sind, dass sie sich von einem solchen mehr Verständnis und Respekt für ihre Wesenszüge erhoffen und sich den Umgang miteinander einfacher vorstellen. Ein hochsensibler Mann würde, so sagen sie, wohl eher Verständnis für ihr häufigeres Rückzugsbedürfnis haben, er läge eher mit ihnen »auf einer Wellenlänge«, sei eher ein Seelenverwandter und hätte eher ähnliche ethische Werte wie sie selbst.

Manchen HSP-Frauen ist es weniger wichtig, ob ein Partner ebenfalls hochsensibel ist. Für sie zählen in erster Linie andere, von der Hochsensibilität unabhängige Qualitäten wie Intelligenz, die Fähigkeit zu regem geistigem Austausch, Treue und Zuverlässigkeit.

Andere hochsensible Frauen hätten wiederum gerne einen Nicht-HSP-Partner, da sie sich eher einen Ausgleich wünschen und unter den Nicht-HSP eher unkomplizierte und selbstständige Männer erwarten, die selbstbewusst ihre eigenen Positionen vertreten können.

Die Gefahr, sich mit einem HSP-Partner gegenseitig so in seine Sensibilität hinein zu steigern, bis am Ende beide wegen der ›bösen‹ Welt passiv und traurig sind, wird genannt. Manche Frauen haben erlebt, dass ein HSP-Partner rascher ihre wunden Punkte gefunden hat und zudem selbst ähnliche wunde Punkte aufwies, die sie einander auf unangenehme Weise gespiegelt haben. Andererseits berichten sie auch, dass sie mit ebenfalls hochsensiblen Partnern das Schöne viel intensiver zu zweit genießen konnten und dass das Verständnis und der Gleichklang größer waren.

Die eigene Hochsensibilität wurde von einigen HSP-Frauen besonders in Beziehungen mit ebenfalls hochsensiblen Männern als eine große Bereicherung erlebt, da es aufgrund dieser Gemeinsamkeit eine sehr tiefe Verbundenheit und großes Verständnis gab.

Von früheren Nicht-HSP-Partnern fühlten sich hingegen einige der hochsensiblen Singlefrauen nicht wirklich verstanden. Manche waren auch durch zu viele Aktivitäten überfordert, wodurch Überreizung, Genervtheit und Streit die Folgen waren. Ihre Bedürfnisse nach Rückzug und aufarbeitenden Gesprächen waren mit dem Wunsch ihrer nicht hochsensiblen Ex-Partner nach Trubel und Abwechslung unvereinbar. Einige der Frauen haben sich zudem zu stark an den Wünschen des Partners orientiert und ihre eigenen Bedürfnisse dabei vernachlässigt. Wenn der Punkt, bis zu dem dies gut ging, überschritten war, reagierten die Partner oft mit Unverständnis. In solchen Beziehungen konnte die Hochsensibilität leider nicht bereichernd wirken, da sie von den Partnern gar nicht als etwas Wertvolles erkannt wurde. Dafür konnten diese Frauen aus solchen Beziehungen lernen, besser für sich zu sorgen und ihre Wesensart nicht zu verleugnen.

Andere HSP-Frauen haben mit Nicht-HSP-Partnern die Erfahrung gemacht, dass diese sie gut auf neue Gedanken bringen und zum Nachdenken anregen konnten und dass diese eher mit beiden Beinen auf dem Boden standen. Diese Frauen erlebten das Ergänzende als Bereicherung und konnten auch ihre Hochsensibilität positiv in die Beziehung einbringen.

Generell wird die eigene Hochsensibilität in Beziehungen als besonders bereichernd erlebt, wenn sie auch vom Partner anerkannt und ihre Positivseiten auch vom Partner als etwas Schönes angesehen werden.

Einen passenden Partner zu finden, fällt vielen hochsensiblen Frauen eher schwer, vor allem dann, wenn sie schüchtern sind. Einige HSP-Frauen sind abends nach der Arbeit am liebsten zu Hause und haben deshalb wenige Gelegenheiten, einen neuen Partner kennenzulernen. Hilfreich bei der Partnersuche ist hingegen die Fähigkeit vieler HSP, die Ansichten anderer Menschen schnell zu durchschauen.

Hochsensible Singlefrauen wünschen sich einen Partner, der wirklich auf sie eingeht. Die ideale Beziehung beschreiben sie als Mischung von Gemeinsamkeiten und Ergänzungen. Außerdem wünschen sie sich Akzeptanz, Vertrauen, viele gute Gespräche und vieles teilen zu können, was ihnen wichtig ist, wie etwa die Liebe zur Natur. Sie möchten mit ihrem Partner offen reden und legen generell großen Wert auf ein bewusstes, achtsames, harmonisches und liebevolles Miteinander. Sie möchten sich wirklich angenommen fühlen und auch ab und zu Zeit für sich alleine haben. Auch eine ähnliche Weltsicht und ähnliche Werte sind ihnen sehr wichtig. Ihr Partner sollte sich über die Welt, die Menschen und das Leben an sich viele eigene Gedanken machen und darüber und über seine Gefühle mit ihnen reden. Wichtig ist ihnen auch, dass ein Partner ihre Fähigkeit, sich stark in ihr Gegenüber hineinzuversetzen, nicht ausnutzt und dass sie aufgrund ihrer unaufdringlichen Art mit ihren Bedürfnissen nicht alleine gelassen werden.

Die meisten HSP-Frauen wollen einen potenziellen Partner langsam kennenlernen und nichts überstürzen. Sie haben hohe Ansprüche an Beziehungen und klare Vorstellungen von einem Partner. Hochsensible Singlefrauen, die sich über einen längeren Zeitraum alleine behaupten mussten, gewinnen dadurch häufig viel Selbstbewusstsein und ein immer deutlicheres Bild davon, was sie in einer Beziehung möchten und was nicht.

Alleinstehende hochsensible Männer erzählen

Norman (21)

>> *Meine letzte Beziehung liegt gerade einmal drei Wochen zurück. Ich hätte in Zukunft gerne eine Nicht-HSP als Partnerin. Ich möchte nicht ständig Gefahr laufen, durchschaut zu werden. Im Grunde genommen ist das ja auch nur Angst davor, sich jemandem zu öffnen. Hochsensible neigen in vielen Fällen dazu, Probleme vielfältiger Art mit sich rumzuschleppen. Das ist auch völlig verständlich, da sie nun mal unter geringerer Reizkontrolle »leiden«. Ich musste mich in den letzten Jahren dazu zwingen, mich auch mal nicht auf die Probleme anderer Personen einzulassen, mich quasi nicht aufzuopfern. Das verbrauchte viel zu viel Energie, die ich gar nicht hatte, führte immer wieder zu depressiven Phasen, zu Gefühlen völliger Lust- und Antriebslosigkeit. Ebenso fehlte mir die Zeit, die ich mir dafür nehmen musste, ich hätte sie an anderer Stelle gebraucht, nämlich für mich.*

Aber es gibt noch einen weiteren Grund: Ich rede nicht allzu viel und allzu gerne über Hochsensibilität. Ich hab's mir angewöhnt meine HS wie meine Augen- oder Haarfarbe zu sehen. Sie ist ein Teil von mir, aber nichts überragend Besonderes mehr, so wie ich es noch vor zwei bis drei Jahren empfunden hatte. Ab und zu denke ich darüber nach, stelle fest: »Ist genauso nützlich, wie belastend« – und gut ist's.

Hochsensible neigen ja auch zu mehr Reflexion, was an sich ja mehr als positiv ist. Nur habe ich die Erfahrung gemacht, dass auch dieses Thema für meinen Geschmack zu sehr in Konversationen einfließt. Ich möchte mich auch einfach über ganz normale Dinge unterhalten, ohne ständig die Hochsensibilität zu hinterfragen.

Und leider gibt es unter den Hochsensiblen, wie auch in allen anderen Menschengruppen, die sich um ein Thema versammeln, Personen, die ihre HS einfach hochspielen, sich möglicherweise auch für etwas Besseres halten als all die ›Normalos‹. Ebenfalls kann die HS als Entschuldigung vorgeschoben, quasi missbraucht werden à la »Ich bin halt so, kann ja auch nichts dafür.«

Es fällt mir eigentlich nicht schwer, eine Partnerin zu finden. Die Zeichen, die andere Menschen aussenden, nehme ich eben – HSP-typisch – leichter wahr. In diesem Falle also Zeichen der Zuneigung. Mit der Zeit bin ich da unkompliziert geworden und kann relativ problem-

los potenzielle Partnerinnen ansprechen. In mehreren Gesprächen kristallisiert sich dann zumeist heraus, ob die Zuneigung eher stark oder schwach ist. Man muss halt aufmerksam beobachten und zuhören. Viele Personen aus meinem Bekanntenkreis meinen, ich würde eine »Aura des Vertrauens« ausstrahlen. Na ja, durchaus möglich. In meinem Leben hatte ich bis jetzt auch immer wesentlich mehr weibliche als männliche Freunde. Meine hohe Intuition könnte hier eine Rolle spielen. So wird man als Kerl von Mädels entweder total geschätzt, weil man sehr gut zuhören kann, oft Ratschläge geben kann, sich also in andere Personen hineinversetzen kann oder eben als »Weichei« oder »Softie« abgestempelt. Glücklicherweise war bei mir letzteres selten der Fall. 《

Zusammenfassung – Norman:

Norman möchte gerne eine Nicht-HSP als Partnerin, da er nicht durchschaut werden möchte und annimmt, dass eine HSP-Frau ihn eher durchschauen würde. Außerdem möchte er die Hochsensibilität generell möglichst wenig zum Thema machen. Eine Partnerin zu finden fällt ihm nicht schwer, da ihm dank seiner Hochsensibilität auch kleine Zuneigungszeichen nicht entgehen. Außerdem hat er eine vertrauenerweckende Ausstrahlung und kann sehr gut zuhören.

Florian (32)

》 *Eine wirklich feste Beziehung habe ich das letzte Mal vor etwa sechs Jahren gehabt. Kurze Techtelmechtel lasse ich mal aus, da diese nicht wirklich die Bezeichnung verdienen, und davon ist das letzte jetzt auch schon ungefähr zwei Jahre her. Der Wunsch nach einer Partnerschaft ist bei mir extrem groß. Ich beschäftige mich noch nicht lange mit dem Thema ›Hochsensibilität‹, deshalb weiß ich nicht so genau, ob eine HSP-Partnerin besser für mich wäre als eine Nicht-HSP-Partnerin. Aber da ich mich selbst für relativ schwierig, eigen und anstrengend halte, bin ich meistens auf der Suche nach einer Frau, die mir eher weniger ähnelt. Ist wirklich schwer zu beantworten, denn die Liebe fällt ja doch dahin, wo sie es will, ohne dass man es wirklich kontrollieren kann. Außerdem war ich schon viel zu oft unglücklich verliebt, weshalb es mir nicht gerade leicht fällt, zu beschreiben, wonach ich suche.*

Es fällt mir sehr schwer, eine Partnerin zu finden. Zwar verliebe ich mich ziemlich häufig, aber zu einer Beziehung kommt es im seltensten Fall. Meist scheitert es einfach daran, dass ich meiner schrecklichen Schüchternheit nachgebe und gar nicht erst versuche, den ersten/nächsten Schritt zu machen. Insofern würde ich da schon einen Zusammenhang zu meiner Hochsensibilität sehen. Ich denke im Vorfeld viel zu viel nach. Jede mögliche Situation, jedes mögliche Gespräch, wird in Gedanken exakt durchgegangen und bewertet. Wenn man alle Möglichkeiten so genau durcharbeitet wie ich es tue, tauchen da natürlich auch jede Menge negativer Varianten auf. Diese verunsichern mich dermaßen, dass ich den Mut für weiteres verliere. Dazu kommt noch, dass ich mich für nicht sehr liebenswert halte. Ich sehe durchschnittlich aus, habe nicht viel erreicht und habe außer meiner Liebe nicht viel zu bieten.

Die ideale Beziehung kann ich nicht beschreiben, da ich sie noch nicht hatte. Ich kann etwas nicht als ideal beschreiben, wenn ich es noch nicht erlebt habe.

Nach so langer Zeit ist es natürlich schwer für mich zu sagen, ob meine Hochsensibilität vielleicht ein Grund war, warum meine vergangenen Beziehungen nicht funktioniert haben. Reflektierend denke ich, dass die HS eher ein Vorteil war. Ich wusste eigentlich zu jedem Zeitpunkt, was meine jeweilige Partnerin von mir erwartet hat und was sie gerade brauchte. Nur konnte oder wollte ich es ihr manchmal einfach nicht geben. Es war gelegentlich sehr belastend, dieses Wissen zu haben, da mein Gewissen mich teilweise dazu gezwungen hat, Dinge zu tun, die mir nicht gut getan haben.

Ich bin mir ziemlich sicher, dass ich Beziehungen bis jetzt nur mit Nicht-HSP-Frauen hatte. **«**

Zusammenfassung – Florian:

Florian ist schon lange solo und hätte sehr gerne eine Partnerin. Da er sich noch nicht lange mit dem Thema »Hochsensibilität« beschäftigt, kann er nicht sagen, ob er lieber eine HSP- oder eine Nicht-HSP-Partnerin hätte. Generell aber wünscht er sich eher eine Freundin, die ihm nicht zu sehr ähnelt. Florian verliebt sich zwar häufig, eine Partnerschaft anzubahnen fällt ihm aber aufgrund seiner Schüchternheit und Zaghaftigkeit sehr schwer. Zudem hält er sich selbst für nicht sehr liebenswert. In früheren Beziehungen war seine Hochsensibilität eher ein Vorteil, da er Erwartungen und Wünsche seiner Partnerinnen sehr früh erkannte. Dieses Wissen konnte allerdings auch belastend sein, wenn ihn sein schlechtes Gewissen zwang, Dinge zu tun, die ihm nicht gut taten.

Elmar (42)

>> *Ich bin seit gut zweieinhalb Jahren Single. Eine etwa siebenjährige Beziehung wurde durch Todesfall beendet, mehrere andere dauerten bis zu zwei Jahren. Ob ich gerne eine Partnerin hätte oder nicht, ist stark situationsabhängig – die meiste Zeit fehlt mir derzeit absolut nichts. Wenn ja, hätte ich am liebsten eine Nicht-HSP-Partnerin mit entsprechendem Verständnis und etwas Einfühlungsvermögen.*

Gegen eine Beziehung sprechen für mich die Bewahrung der Unabhängigkeit und meine Entscheidungsfreiheit, meine ohnehin viel zu knappe Freizeit – und außerdem komme ich mit mir selbst bestens klar.

Ob es mir schwer fällt, eine Partnerin zu finden, kann ich nicht anders als mit »jein« beantworten – und zwar deshalb, weil mich die weitaus meisten Menschen generell erst einmal überhaupt nicht ansprechen und ich sehr konkrete Erwartungen und Vorstellungen habe. Die meisten Menschen gehen mir innerhalb kürzester Zeit auf die Nerven, weil es ihnen an Komplexität und Tiefe mangelt. Wenn ich aber eine gefunden habe, die mich interessiert, fiel mir die Kontaktaufnahme bisher nie sonderlich schwer.

Einen Zusammenhang mit meiner Hochsensibilität sehe ich insofern, als ich die meisten Menschen als völlig belanglos, zu einfach gestrickt, langweilig wahrnehme. Gespräche sind oberflächlich und platt, es mangelt den meisten Menschen an der Fähigkeit, komplex und flexibel zu denken und zu handeln. (Meine Güte – jetzt wo ich das gerade noch einmal durchlese: Ist das schon sehr arrogant – das ändert aber nichts daran, dass ich das genau so wahrnehme.)

Grundsätzliche Voraussetzungen für eine ideale Beziehung wären aus meiner Sicht eine große Übereinstimmung in den Denk- und Verhaltensmustern, ähnliche Weltbilder und ähnliche Ansichten zu politischen, gesellschaftlichen, religiösen/spirituellen Fragen. Außerdem große Flexibilität und Komplexität in den Denkmustern. Spontanes Handeln muss jederzeit möglich sein. Konkret: Viele gemeinsame Interessen und Ziele, aber auch persönliche, »eigene« Ziele und Interessen bei beiden Partnern. Ähnliche Muster im Tagesablauf. Sowohl tiefgehende Gespräche als auch sinnfreies Herumalbern sind möglich, aber es ist auch viel Platz für individuelle Freiheiten auf beiden Seiten. Natürlich ist sexuelle Erfüllung wichtig. Genuss spielt für mich eine sehr große Rolle im Leben, und den will ich teilen können. Ohnehin selbstverständlich: Gegenseitiges vollkommenes Vertrauen.

Meine früheren Partnerinnen waren alle Nicht-HSP, und meine Hochsensibilität war in diesen Beziehungen absolut eine Bereicherung, denn ich konnte meine Partnerin durch die detailreichere Wahrnehmung immer wieder in Staunen versetzen – vor allem in der Natur, bei Musik oder sonstigem Kunstgenuss. Auch war ich immer derjenige, der beim Kochen zuletzt noch einmal abschmecken »musste« und irgendeine Feinheit zu verändern hatte. Umgekehrt konnte ich, wenn ich zu sensibel auf irgendetwas reagiert habe, immer recht gut von Nicht-HSP »wieder runter geholt« werden. ≪

Zusammenfassung – Elmar:

Elmar ist nicht ungern Single. Manchmal hätte er zwar gerne eine Partnerin, manchmal aber auch nicht. Eine einfühlsame Nicht-HSP-Partnerin wäre ihm am liebsten. Elmar fällt es nicht schwer, eine Frau, die ihn interessiert, näher kennenzulernen. Die Schwierigkeit besteht für ihn vielmehr darin, eine Frau zu finden, an der er näheres Interesse hat, da es seiner Erfahrung nach recht vielen Menschen an Komplexität und Tiefe mangelt. Einen Zusammenhang mit seiner Hochsensibilität sieht er insofern, als er die meisten Menschen deshalb als einfach gestrickt, langweilig und oberflächlich wahrnimmt.

Von einer idealen Partnerschaft wünscht er sich große Übereinstimmung in den Denk- und Verhaltensmustern, ähnliche Weltbilder und ähnliche politische und religiöse Ansichten, außerdem sowohl viele gemeinsame, als auch eigene Ziele und Interessen, viel Vertrauen, Genuss, gute Gespräche und Humor.

In seinen früheren Beziehungen mit Nicht-HSP-Frauen war seine Hochsensibilität eine absolute Bereicherung, da er seine Partnerinnen durch seine detailreichere Wahrnehmung in der Natur, bei Musik oder anderem Kunstgenuss immer wieder in Staunen versetzen konnte. Die Partnerinnen holten ihn im Gegenzug bei zu sensiblen Reaktionen »wieder runter«.

Raoul (37)

》 *Ich bin seit vier Jahren ohne Beziehung. Ich hätte sehr gerne eine Partnerin. Es ist mein absoluter Traum, endlich noch eine Partnerin zu finden. Eigentlich ist es nur wichtig, eine Partnerin zu haben, die zu einem passt. Aber am liebsten wäre mir eine Nicht-HSP, dann könnte man sich meines Erachtens besser ergänzen. Die Partnerin ist dann offener, redet mehr, geht mehr auf die Leute zu, und das würde mein Verhalten besser ergänzen.*

Mir fällt es sehr schwer, eine Partnerin zu finden. Ich kann hundert Frauen sehen und merke schon bei 99 Frauen im Voraus, dass sie eigentlich nicht zu mir passen. Die meisten Frauen möchten einen Partner, der extravertiert, lustig und locker, »halt ein Sunnyboy« ist, und das kann ich nicht bieten. Ich bin introvertiert, schüchtern, zurückhaltend, und das kommt nicht gut an. In Restaurants kann ich oft nichts sagen, da dort für mich oft zu schnell zu viele Reize sind. Ich kann dann eigentlich bei Unterhaltungen kaum etwas beisteuern, und die Menschen, die mich nicht kennen, wundern sich dann, warum ich meinen Mund kaum aufbekomme. Und oft ist es so, wenn ich mich mit einer Person vielleicht zehn Minuten angestrengt unterhalten habe, kann ich kaum noch zuhören, da ich dann das Gesagte bereits verarbeiten muss.

Ein weiteres Problem, wenn ich denn einmal eine Partnerschaft beginne, was einmal im Jahr 2004 war, dann ist es eben so, dass ich auch auf Gefühle viel zu stark reagiere. Das bedeutet, die Partnerin musste mich nur berühren, schon kamen die sehr positiven Gefühle. Für sie war das halt ein sehr großes Problem. Sie traute sich kaum noch, mich zu berühren, da die Gefühle sofort in den Himmel schossen. Sie meinte damals, dass sie jemand mit solchen starken Gefühlen noch nicht kennen gelernt hat. Und Sie konnte sich auch nicht vorstellen, wie so etwas passieren kann. Heute weiß ich natürlich, dass wir HSP beim Berühren viel schneller entsprechende Gefühle bekommen. Aber das wusste ich damals natürlich noch nicht.

Positiv war in der Beziehung, dass ich auch sehr stark mit ihr mitfühlen konnte und immer großes Verständnis hatte. Sie war alleinerziehend und hatte es dadurch nicht leicht. Ich glaube, da hat sich meine Hochsensibilität positiv ausgewirkt.

Ob sie HSP war oder nicht, kann ich allerdings nicht sagen. Ich habe mittlerweile das Gefühl, dass Sie vielleicht auch HSP war, allerdings nicht so ausgeprägt wie bei mir. Ich könnte mittlerweile zu diesem Thema unendlich viel erzählen. Ich bin froh, dass ich weiß, warum ich anders bin. Für mich war das wie eine Befreiung.

Auf jeden Fall hatte ich danach unter der Trennung sehr gelitten, hatte wochenlang geheult und habe das Ende der Beziehung bis heute eigentlich noch nicht ganz überwunden. Ich überlege mir immer wieder, sie anzurufen. Aber mein Kopf sagt mir dann, dass es das nicht bringt, dass sie mich halt nicht mehr will. Sie will einfach einen »normalen Mann« und keinen HSP-Mann.

Auch denke ich, es ist wesentlich schwieriger für einen HSP-Mann eine Frau zu finden, als für HSP-Frauen einen Mann zu finden. Ich falle da halt doch aus der normalen Geschlechterrolle raus. Und daher können die wenigsten Frauen mit mir noch etwas anfangen. Sie wollen keinen »weichen« Mann, ein Mann muss auch mal voll streiten können, muss aus sich rausgehen können, muss zeigen können, wo es langgeht, und das kann ich wohl aufgrund meiner Hochsensibilität eben nicht. **《**

Zusammenfassung – Raoul:

Raoul hätte gerne eine Nicht-HSP-Partnerin, da man sich so, seiner Ansicht nach, besser ergänzen kann. Er tut sich sehr schwer damit, eine Partnerin zu finden, da er seiner Meinung nach nicht dem Typ Mann entspricht, den die meisten Frauen mögen, sondern introvertiert, schüchtern und zurückhaltend ist. In Restaurants kann er sich beispielsweise aufgrund der Reizüberflutung kaum unterhalten, und generell muss er das Gesagte nach einigen Minuten intensiven Gesprächs erst einmal verarbeiten. Zudem reagiert er bei Berührungen so rasch sehr stark positiv, dass eine frühere Partnerin es kaum wagte, ihn zu berühren. Positiv war in jener Beziehung, dass Raoul sehr verständnisvoll war und sich sehr gut in seine Partnerin einfühlen konnte. Seiner Ansicht nach haben es HSP-Männer besonders schwer, Partnerinnen zu finden, da sie oft dem Geschlechtsstereotyp nicht entsprechen, und die meisten Frauen keinen »weichen« Mann mögen.

Oliver (38)

>> *Ich hatte noch keine Beziehung. Ich hätte schon gerne eine Partnerin. Wenn, dann eher eine HSP, da ich mir hier größere Harmonie erhoffe. Ich erlebe, dass es für mich wesentlich entspannender ist, wenn ich mit Hochsensiblen zusammen bin. Daraus habe ich geschlossen, dass es in Beziehungen ähnlich sein könnte.*

Es fällt mir schwer, eine Partnerin zu finden. An den Gründen rätsle ich seit über 20 Jahren herum. Meine Hochsensibilität steht mir hier insofern im Weg, dass ich selten Orte oder Veranstaltungen aufsuche, an denen große Menschenansammlungen zu finden sind.

Ich habe keine Vorstellungen von einer idealen Beziehung. Noch etwas, was vielleicht noch wichtig sein könnte: Ich bin gerade in therapeutischer Behandlung, weil ich eine Sexualphobie bei mir vermute. <<

Zusammenfassung – Oliver:

Oliver hatte noch keine Beziehung, hätte aber gerne eine ebenfalls hochsensible Partnerin, da er sich in einer Beziehung mit einer HSP größere Harmonie erhofft. Eine Partnerin zu finden ist für ihn sehr schwierig, auch deswegen, weil er nur selten an Orte oder zu Veranstaltungen kommt, wo man vielen Menschen begegnet.

Alexander (37)

》 *Ich hatte bisher nur eine wirkliche Beziehung – meine erste Liebe. Diese war ebenfalls hochsensibel, auch wenn ich dies damals nicht bewusst wahrgenommen habe. Vielmehr war es schön, dass meine damalige Liebe und ich uns sehr ähnlich waren und wir uns sehr gut verstanden haben. Dass dies auf gemeinsamer Hochsensibilität beruhte, war mir damals nicht klar (ihr vermutlich auch nicht). Ich weiß aber im Nachhinein, dass diese starke Emotionalität ‚der Gleichklang, den Kern der Beziehung ausgemacht hat. Diese Beziehung ist inzwischen zwölf Jahre her.*

Liebschaften und Freundinnen zähle ich nicht als Beziehungen. Um den Unterschied deutlicher zu machen: »Beziehung« kommt für mich von »aufeinander beziehen«. Die Liebschaften und Freundinnen waren alle Nicht-HSP, wobei meine Hochsensibilität meist auch relativ schnell ein Grund war, warum sich nicht mehr entwickelt hat. Wenn man als Mann Sexualität sehr intensiv erlebt (und auch genießen möchte), kommen einige Frauen damit nicht klar. Da heißt es dann ganz schnell:»Tut mir leid, aber du bist mir zu gefühlvoll.« Ein bisschen was ist dabei aber auch dem Fremdbild geschuldet, denn ich bin und wirke sehr sportlich und athletisch und bei sportlichen Männern wird eher physische Stärke und Willensstärke, aber keine emotionale Stärke erwartet. Da können dann die vorformatierten Erwartungen einer Frau auch schnell enttäuscht werden.

Eine Partnerin muss für mich heute nicht HSP sein. Für mich ist in einer Partnerschaft auch nicht mehr alleine das emotionale Empfinden wichtig. Auch das ganz vernünftige Zusammenleben im Alltag hat einen hohen Stellenwert. Das sind natürlich Werte, die mir in der Zeit des Studiums (also innerhalb eines vom Leben geschützten Raumes, wie es die Alma Mater nun mal ist) nicht annähernd so wichtig waren, da war emotional und gedankliche Nähe für mich sehr wichtig. Aber man wird ja auch älter und offener, und das Thema »Sterblichkeit« hat einen halt auch schon mal eingeholt, dadurch erhält man ja auch einen etwas breiteren Blick auf das Leben.

Ich kann damit leben, wenn nicht alle Gedanken und Empfindungen nachvollzogen werden können. Zum Beispiel ist eine meiner empfindsamen Seiten das synästhetische Hören (und Sehen) von Musik. Und die damit verbundenen Farbempfindungen sind nun mal rein sub-

jektiv, das kann eh kein anderer Mensch nachvollziehen, und wenn doch, dann mit anderen Farben. Insofern wäre es meiner Meinung nach vermessen zu glauben und von vornherein zum Scheitern verurteilt, wenn man erwarten würde, in einer Partnerschaft solche Nähe zu finden.

Zurzeit strebe ich keine Partnerschaft an, vor allem, da ich es die letzten Jahre zu sehr versucht habe und damit keinen Erfolg hatte. Nach den negativen Erfahrungen mit einigen Prinzessinnen, die mich nur als Unterhalter und Lieferant positiver Empfindungen wahrgenommen haben und sich nicht für meine Gedanken und Empfindungen interessiert haben (mit anderen Worten nur Egoismus, kein »wir«), habe ich zurzeit zwar durchaus Interesse, in einer Beziehung zu leben, gehe dies aber nicht mehr aktiv an. Ich komme alleine sehr gut klar, natürlich fehlt auch einiges, aber einiges bleibt einem auch erspart.

Zum Thema »Beziehungsanbahnung« sehe ich Hochsensibilität klar als Nachteil. Dies resultiert aus mehreren Aspekten: Die »Attraktivität« für Partnerinnen ist nach meiner Erfahrung eher von Nachteil, da Hochsensibilität eindeutig polarisiert und zwar mehrheitlich ablehnend. Ich habe etliche Frauen kennengelernt, denen ich (wörtlich) »zu gefühlvoll«, »zu gefühlsbetont«, »zu emotional« war. Meiner Meinung nach kommt hier der Punkt »Stärke und Belastbarkeit« durch, die emotionale Stärke wurde von diesen Frauen als Schwäche wahrgenommen.

Gleichzeitig habe ich meine erste Liebe und auch andere Frauen (die aber bereits in Beziehungen lebten) gerade dadurch kennengelernt bzw. wir hatten gerade dadurch Interesse aneinander gewonnen. Nur: Diese wenigen Frauen muss man natürlich auch erst einmal kennenlernen.

Ebenfalls negativ bemerkbar macht sich Hochsensibilität unter dem Stichwort »Chancenverwertung«. Ich spreche relativ leise (da mich Lautstärke schnell verwirrt). Leise zu sprechen erfährt aber schnell Ablehnung, Stichwort »Macht durch Stimme«.

Ebenso sind das schnellere Wahrnehmen von Müdigkeit und das stärkere Bedürfnis nach Ruhe der Partnerschaftssuche nicht zuträglich. Wenn ich nach einer Nacht in einem Club mit Tanzen bei zwar null Alkohol aber dicker Luft dank Passivrauchen am nächsten Tag starke Kopfschmerzen habe, dann hält sich meine Lust auf solche Par-

tys doch in sehr engen Grenzen. Da ist mir ein Abend allein mit Malen oder ein Tag in der Natur mitunter lieber.

Ein weiterer Aspekt der Hochsensibilität ist natürlich, Probleme und Konflikte schneller und stärker wahrzunehmen. Das ist zum einen im Zwischenmenschlichen bedeutsam, da man da schnell mal schlechte Laune verbreitet. Und man braucht einfach länger, um negative Erfahrungen beiseite schieben zu können. Allerdings kann man vieles davon auch überspielen, es hängt also von einem selbst ab, ob es positiv oder negativ wirksam wird. Ein kleiner Selbstbetrug ist da sogar mitunter sehr sinnvoll. **«**

Zusammenfassung – Alexander:

Alexander hat in einer früheren Beziehung mit einer hochsensiblen Frau sehr viel Gleichklang erlebt. Beziehungen mit Nicht-HSP-Frauen konnten sich nicht so tief entwickeln. In solchen wurde Alexander häufig als zu gefühlvoll oder emotional bezeichnet. Seine emotionalen Stärken wurden nicht anerkannt. Dennoch muss eine Partnerin für ihn nicht unbedingt hochsensibel sein, da er damit leben kann, wenn nicht alle Gedanken und Empfindungen nachvollzogen werden können, solange ein vernünftiges Zusammenleben im Alltag möglich ist.

Nach einigen negativen Erfahrungen strebt Alexander momentan nicht aktiv eine Partnerschaft an.

Bei der Beziehungsanbahnung sieht er seine Hochsensibilität als Nachteil – Stärke und Belastbarkeit sind gefragt, emotionale Stärke und Gefühlsbetontheit weniger, zumindest bei Nicht-HSP-Frauen, die in der Überzahl sind. Auch sein leises Sprechen und sein erhöhtes Ruhebedürfnis sind seiner Ansicht nach bei der Partnerfindung nicht von Vorteil.

Marvin (28)

» *Ich hätte gerne eine Partnerin. Eine ideale Beziehung würde für mich bedeuten, auf einer Wellenlänge zu sein, gemeinsam zu leben und zu lieben, einander gegenseitig zu unterstützen, viel gemeinsam zu unternehmen, sich auszugleichen, aufzuheitern, später – wenn alles* *passt – zu heiraten und idealerweise ein gemeinsames Haus und Kinder zu haben.*

Da ich bisher noch keine Beziehungserfahrung habe, ist es mir derzeit egal, ob eine zukünftige Partnerin HSP ist oder nicht, da ich den Unterschied in der Beziehung noch nicht kenne.

Grundsätzlich bin ich selbst schuld an meiner bisherigen Partnerlosigkeit. Als Ursache für meine Situation vermute ich soziale Phobie, und diese ist meiner Meinung nach durch die Hochsensibilität entstanden. Ich gehe selten aus und habe daher wenig Kontakt zu Frauen. »Freunde« habe ich nicht, dafür aber Bekannte, die ich selten treffe. Regelmäßigen Kontakt habe ich nur zu meiner Herkunftsfamilie und zu meinen Arbeitskollegen.

Ich hatte in den letzten Jahren ein paar Mal das Gefühl bei einer Frau, dass ich sie näher kennenlernen möchte. Mehr als Blickkontakt habe ich jedoch nicht geschafft. Die Frauen dürften auch interessiert gewesen sein, sonst hätten Sie meine Blicke nicht mit Lächeln reflektiert.

Für weitere Schritte war ich jedoch viel zu ängstlich, und je mehr ich mich darauf konzentrierte, sie anzusprechen, desto größer wurde meine Panik. Wenn dies alles nicht wäre, hätte ich wahrscheinlich viel weniger Probleme eine Beziehung anzubahnen.

Bei mir selber ist es definitiv aufgrund meiner Hochsensibilität schwierig, eine Beziehung anzubahnen. Ich kann es schwer begründen, vermute aber, dass es vielen anderen hochsensiblen Männern auch so ergehen könnte. Die Hochsensibilität kann aber auch ein großer Vorteil sein, wenn man die feinen Signale der Frauen stärker bzw. bewusster wahrnimmt und dann besser darauf eingehen kann. Dazu muss man sich selber gut kennen und sollte sonst keine Probleme haben.

Trotz meiner Probleme denke ich, dass ich mein Leben in Bezug auf Beziehungen noch auf die richtige Bahn lenken kann. Wichtig war für mich die Erkenntnis, auf welcher Stufe ich stehe, was meine Probleme sind, und was ich erreichen möchte. Da ich im letzten Jahr große persönliche Fortschritte gemacht habe, konnte ich wieder neue Hoffnung schöpfen und bin zuversichtlich, in nächster Zeit Frauen kennenzulernen mit denen ich mir eine Beziehung vorstellen könnte. Ich bin mir sicher, dass jeder Mensch eine Beziehung haben kann, er muss nur an sich selber und an seine Zukunft glauben. **《**

Zusammenfassung – Marvin:

Marvin hat noch keine Beziehungserfahrung, was er auf seine soziale Phobie zurückführt, die er wiederum durch seine Hochsensibilität bedingt sieht. Mehr als Blickkontakt zu einer für ihn interessanten Frau herzustellen, schafft er nicht. Er sieht die Hochsensibilität dennoch auch als Vorteil, nämlich deshalb, weil man die feinen Signale der Frauen stärker bzw. bewusster wahrnimmt, wodurch man die Möglichkeit hat, besser darauf einzugehen. Aufgrund großer persönlicher Fortschritte im letzten Jahr sieht er seiner Beziehungszukunft zuversichtlich entgegen.

Tobias (39)

>> Ich denke, meine Schwierigkeit in der Suche nach einer Partnerin – insbesondere früher – liegt darin, dass ich sehr schüchtern bin. Hinzu kommt, dass ich – möglicherweise aus Angst vor Enttäuschungen und als Schutz vor möglichen Verletzungen – sehr, sehr vorsichtig agiere. Es ist ein vorsichtiges »Abtasten«, mit was für einem Typ Mensch ich zu tun habe. Außerdem scheine ich – subjektiv gesehen – ein Spätentwickler in solchen Dingen zu sein. Es fällt mir (daher) schwer, Erfahrungen zu sammeln, zumal, da ich ein eher »ernsthafter« Mensch bin, und daher mit vielen anderen Menschentypen nicht zurechtkomme.

Es gibt einige Kriterien, die ich – wegen meiner HS – für wichtig halte, die aber eine mögliche Partnerin aus meinem Raster herausfallen lassen kann. Dazu zählt zum Beispiel meine Abneigung gegen große Menschenansammlungen. Discos und Kneipen sind schlichtweg nichts für mich. Das bedeutet, dass ich Probleme hätte, mich mit einer Disco-Gängerin zusammen zu tun. Also sortiere ich sozusagen vorher aus; möglicherweise sogar stärker, als andere Menschen das tun.

Mich erstaunt immer wieder die Unbekümmertheit, mit der Menschen Beziehungen anfangen. Ich verstehe das nicht ganz. Ich verstehe es vermutlich gerade deswegen nicht, weil ich ein recht ernsthafter Mensch bin.

Ich habe oft von mir den Eindruck, wählerischer zu sein als andere Leute. Bei mir muss es »stimmen«. Nicht unbedingt perfekt – ich kann da sehr tolerant in manchen Dingen sein – in anderen wiederum nicht – aber es muss schon irgendwie passen. Früher hätte ich vielleicht auch gesagt: »Das Gefühl muss großartig sein.« Jedenfalls sage ich das heute nicht mehr. Meine letzte Beziehung hat mich gelehrt, dass es nicht ein überwältigendes Gefühl der Liebe braucht, um miteinander auskommen zu können, es reicht schon ein gutes Gefühl der Sympathie und der Zuneigung füreinander.

Zusammenfassend betrachtend würde ich sagen, dass mich meine Hochsensibilität in der Partnersuche eher behindert, da sie mich wählerischer werden lässt – weil ich mehr (auch mehr als früher, als ich von meiner Hochsensibilität nichts wusste) den Fokus auf Eigenheiten richte, die mir wichtig sind. Dabei bin ich im Laufe der Jahre in anderen Bereichen sehr tolerant geworden, im Vergleich zu früher. Früher war ich idealisierter, heute bin ich bodenständiger geworden. **《**

Zusammenfassung – Tobias:

Tobias ist sehr schüchtern und aufgrund seiner Angst vor Verletzungen sehr vorsichtig. Die Unbekümmertheit, mit der viele Menschen Beziehungen beginnen, befremdet ihn. Zudem ist er recht wählerisch, was potenzielle Partnerinnen betrifft.

Erwin (38)

》 Ich bin ausgeprägt lärmempfindlich, reagiere stark auf Berührungen, Wärme und Kälte sowie auf wechselnde Lichtreize – und habe außerdem die Fähigkeit, sehr häufig im persönlichen Kontakt zu anderen Menschen deren Empfindungen zu spüren.

Letzteres ist in diesem Zusammenhang von besonderer Bedeutung. Wenn Menschen einander begegnen, treten sie immer in Kommunikation zueinander. Kommunikation hat kein Gegenteil, Kommunikation kennt kein Gegenteil. Alles, was Menschen im Kontakt miteinander erleben – oder nicht erleben – ist unter dem Begriff »Kommunikation« zusammenzufassen.

Ich nehme die Reaktionen, die ich bzw. mein Wesen, meine Gegenwart, meine Taten und meine Worte bei anderen auslösen, sehr bewusst wahr, vermutlich bewusster als viele andere Menschen. Wenn ich dann

Marianne Skarics · Sensibilität und Partnerschaft

erlebe, dass mein Gegenüber eine – möglicherweise sogar unbewusste oder auch nur sehr kurzfristige Irritation oder negative Empfindung zeigt, nehme ich diese oftmals wahr und dieses löst selbiges in mir aus. Wenn ich spüre, dass ich Irritation hinterlasse oder einem Menschen für einen Augenblick Kummer, Trauer oder vergleichbares beschere, dann reagiere ich darauf mit meinem eigenen Rückzug.

Nun habe ich im Laufe meines Lebens gelernt, dass kleine Irritationen normal sind, dass auch die Beziehung von Menschen, die einander lieben, für kurze Momente von einem anderen Gefühl als der Liebe dominiert wird. Dies bedeutet nicht, dass die Liebe verschwunden wäre, nein, aber es bedeutet, dass ab und an eine andere Emotion die Oberhand gewinnt.

Mir fiel es ausgesprochen schwer – und es fällt mir auch weiterhin nicht leicht – anzuerkennen, dass die grundsätzliche Sympathie, die Liebe, in einem anderen, geliebten Menschen vorhanden bleibt und weiter existiert, auch dann, wenn dieser Mensch für einen Augenblick traurig oder sogar verärgert ist. Dies mag durch Erfahrungen in der eigenen Vergangenheit gestärkt worden sein, durch Erfahrungen, dass vermeintlich gute Freundschaften dadurch ins Wanken gerieten, dass eben eine bestimmte Situation dazu führte, dass die Freundschaft zerbrach und der Kontakt beendet wurde.

Dieses Erleben ist unangenehm, die Angst davor, einen Menschen, dem man nicht nur Freundschaft, sondern Liebe entgegenbringt, auf die gleiche Weise zu verlieren, ist ein Teil meines Wesens geworden. Das Bewusstsein, dass Liebe stärker ist als vorübergehende negative Emotionen, gehört zu den Dingen, die ich erst spät gelernt habe – bzw. die ich immer noch lerne.

Das Thema ›Beziehungsangst‹ ist also zumindest bei mir stark gekoppelt an eine Verlustangst. Nun ist es selbstverständlich, dass man nur etwas verlieren kann, was man besitzt – und einen Partner besitzt man nie. Und das ist selbstverständlich auch gut. Aber wenn man es gewohnt ist, sein Leben allein zu regeln, zu führen, zu organisieren, dann ahnt man nichts von dem Gewinn, den eine Beziehung bieten kann. Beziehungsweise man ahnt es nur – hat es aber noch nie erlebt. Und in meinem Fall war es lange so, dass ich davor zurückschreckte, an etwas Gefallen zu finden, etwas zu begehren, was wieder – nennen wir es ›verschwinden‹ könnte.

Obwohl Verlustangst nur ein unzureichender Begriff ist, verwende ich ihn hier, da mir kein besserer einfällt. Diese latent vorhandene Sorge aus den eigenen vergangenen Erfahrungen heraus, wird durch die vermutlich erhöhte, sensiblere Wahrnehmung der Reaktionen meiner Gegenüber verstärkt und erhöht meine Angst, mich an einen anderen Menschen zu binden. **«**

Zusammenfassung – Erwin:

Erwin kann die Empfindungen anderer Menschen sehr rasch erspüren und reagiert sofort mit Rückzug, wenn er seinem Gegenüber Irritation oder einen Augenblick von Kummer oder Trauer beschert. Es fiel ihm deshalb lange Zeit schwer anzunehmen, dass in Partnerschaften, selbst bei vorhandener tiefer Liebe, das Gefühl der Liebe nicht in jeder Situation dominant sein muss. Er ist immer noch dabei zu lernen, dass die Liebe nicht verschwindet, wenn manchmal Trauer oder Wut dominieren. Diese Angst, dass die Liebe rasch wieder verschwinden kann, führte bei Erwin zu Bindungsängsten, denn wer möchte sich schon an jemanden binden, von dem er annimmt, er könnte jeden Moment wieder entschwinden? Diese Sorge wird zudem durch Erwins sensible Wahrnehmung seines Gegenübers verstärkt.

Marianne Skarics · Sensibilität und Partnerschaft

Fazit: Alleinstehende hochsensible Männer

Einige der interviewten hochsensiblen Singlemänner hätten gerne eine Nicht-HSP-Partnerin, teilweise, weil sie die Hochsensibilität nicht unbedingt zum Thema machen möchten, teilweise, weil sie sich so bessere Ergänzung oder mehr Harmonie erhoffen. Für manche ist es nicht so wichtig, ob eine Partnerin hochsensibel ist oder nicht, sofern ein vernünftiges, alltagstaugliches Zusammenleben möglich ist, andere bevorzugen eine HSP-Partnerin oder sind unsicher, ob sie eine hochsensible oder eine nicht hochsensible Partnerin möchten, und einige streben zurzeit gar keine Beziehung an.

Manche der HSP-Singlemänner haben Bindungsängste, die der Befürchtung, dass die Liebe jeden Moment wieder verschwinden könnte, entspringen. Dies ist eine Angst, die durch die sensible Wahrnehmung des Gegenübers zusätzlich verstärkt wird, sodass eine sofort registrierte kleine Irritation im Blick oder ein trauriger Moment der Partnerin schon Grund zur Sorge um die gesamte Beziehung werden kann.

Wieder andere sind noch beziehungsunerfahren, wofür sie ihre große Schüchternheit oder Sozialphobie verantwortlich machen. Frauen anzusprechen trauen sie sich nicht, denn ihre Angst vor Verletzungen lässt sie zu zaghaft und vorsichtig agieren. Dabei hätten sie eigentlich gegenüber vielen nicht hochsensiblen Männern den Vorteil, feine Signale der Frauen besser zu erkennen. Auch einige HSP-Singlemänner, die bereits Beziehungen hatten, sehen es als großen Vorteil bei der Beziehungsanbahnung, dass ihnen selbst kleinste Signale nicht entgehen. Auch ihre Fähigkeit, gut zuhören zu können, hilft ihnen beim kennenlernen potenzieller Partnerinnen sowie in Beziehungen generell.

Dafür sind viele hochsensible Männer sehr wählerisch, sodass es selbst für diejenigen unter ihnen, denen es nicht schwer fällt, Frauen näher kennen zu lernen, oft schwierig ist, jemanden zu finden, mit dem sie sich eine Partnerschaft vorstellen könnten. Sie legen großen Wert auf Komplexität und Tiefe und empfinden viele Menschen als relativ schlicht, langweilig und oberflächlich. Zudem halten sich die wenigsten HSP-Männer gerne in ihrer Freizeit an Orten oder bei Veranstaltungen auf, wo man vielen Menschen begegnet, was ihre Chance, eine zukünftige Partnerin kennenzulernen, schmälert.

Manche hochsensible Singlemänner sehen ihre Hochsensibilität bei der Anbahnung von Beziehungen als Nachteil. Sie sind der Ansicht, es seien Stärke und Belastbarkeit gefragt und nicht emotionale Stärke und Gefühlsbetontheit, die sie zu geben hätten – zumindest bei Nicht-HSP-Frauen, die aber in der Überzahl sind. Sie hätten es, so sagen sie, schwer, Partnerinnen zu finden, da sie oft dem Geschlechtsstereotyp nicht entsprechen, und die meisten Frauen keinen »weichen« Mann mögen würden. Auch ihr im Vergleich zu nicht hochsensiblen Männern größeres Rückzugsbedürfnis halten sie für wenig attraktiv. Sie fürchten, nicht dem Typ Mann zu entsprechen, den die meisten Frauen mögen, da sie eher introvertiert und zurückhaltend sind.

Wenn die Hürde der Beziehungsanbahnung erst einmal gemeistert ist, empfinden viele HSP-Männer ihre Hochsensibilität als Vorteil. In bestehenden Partnerschaften können die Positivseiten ihrer Hochsensibilität besser wirken als bei der Beziehungsanbahnung. So sehen sie es etwa als Vorteil, dass sie Erwartungen und Wünsche ihrer Partnerinnen sehr früh erkennen. (Wobei sie darauf achten müssen, dass diese Fähigkeit nicht zur Belastung wird, wenn sie ihr schlechtes Gewissen zwingt, Dinge zu tun, die ihnen nicht gut tun.) Durch ihre detailreiche Wahrnehmung, sei es in der Natur, der Kunst oder im menschlichen Miteinander, können sie ihre Partnerin immer wieder in Staunen versetzen. Weiters sind sie oft sehr verständnisvoll und können sich gut in die Partnerin einfühlen. Außerdem sind sie meist kommunikationsstark, gefühlvoll und zu großer emotionaler Intensität fähig und bringen damit viele Eigenschaften mit, die für eine gute Partnerschaft von unschätzbarem Wert sind.

Schwierigkeiten bei der Partnerfindung und ihre Überwindung

Schüchternheit

»Nicht weil es schwer ist, wagen wir es nicht,
sondern weil wir es nicht wagen ist es schwer.«

Seneca

Elaine Aron erforschte den Zusammenhang zwischen Schüchternheit und Hochsensibilität an College-Studenten und fand heraus, dass Hochsensible, die eine glückliche Kindheit hatten, nicht eher zu ängstlichen und schüchternen Erwachsenen werden als Nicht-HSP.

Hochsensibilität sollte daher keinesfalls mit Scheuheit oder Schüchternheit verwechselt werden. Der Unterschied ist, dass schüchterne Menschen Angst vor negativer Beurteilung oder Zurückweisung haben und deshalb sehr zurückhaltend sind, während Hochsensible, die auf sich achten, lediglich versuchen, nicht in den unangenehmen Zustand der Überstimulation zu geraten.

So können etwa bei einer Party mit vielen fremden Menschen den Schüchternen die Blicke stressen, die er als bewertend erlebt, er zieht sich vielleicht in eine ruhige Ecke zurück, weil er da nicht angesprochen wird und sich unterhalten muss, was ihn ebenfalls stressen würde, da er womöglich befürchtet, nichts Interessantes zu einem Gespräch beizutragen. Den Hochsensiblen hingegen stressen auf derselben Party eher der hohe Geräuschpegel, die verrauchte Luft und der Parfumgeruch seiner Gesprächspartnerin. Er zieht sich infolge dessen vielleicht ebenso in eine ruhige Ecke zurück, aber aus völlig anderen Gründen.

Hochsensibilität und Schüchternheit sind also zwei unterschiedliche Phänomene. Allerdings, so Elaine Aron, neigen Hochsensible mit problematischer, stark belasteter Kindheit verstärkt zu Ängsten und dadurch auch zu starker Schüchternheit im Erwachsenenalter. Dies trifft auf etwa ein Drittel der HSP zu, während zwei Drittel nicht verstärkt von Ängsten geplagt sind.

Schüchterne Hochsensible haben es daher in sozialen Situationen mit vielen Reizen besonders schwer. Beziehungen zu knüpfen oder Partnerschaften anzubahnen ist für sie meist eine große Herausforderung und oft auch Hürde. Ihr Selbstbewusstsein und Selbstwertgefühl ist meist nicht allzu gut ausgeprägt, was sie daran hindert, unbefangen auf andere Menschen zuzugehen und neue Kontakte zu knüpfen.

Der Prozess menschlicher Anziehung, das ergeben Erkenntnisse aus verschiedensten Untersuchungsgebieten, beruht auch heute noch darauf, dass wir instinktiv zu Partnern tendieren, welche die Überlebensfähigkeit der Art möglichst optimal sichern. Während nun aber HSP-Frauen mit ebensolcher Wahrscheinlichkeit wie Nicht-HSP-Frauen die für Männer anziehenden Attribute wie klarer Teint, große Augen, rosige Wangen oder glänzendes Haar aufweisen, Attribute also, die auf Gesundheit und Jugend und somit gute Gebärfähigkeit hindeuten, weisen HSP-Männer die sogenannten »alpha«-Eigenschaften, von denen Frauen sich angezogen fühlen und die sich unter der Fähigkeit, andere Männer zu dominieren, subsumieren lassen, seltener auf als Nicht-HSP-Männer.

Vor allem für hochsensible Männer ist Schüchternheit daher oft ein großes Hindernis bei der Partnerfindung. Sind es doch immer noch die Männer, von denen eher erwartet wird, dass sie Initiative zeigen, den ersten Schritt wagen, eine Frau ansprechen und ihr Komplimente machen.

Genau dies fällt hochsensiblen Männern oft schwer. Aus Angst, aufdringlich oder belästigend zu wirken, halten sie sich zu sehr zurück. Auch kann es sein, dass die Fülle der nonverbalen Botschaften, die sie am Verhalten ihres Gegenübers registrieren, sie schlichtweg verwirrt oder überfordert.

Während Schüchternheit zumindest bei jungen Frauen noch mit Zurückhaltung und Unaufdringlichkeit positiv assoziiert wird, haben es Männer diesbezüglich nicht leicht. Schüchternheit läuft den gemeinhin als »männlich« bewerteten Attributen wie Mut, Selbstbewusstsein und Initiative entgegen und gilt somit als relativ »unmännlich«.

Zum Glück findet hier in letzter Zeit zumindest ein wenig Umdenken statt. Seit Männer metrosexuell sein dürfen und dabei »trotzdem« oder sogar »deshalb« als sexy gelten, stehen die Chancen auch für schüchterne Männer wohl etwas besser. Das Wackeln am Idealbild des Mannes als Testosteron-überschwemmtes Mut- und Kraftpaket führt auf jeden Fall in Richtung eines männlichen Idealbildes, das Sanftheit, Sensibilität und vielleicht sogar zuweilen etwas schüchterne Zurückhaltung beinhaltet.

Spätzünder, bzw. späte Partnerfindung

Viele Hochsensible sind Spätzünder. Und das nicht nur in der Liebe, sondern generell. Sowohl im körperlichen als auch im psycho-emotionalen Bereich sind HSP häufig Spätentwickler. Während ihre Freundinnen und Freunde bereits erste zarte Jugendlieben erleben, beschäftigen sich Hochsensible meist noch mit ganz anderen Dingen. So bewahren sie sich oft recht lange ein Stück Kindheit.

Hochsensible wissen oft erst sehr spät, in welchem Bereich sie sich beruflich entwickeln möchten, und sie erleben auch ihre ersten Partnerschaften und die erste Sexualität typischerweise relativ spät.

Oft empfinden sich HSP erst mit 30 Jahren oder später als erwachsen.

Auf Klassentreffen sehen sie ihre ehemaligen Schulkameraden wieder, die verheiratet und bereits Eltern sind, während sie selbst gerade einmal ihre erste richtige Beziehung haben und überlegen, ob sie es sich vorstellen könnten, irgendwann mit ihrem Partner zusammen zu ziehen. Wenn andere schon jahrelang ohne große Veränderungen im Berufsleben stehen, entdecken sie gerade ihre wahren Talente und entscheiden sich, doch noch zu studieren. Und wenn andere in ihrem Alter bereits geschieden sind, haben sie sich den Glauben an die wahre, tiefe und reine Liebe vielleicht noch erhalten.

Was damit zum Ausdruck gebracht werden soll, ist, dass es gut ist, so wie es ist. Es gibt Hochsensible, die vergleichen sich voller Sorge mit gleichaltrigen Nicht-HSP und fürchten, nicht ganz normal zu sein. Dem ist keineswegs so. Hochsensible erleben die Liebe oft besonders wunderschön, intensiv, innig und tief. Nur eben manchmal etwas später.

Bindungsangst

Zahlreiche HSP haben sich aufgrund von Enttäuschungen, seelischen Schmerzen oder Grausamkeiten, die sie durch andere Menschen erfahren haben, mehr oder weniger verschlossen. Dadurch haben sie sich aber auch der Liebe und der Partnerfindung verschlossen, was ihnen oft erst nach und nach schmerzlich bewusst wird, jedoch schwierig zu ändern ist.

Viele Menschen, denen es so ergeht, haben ein falsches Bild von Beziehungen. Sie denken vielleicht (oft unbewusst!), lieben bedeute ständig »lieb« zu sein oder lieben bedeute, niemals zu streiten oder immer zu tun, was der andere will. Oft wissen sie gar nicht wirklich, wie es sich anfühlt, zu lieben. Um die Geschichte der eigenen Verschlossenheit aufzuarbeiten, ist es zuerst wichtig, den Wunsch zu verspüren, sich zu öffnen sowie Liebe erfahren und geben zu können.

Es stimmt, dass viele Hochsensible, die Bindungen scheuen, schon früh verletzt wurden. Es stimmt, dass vergangene Erlebnisse sie immer noch beeinflussen. Es stimmt, dass sie sich im Leben schon schlimmen Situationen stellen mussten. Doch es stimmt auch, dass all das nun vorbei ist. Es benötigt viel Mut, um vergangene Traumatisierungen wirklich anzunehmen und zu verarbeiten. Doch es ist nötig, um sie hinter sich lassen zu können.

Um lieben zu können, muss man sich öffnen, denn »wenn ich mich verschließe und abpanzere, kann die Realität nur gefiltert herein kommen, und alles bleibt öde und grau. Liebesfähigkeit ist die Bereitschaft, zu lieben, ich muss bereit sein. Nur dann kann sich Liebe entfalten«.[9] Um einen Menschen zu lieben, muss man sich ganz auf ihn einlassen. Sich ganz für jemanden zu öffnen bedeutet zugleich, sich verletzlich zu zeigen. Wer es nicht wagt, das Risiko einzugehen, verletzt zu werden, der kann sich auch nicht auf das Wagnis der Liebe einlassen. Wer lieben will, muss das Sicherheitsdenken aufgeben, denn, so Peter Lauster, »die Liebe muss wichtiger sein als der Schutz meiner Verletzlichkeit. Ich muss die Angst vor dem anderen überwinden, denn eine Gewähr für Sicherheit und Schutz meiner Verletzlichkeit gibt es nicht. Ich weiß nie vorher, was der andere mir antun wird, wie er auf meine geöffnete Seele reagiert, wie er mich behandeln wird, welche Probleme und Neurosen er an mir abreagieren wird.

Ich kann mir natürlich ein Menschenbild, ein Frauen- oder Männerbild zurechtlegen. ›So sind die Frauen (die Männer)‹, sie müssen deshalb so oder so ›angepackt‹ werden. Ich entwickle dann eine Technik oder Taktik, wie man den anderen verliebt macht, ohne mich selbst preiszugeben, ohne mich dabei wirklich zu öffnen. Ein Menschenbild und eine Technik sollen mich vor der Gefahr schützen, verletzt zu werden. Kann sich so Liebe entfalten? Kann ich den anderen zur Schutzlosigkeit auffordern und selbst in meinem Schutzraum der Gefühlskontrolle bleiben?«[10]

---

9 *Lauster, Peter: Die Liebe. Psychologie eines Phänomens. Rowohlt Taschenbuch GmbH, Reinbek bei Hamburg 1982, S. 82.*
10 *ebda., S. 130.*

Marianne Skarics · Sensibilität und Partnerschaft

Die Antwort lautet natürlich »nein, das funktioniert nicht«. Die Angst, nicht angenommen zu werden, nicht um seiner selbst willen geliebt zu werden, zurückgewiesen zu werden, kann auf diese Weise nicht überwunden werden. Doch es ist möglich, diese Angst zu überwinden, und zwar dann, wenn man sich darüber im Klaren wird, »dass dies der einzige Weg ist, das Glück der Liebe zu erfahren. Es muss uns bewusst werden, dass es sich lohnt, verletzlich zu sein und dass die alten Verletzungen damit nichts zu tun haben. Wir müssen uns jeden Tag aufs Neue der Verletzlichkeit aussetzen. In der Verletzbarkeit liegt das Leben, in der Sicherheit oder Unverletzbarkeit liegt der Tod ... Wenn wir Sicherheit und Schutz suchen, werden wir stumpf, angespannt, verkrampft, wir werden täglich unlebendiger«.[11]

Die Vorbereitung

»Um klar zu sehen, genügt oft ein Wechsel der Blickrichtung.«
Antoine de Saint-Exupéry

Das Singledasein hat, auch für all jene, die sich sehnlichst einen Partner wünschen, einige Vorteile. So kann man sich in Ruhe auf eine kommende Beziehung vorbereiten, indem man frühere Beziehungen und deren Scheitern analysiert und daraus neue Erkenntnisse gewinnt und indem man neue Verhaltensweisen lernt und die eigene Persönlichkeit weiterentwickelt. Man kann verschüttete Wünsche und Bedürfnisse neu entdecken, man kann Ansichten hinterfragen und neue Zugangsweisen zu schwierigen Themen erproben.

Eine Zeit lang partnerlos zu sein, kann also sehr fördernd für das eigene Wachstum sein, denn das Alleinsein bietet verschiedenste Lernsituationen. Wir können in solchen Zeiten viel über uns selbst erfahren, etwa darüber, wie wir uns selbst ohne Partner glücklich machen können, darüber, was wir wirklich im Leben brauchen und wollen oder darüber, wie wir am besten in Kontakt zu uns selbst bleiben und unsere wahren Bedürfnisse erspüren können.

Es ist wichtig, dass man lernt, alleine sein zu können, denn nur so können wir individuelle Zufriedenheit erlangen. »Nur wenn ich allein sein kann, ohne mich dabei einsam und verloren zu fühlen«, so Peter Lauster, »bin ich wirklich frei. Wenn ich in Geselligkeit fliehe, um mich von meinen Gedan-

---

11 *ebda., S. 131.*

ken abzulenken, bin ich ein Gefangener meiner Gedanken. Jede Flucht ist ein Zeichen von Unfreiheit. Persönliche Freiheit ist erst dann möglich, wen ich mich auf meine Existenz als Individuum einlasse. Die Wahrheit ist doch, dass ich in meiner Existenz allein, also ich selbst bin. Wenn ich geboren werde, bin ich allein, wenn ich Schmerzen empfinde, sind es meine Schmerzen, die Lust ist meine Lust, die Angst ist meine Angst, das Glück ist mein Glück ... Alleinsein ist eine existentielle Aufgabe, die ich während meines Lebens lösen muss, ohne zu fliehen. Ich muss mich mir selbst, meinen Wahrnehmungen und Gefühlen stellen.«[12]

Nur dann also, wenn man sich dem Alleinsein stellt, »können Glück, Selbstbewusstsein, Liebe und Freiheit wachsen ... Dieses Alleinsein heißt nicht, ein Einsiedler oder Eigenbrötler zu sein, dieses Alleinsein ist auch keine quälende Einsamkeit oder Isolation. Im Gegenteil, im wachen Alleinsein, in einem ganz bewussten ›Auf-mich-selbst-Konzentrieren‹ wird die Isolation überwunden, denn ich fühle mich der Umwelt auf eine intensive und tiefe Art und Weise verbunden.«[13]

Liebe und Partnerschaft sind daher auch keine »Überwindung des Alleinseins«, »denn das Alleinsein ist durch nichts außer Kraft zu setzen, so sehr ich das auch wünsche und erstrebe ... Ich muss mich mit dem Alleinsein abfinden und aus dem Alleinsein heraus, aus meinem Selbst heraus, leben.«[14] Das ist die Voraussetzung dafür, sich anderen zuwenden zu können, ohne dass diese Zuwendung lediglich eine Flucht vor dem Alleinsein bedeutet.

12 *Lauster, Peter: Die Liebe. Psychologie eines Phänomens. Rowohlt Taschenbuch GmbH, Reinbek bei Hamburg 1982, S. 116.*
13 *ebda., S. 116.*
14 *ebda., S. 118.*

Selbstfindung und -heilung

»Wir müssen an uns arbeiten, wir müssen seelisch frei, unabhängig,
offen und gesund werden, damit die Liebe uns
nicht immer aufs Neue durch die Finger rinnt.«[15]

»Wie können Sie ihn finden, wenn Sie sich selbst noch gar nicht gefunden
haben? Und wie können Sie mit ihm glücklich sein, wenn Sie mit sich selbst
gar nicht glücklich sind? Oder wie können Sie es schaffen, von ihm geliebt
zu werden, wenn Sie sich selbst gar nicht lieben?«[16] Diese berechtigten
Fragen stellt Nina Larisch-Haider in »Füreinander bestimmt«.

Um Antworten auf diese Fragen zu finden, kann es sehr hilfreich sein,
zunächst zu erforschen, welche Negativbotschaften man vermittelt. Viele
alleinstehende Menschen können auf Anhieb eine lange Liste von Gründen
nennen, warum sie keinen Partner finden. Diese Liste reicht von »Ich suche
mir immer die falschen Partner aus« über »Es gibt für mich keinen passenden Partner« bis hin zu »Ich bin zu alt, jung, dick, dünn, hässlich, dumm,
arm, reich, zu chaotisch, zu unflexibel, zu langweilig« etc. In Wirklichkeit
sind all diese Gründe Ausflüchte, die uns unserer Möglichkeiten berauben.

Viele dieser Gründe sind Zeichen für mangelnde Selbstliebe, etwas,
mit dem gerade hochsensible Menschen recht häufig zu kämpfen haben.
Wem häufig vermittelt wird, er sei ›anders‹ und es wäre besser, er würde
sich ›nicht so anstellen‹ oder sich ›endlich einmal zusammenreißen‹, wie es
viele HSP leider in ihrer Kindheit und Jugend erlebten, für den ist es oft
eine große Aufgabe, sich selbst annehmen und lieben zu lernen.

Viele Hochsensible werden mit dem Gefühl groß, sie hätten übertrie-
bene Bedürfnisse, sie seien zu ›weich‹ oder verhielten sich unangemessen.
Das führt dazu, dass sie sich selbst nicht mögen, dass sie sich nicht für liebenswert halten und schlimmstenfalls davon ausgehen, dass keiner sie je
lieben wird so wie sie sind. Das Zulassen der Liebe wird abgewehrt aus
Angst, ohnehin nicht angenommen, sondern verletzt oder bald verlassen
zu werden.

---

15 *Lauster, Peter: Die Liebe. Psychologie eines Phänomens.* Rowohlt Taschenbuch
   GmbH, Reinbek bei Hamburg 1982, S. 171.
16 *Larisch-Haider, Nina: Füreinander bestimmt. Wie Sie Ihren Seelenpartner finden.*
   Heyne Verlag, München 1999, S, 12.

Doch um Liebe zuzulassen, muss man sich selbst lieben. Dafür ist es nötig, zu erkennen, dass wir mit unserem Selbsthass oder -zweifel eine Mauer gebaut haben, deren Sinn es ist, der Ablehnung durch andere zuvor zu kommen. Diese Mauer verwehrt uns aber auch alle Chancen, die wir haben – Chancen, angenommen zu werden und geliebt zu werden wie wir sind. Und wir *sind* liebenswert, so wie wir sind.

Wenn der Selbsthass oder Zweifel so groß sind, dass man sie alleine nicht überwinden kann, ist es oft ratsam, diese Problematik mit therapeutischer Hilfe zu bearbeiten.

Ganz allgemein gilt: Wer sich selbst liebevoll annimmt, der findet auch viel leichter einen Partner oder wird von ihm gefunden. Dies liegt daran, dass jemand, der sein Selbst nicht gefunden hat, der sich selbst nicht wirklich annehmen und lieben kann, weniger danach strebt, »selbst zu lieben, also liebesfähig zu sein, sondern es ist für ihn wichtig, geliebt zu werden, denn nur dann fühlt er sich sicher, und seine Angst vor dem Leben und vor den Mitmenschen kann niedergehalten werden.« »Der sich selbst entfremdete Mensch braucht Liebe, um weniger Angst zu haben, er frisst die Liebe auf, um sich satt zu fühlen. Der liebesfähige Mensch dagegen liebt, weil er keine Angst hat, er frisst die Liebe nicht auf, sondern gibt sie dem anderen, weil er sich glücklich dabei fühlt. Liebe ist Freiheit von Angst. Wo Angst ist, kann sich keine Liebe entfalten. Die Angst ist der Gegenpol der Liebe, und doch sind oft beide sehr eng beieinander, die Angst ist das unverarbeitete Kindheitstrauma, nicht so angenommen zu sein, wie man sich fühlt.«[17]

Genau dieses Trauma ist eines, das leider keine geringe Zahl an Hochsensiblen erlebt hat. Für sie ist deshalb das Entwickeln der eigenen Liebesfähigkeit durch Selbstfindung und liebevolle Selbstannahme eine große Aufgabe, die gemeistert werden muss, bevor sie dauerhafte, glückliche Beziehungen führen können.

Dazu ist es auch nötig, Selbstbewusstsein zu entwickeln, das bei vielen Hochsensiblen eher gering ist. »Selbstbewusstsein«, so Peter Lauster, »kann sich nur entwickeln, wenn man die Möglichkeit erhält, sich seiner selbst bewusst zu werden, wenn man selbstbestimmt leben kann und so

---

17 *Lauster, Peter: Die Liebe. Psychologie eines Phänomens. Rowohlt Taschenbuch GmbH, Reinbek bei Hamburg 1982, S. 88f.*

wenig als irgend möglich fremdbestimmt wird.«[18] Da aber viele Menschen mehr fremd- als selbstbestimmt heranwachsen, steht es mit dem Selbstbewusstsein oft nicht zum Besten. Minderwertigkeitsgefühle sind die Folge, die man entweder zu kompensieren versucht oder aber langsam wieder abbauen kann, indem man das Selbstbewusstsein stärkt.

Häufig wird der Fehler begangen, dass man das Selbstbewusstsein nicht aus sich heraus stärken möchte, sondern indem man sich im Partner spiegelt und versucht, sich seiner Liebe immer wieder zu vergewissern (»Liebst du mich?« »Was magst du an mir?« »Findest du mich okay, so wie ich bin?«). Doch Komplimente oder Liebeserklärungen führen lediglich zu einer kurzfristigen Beruhigung der Selbstzweifel, denn: »Wo kein stabiles Selbst entwickelt werden konnte, kann dies nicht durch ein Kompliment nachgeholt werden. Das Kompliment führt nur zu einer Art Vitaminstoß, der den Lebensmut und die seelische Vitalität steigert, aber das Selbstwertproblem kann dadurch nicht grundlegend beseitigt werden.«[19]

Letztlich kann also niemand, außer wir uns selbst, uns fehlendes Selbstbewusstsein geben, denn »Liebe ist keine Therapie für mangelndes Selbstbewusstsein. Sie erfordert viel Selbstbewusstsein, damit sie sich realisieren kann, ohne etwas zu erwarten, ohne etwas zu bekommen. Die reife Liebe erfordert autonomes Selbst und Individualität. Das selbstbestimmte Ich verlangt nicht kompensatorisch nach Streicheleinheiten, sondern es fühlt sich glücklich, zu lieben ... Liebe realisiert sich in der Autonomie des Individuellen als ein Ereignis, das keiner Komplimente bedarf ... Liebe ist voll entfaltetes Selbstbewusstsein, das keiner Bestätigung bedarf.«[20]

18 *Lauster, Peter: Die Liebe. Psychologie eines Phänomens. Rowohlt Taschenbuch GmbH, Reinbek bei Hamburg 1982, S. 98.*
19 *ebda., S. 98.*
20 *ebda., S. 100.*

Eigene Anlagen ausbilden

Sinnvoll ist es, die eigenen Anlagen zu entwickeln, denn dadurch findet man am besten einen Partner, der zu einem passt. Wer also beispielsweise einen Partner möchte, mit dem man tiefsinnige Gespräche führen kann, der muss zuerst selbst kommunikationsfähig sein. Wer eine Beziehung möchte, in der er sich besonders geborgen fühlen kann, muss lernen, wie er selbst das Gefühl der Geborgenheit vermitteln kann. Wer auf Treue größten Wert legt, muss selbst von innen heraus treu sein etc. Einfach nur darauf zu warten, dass ein Partner vorbeikommt, der einen glücklich macht, ist daher zu wenig. Es geht viel mehr darum, aktiv etwas dazu zu tun, dass man selbst einen Partner glücklich machen könnte. Schöne Gespräche, Vertrauen, Geborgenheit, Treue und all die anderen Eigenschaften, die so viele Menschen sich von einem Partner wünschen, müssen also *erwirkt* und nicht bloß *erhofft* werden.

Eine mögliche Problematik liegt darin, dass viele Hochsensible ihr Gegenüber so stark spiegeln, dass dieses den Eindruck bekommt, es mit einem zwar netten und freundlichen, aber irgendwie farb-, ja sogar fast wesenlosen Menschen zu tun zu haben. Aus Angst vor Ablehnung oder um das Gegenüber nicht zu enttäuschen oder vor den Kopf zu stoßen, zeigen sich diese Hochsensiblen ohne Ecken und Kanten. Sie schließen sich den Wünschen und Meinungen des anderen diskussionslos an. Dies birgt jedoch die Gefahr in sich, als Kommunikations- oder als Beziehungspartner nicht ›für voll genommen‹ zu werden. Sich ab und zu ein wenig aneinander zu reiben, Profil zu zeigen und Vorlieben zu äußern, auch wenn sie jenen des Gegenübers widersprechen, ist wichtig, um wahrgenommen und ernst genommen zu werden. Mehr noch: Es ist nötig, um als der Mensch erkannt zu werden, der man wirklich ist.

Zeichen setzen

Sehr wichtig ist auch, nach außen so zu leben, wie man innen strukturiert ist. Das bedeutet: Wer sehr fortschrittlich und modern eingestellt ist, aber aus Bequemlichkeit immer noch in einer Wohnung mit alter, geerbter Möblierung lebt, der lädt geradezu zu falschen Projektionen ein. Es ist daher von großer Bedeutung, der eigenen Identität auch nach außen hin Ausdruck zu verleihen, sei es durch den Kleidungsstil, die Frisur, im Arbeitsleben oder im Lebensstil generell. Nur so hat man beste Chancen, einen passenden Partner anzuziehen. Dazu Hermann Meyer:»Wer in seinem Garten einen Frosch anziehen möchte, muss vorher die Lebensbedingungen schaffen, unter denen sich Frösche wohl fühlen. Er muss ein Biotop für Frösche schaffen, also einen Teich anlegen, für Wasserpflanzen wie zum Beispiel Seerosen sorgen und vielleicht noch Schilf und Moos anpflanzen.«[21]

Weiters ist es hilfreich, einen Platz für den zukünftigen Partner zu schaffen. Dieser Platz soll sowohl im Persönlichkeits- wie im auch im Zeit- und im Wohnkonzept vorhanden sein. Das heißt, genügend Platz, ausreichend Kleiderhaken, Handtücher und Ablageflächen in der Wohnung, sodass ein potenzieller Partner nicht schon beim ersten Besuch das Gefühl bekommt, dass hier ohnehin bereits alles besetzt ist. Wenn dies auch teilweise ›nur‹ symbolischen Charakter hat, so ist es doch wichtig, für einen zukünftigen Partner Platz im Lebensraum freizuhalten.

Besonders wichtig ist auch der Platz im eigenen Persönlichkeitssystem. Wenn frühere Partner, die Eltern, Kinder oder das geliebte Haustier den Platz einnehmen, der eigentlich dem Lebenspartner zustünde, ist das sehr problematisch. Damit soll keinesfalls gesagt sein, dass es keinen Platz für all diese Personen und Tiere geben soll. Aber sie dürfen keinesfalls stellvertretend in eine Partnerrolle gedrängt werden, da ein potenzieller oder neuer Partner so das Signal erhält, ohnehin überflüssig zu sein.

Was das Zeitkonzept betrifft, ist es ebenfalls von Bedeutung, sein Leben so einzurichten, dass einem neuen Partner genügend Zeit gewidmet werden kann, denn: Wer sein Leben so einrichtet, dass sich zeitlich ein neuer Partner gar nicht ausgehen würde, der zieht auch keinen neuen Partner an.

---

21 *Meyer, Hermann: Jeder bekommt den Partner, den er verdient – ob er will oder nicht. Trigon Verlag, München 1997, S. 222.*

Sich an den richtigen Orten umsehen

Es mag relativ banal klingen, und es wird oft zu wenig beachtet: Wer an den falschen Orten sucht, der findet die »falschen« Menschen. Mit anderen Worten: Wenn sich ein Hochsensibler in eine Disco quält, wo ihn Lärm, Rauch, Gedränge und die gesamte Atmosphäre völlig überstimulieren, weil er annimmt, dort die besten Chancen auf eine Beziehungsanbahnung zu haben, dann findet er dort zwar vielleicht tatsächlich jemanden, aber höchstwahrscheinlich wird es jemand sein,

* der gerne in Discos geht
* dem der Rauch nichts ausmacht oder der vielleicht auch selbst raucht
* dem der Lärm nichts ausmacht oder der ihn vielleicht sogar als angenehm empfindet
* dem die Musik und die Atmosphäre von Discos gefällt und
* der auch in Zukunft wahrscheinlich gerne öfters in Discos gehen wird.

Ohne mehr von diesem potenziellen Beziehungspartner zu wissen, kann man jetzt bereits feststellen, dass es da einige Unterschiede zum in Discos lediglich gequälten HSP gibt. Die Wahrscheinlichkeit, dass man nicht wirklich gut zusammenpassen würde, weil auch noch andere, mit diesen Unterschieden verknüpfte Divergenzen im Empfinden und den allgemeinen Vorlieben bestehen, ist daher relativ hoch.

Es ist daher zielführender, als HSP dort nach potenziellen Partnern Ausschau zu halten, wo man am ehesten Menschen begegnet, die vom Charakter, der Weltanschauung und den Interessen her zu einem passen. Das kann vom Volkshochschulkurs über das Cafe im Park, die Stadtbücherei oder das Internet bis hin zum Yoga-Kurs an den unterschiedlichsten Orten sein. Wichtig ist, dass es Orte sind, an denen man angenehme Menschen vermutet, mit denen man am ehesten auf der gleichen Wellenlänge schwimmen könnte.

»Beziehungsproblematiker«
und unglücklich Verliebte –
Komplizierte Beziehungen

Interviews

Mona (45)

>> Ich hatte bisher drei längerfristige Beziehungen (eineinhalb, fünf und sechs Jahre). Seither, seit zwölf Jahren, bin ich Single, nicht zuletzt auch deswegen, weil ich mich frage, ob ich für eine Beziehung »gemacht« bin, ob ich das Zeug dazu habe.

Im Rückblick denke ich, ich bin immer wieder an Männer geraten, die kein oder kein gutes Gegenüber für mich waren. Habe das Gefühl, immer wieder an den Falschen geraten zu sein.

Denn ich meine zu beobachten, dass ich den jeweiligen Männern nach einer gewissen Zeit »davon gewachsen« bin. Damit meine ich, ich denke viel nach, reflektiere viel, bin vielseitig interessiert und lerne gerne dazu, und diese Männer taten das nicht oder jedenfalls nicht in dem Maße, wie ich es gebraucht hätte, um ein Gegenüber zu haben. Von daher frage ich mich schon, ob ich zu weit unten eingestiegen bin. (Klingt überheblich, ich weiß. Soll es aber nicht sein.)

Manchmal frage ich mich aber auch, ob mir ein gewisser Weitblick, eine gewisse Reife fehlt. Außerdem frage ich mich auch, ob ich über das Urteilsvermögen verfüge, den ›Richtigen‹ zu erkennen. Ich frage mich, ob ich verständnisvoller sein müsste, toleranter und mehr über den Dingen stehen können sollte. Und wenn ich das wäre, dann hätte ich womöglich diese Beziehungen nicht abgebrochen. Vielleicht war ja gar nichts verkehrt mit diesen Männern und es lag an mir, dass es nicht geklappt hat. Oder vielleicht sind meine Ansprüche zu hoch.

Darüber hinaus habe ich mich zweimal in meinem Leben unglücklich in einen Mann verliebt. Diese Männer zeigten Interesse, wollten aber nicht verbindlich werden. Ich bin jahrelang innerlich nicht losgekommen. Etwas, worauf ich nicht stolz bin. Mit diesen beiden anderen Männern, in die ich unglücklich verliebt war, hatte ich die Ebene des Austausches, die ich brauche. Dieser Austausch tat mir so gut und ich konnte einfach nicht verstehen, dass das nicht ein riesiger Anziehungspunkt für den jeweiligen Mann sein würde. Denn sie genossen diese Gespräche auch.

Bindungsängste – ja. Ich bin zwar kein ausgeprägter Freiheitstyp (so jedenfalls meine Selbsteinschätzung), aber ich habe schon Angst, dass ich eine gewisse Freiheit, eine gewisse Selbstentscheidung verlieren könnte. Frage mich zwischenzeitlich auch (seitdem ich mir mehr Zeit für mich selbst nehme) ob das ein Partner überhaupt verkraften könnte. Ich weiß auch, dass ich versuchen würde, mich unterzuordnen, weiß aber, dass mir das langfristig nicht gut tut.

Im Sozialverhalten geht meine Alarmlampe relativ schnell an, wenn ich das Gefühl habe, dass sich jemand an mich dranhängen will. Ich »schaufle« mich dann frei und versuche, mir Leute vom Hals zu halten, die mir Kraft rauben. **«**

Zusammenfassung – Mona:

Mona hatte bisher drei längerfristige Beziehungen, ist nun Single und fragt sich, ob sie wirklich für eine Beziehung »gemacht« ist. Sie hat das Gefühl, immer wieder an den Falschen geraten zu sein, da ihre Partner ihr langfristig kein ebenbürtiges Gegenüber waren. Vielleicht, so fragt sie sich, sind aber auch ihre Ansprüche zu hoch oder es lag an ihr, dass es nicht geklappt hat.

Zweimal war sie zudem unglücklich in einen Mann verliebt und hat jahrelang deshalb gelitten. Diese beiden Männer hätten das gehabt, was Mona in ihren Beziehungen fehlte, das heißt, mit ihnen war die Ebene des Austausches, die sie braucht, möglich.

Mona befürchtet, in einer neuen Partnerschaft eine gewisse Freiheit und Selbstentscheidung zu verlieren. Auch neigt sie dazu, sich unterzuordnen, obwohl ihr das langfristig nicht gut tut.

Marie (37)

》 *Meine Hochsensibilität konnte sich in Beziehungen darin ausdrücken, dass ich in manchen Situationen weniger belastbar war als andere. Dass ich auf Kritik von einem Freund extrem enttäuscht oder wütend reagiert habe. Andere sind vielleicht schlagfertiger oder dickhäutiger?*

Ein Beispiel: Ein Freund, den ich über das Internet kennengelernt hatte, sagte mir, meine Wohnung sähe aus, als wenn eine Bombe eingeschlagen hätte. Das hat mich ziemlich verletzt. Ich war gerade eingezogen und stolz auf die Dinge, die ich gerade selbst montiert hatte. Das extreme Gemeckere hat mich sehr gestört. Und es kam auch später indirekt wieder – inzwischen bin ich selbst immer weniger motiviert, hier sehr viel zu ändern.

Ich wollte in manchen Situationen mehr Nähe, Zweisamkeit und musste meinen Freund, mit dem ich sechs Monate zusammen war, mit seiner Arbeit, seinen vielen Hobbys und seinen Kindern teilen. Zeitweise kein Problem, zeitweise dann aber doch. Es kam zu kleineren Eifersuchtssituationen.

Ein Beispiel: Wir fahren zusammen in den Urlaub. Er ist Segelflieger. Ich soll mitfahren, um mit seinem Auto und Anhänger bei einem Flugwettbewerb sein Flugzeug notfalls aus einem Feld aufzulesen. Bei ein oder zwei Probefahrten mit seinem Auto (ich war vorher mindestens ein Jahr nicht mehr Auto gefahren), bin ich zum Teil müde vom Tag (seine ungewohnt große Familie, schon den ganzen Tag unterwegs), dann ist es noch dunkel und regnet. Ich fühle genau, wie ängstlich und nervös er neben mir sitzt, ich trage eine ungewohnte Brille statt Kontaktlinsen. Er hat sich kurz vorher über seine Ex-Frau und Mutter seiner Kinder wieder einmal schwer aufgeregt (worunter ich mitleide).

Ich denke also: Okay, ich prüfe sehr genau Spiegel und Einstellungen, bevor ich vorsichtig losfahre. Ich soll, zusätzlich dazu, dass es ein neuer, großer Wagen ist, auch noch das erste Mal im Leben darauf achten, dass der Wagen auf der Autobahn konstante Geschwindigkeit fährt, weil das Benzin knapp bemessen ist. Ich schaffe das alles einigermaßen, achte vor allem auf unsere Sicherheit und den Verkehr. Ich habe gedacht, ich bekomme bei der Ankunft dafür Lob, aber nein, er schimpft fast, ich sei ja so unsicher gewesen und solle mal ein Fahrsicherheitstraining machen. Wir haben dann erst mal länger nicht mehr weiter geübt.

Außerdem war es damals heiß, und ich bin sowieso empfindlich gegenüber Hitze und Kälte. Wenn ich viel in der Hitze herumlaufe, kann ich schon mal pampig oder grummelig – sagen wir empfindlich oder matschig – werden. Erst wollte ich früh morgens noch meine Zusatzbrille mit dem Bus von zu Hause holen, weil ich die fürs Autofahren gebraucht hätte. Durfte ich nicht, ohne Begründung. Am Nachmittag kommen wir an einem sehr schönen Gasthof an. Er möchte schon mal auf den Flugplatz, seine Kumpels treffen. Prima, denke ich, dann habe ich Zeit, den Koffer auszupacken, zu duschen und mich etwas auszuruhen. Aber er kommt unerwartet leider schon viel früher vom Flugplatz zurück. Ich konnte mich also nicht alleine ausruhen; relativ sensibel daraufhin und gewohnt, regelmäßig etwas zu essen zu bekommen, habe ich Hunger, möchte am liebsten den ersten Abend ruhig mit ihm alleine verbringen, mir vielleicht kurz mit ihm die Gegend angucken. Er hat aber mit seinen Kumpels verabredet, dass sie uns zum Abendessen abholen.

Im Lokal bestimmt er sofort, dass ich mich neben ihn zu setzen habe (da sieht er mich dann später leider so gut wie gar nicht mehr; toter Winkel), ich habe mir gedacht, ich würde lieber gegenüber sitzen, habe das aber leider nicht laut gesagt. Die Unterhaltung am Tisch läuft bald über: Wer hat das tollste Auto, wer hat welches Flugzeug, weißt du noch damals, auf der Flugtour. Also, die Kumpels produzieren sich. Keiner kümmert sich um mich. Ich versuche mich einzubringen, aber mich hört anscheinend niemand.

Ich fange an, mich ausgeschlossen zu fühlen. Ich gehe zum WC, um mal kurz wegzukommen. Ich habe das Gefühl, die einzige, die mich ein Stück weit versteht, leicht mitleidig ansieht, ist die Kellnerin.

Irgendwann hatte er nach meiner Hand gegriffen, ich weise sie aber sanft unter dem Tisch zurück. Er müsste dann doch eigentlich merken, dass etwas nicht stimmt und später mit mir reden, oder?

Nach dem Essen verabschiede ich mich höflich und gehe aufs Zimmer vor, hatte ja auch vorher schon gesagt, dass ich von der Anfahrt erschöpft war (dass es also nicht an den Leuten lag). Mein Freund ist relativ bald nachgekommen, darüber war ich froh. Aber er hat kein Wort mit mir gesprochen, ich wusste nicht, warum. Ich hätte mir gewünscht, er fragt mich, was denn los gewesen sei, dann hätte ich ja erklären können und dann hätte sich alles geklärt. Doch er hat nur den Fernseher eingeschaltet und war nicht ansprechbar. Ob ich

Marianne Skarics · Sensibilität und Partnerschaft

etwas anderes hätte sehen oder machen wollen, war ihm anschei-
nend egal. Später meinte er dazu, wenn er das Zimmer bezahlt, dann
bestimmt er auch das Fernsehprogramm.

Nachts habe ich ihn gebeten, mich in den Arm zu nehmen. Nein,
wollte er nicht, das einzige, was ihm wichtig war, war der Wettbe-
werb. Er hat nicht mit mir gesprochen. Wie ich Wochen später in Mails
gelesen habe, hat ihn etwas an meinem Verhalten gestört, was er mir
aber nicht gesagt hat. Ich wollte nachts seine Nähe, aber er hat mich
die ganze Nacht nur ignoriert. Ich habe die ganze Nacht dann nicht
schlafen können und habe morgens meinen Koffer gepackt, wollte
eigentlich ein Taxi zum nächsten Bahnhof nehmen.

Aber schließlich hat er mich hingebracht und dann habe ich mich
wieder umentschieden. Ich wollte vor allem, dass er mit mir redet, mich
einbezieht. Er hat aber entschieden, er könne den ganzen Wettbewerb
nicht mitfliegen mit solch einer seelischen Belastung. Ich war absolut
dagegen, dass er das wegen mir absagt. Aber er hat einfach über mei-
nen Kopf hinweg entschieden. Wir fuhren morgens zum Flugplatz, wo
er seinen Kumpels mitgeteilt hat, er würde den Wettbewerb verlassen.
Ich saß im Auto und fühlte mich eingeschlossen, hilflos, wütend. Ich
hatte Angst, was er seinen Freunden über mich erzählt (Ich als Sün-
denbock). Er hat mich irgendwann, als ich bei mir zu Hause reinkam,
dort ›abgeliefert‹. Er sagte mir im Flur:»Wenn wir eine Zukunft haben
sollen, musst du dich ändern.« Ich habe mich massig über das Ver-
halten meines Freundes aufgeregt (ich weiß nicht, ob andere Frauen
weniger empfindlich und souveräner gewesen wären).

Nach wenigen Wochen Austausch per E-Mail sind wir wieder
zusammengekommen. Er hatte gemeint, allen seinen Freunden sei
mein»Auftritt« abends am Tisch negativ aufgefallen. Aber er konnte
mir nicht mal sagen, was ich denn falsch gemacht haben soll. Kann
natürlich sein, dass mir mein Missfallen wegen der Gesprächsthemen
der Männer anzusehen war. Und mir war es auch negativ aufgefallen,
dass mein Freund gar nicht auf die Kellnerin geachtet hat, als er ihr die
leeren Teller aufgedrängt hat, ob sie die überhaupt fassen kann (Ich
kenne da so eine Regel, dass ein Mann Dich nach zig Jahren Ehe so gut
oder schlecht behandelt, wie den Kellner am ersten Abend). Ich hatte
eben Angst, habe an ihm gezweifelt und habe die Beziehung erstmalig
nach einer Verliebtheitsphase in Frage gestellt – er wohl auch.

Nach ein paar Wochen e-Mail-Kontakt – ohne dass wir den Kern des Ereignisses wirklich geklärt hatten – kamen wir wieder zusammen. Ich habe aber gelegentlich eine Kleinigkeit an ihm – nett – kritisiert und er hat dann extrem reagiert, etwa durch Abbrechen eines Tanzabends.

Nach dem Ende unserer Beziehung habe ich ihm noch mindestens ein halbes Jahr hinterher getrauert. Er hätte in so vielen praktischen Punkten schon zu mir gepasst, nur in manchen konnten wir eben überhaupt nicht miteinander reden.

Ob dann manches an meiner Empfindlichkeit liegt? Ich war nie so eine robuste, burschikose, alles schmeißende Hausfrau mit dem dicken Fell, das ist wohl das Problem. Ich bin sehr geräuschempfindlich und wenn ich traurig oder wütend bin, dann kann ich nicht schlafen. Er, und auch andere, konnten das anscheinend seelenruhig – wie können die das? Falsche Taktik meinerseits oder einfach zu hohe Empfindlichkeit?

Einem anderen Mann, meiner großen Liebe, bin ich auch jahrelang, jahrzehntelang mit Abstand, hinterhergelaufen. Und immerhin haben wir ja viel und gut miteinander getanzt, da war eine Art platonisches Mögen und sehr selten leichte Zärtlichkeit. Ich meine, mit 17/18 wäre er eventuell »der Richtige« für mich gewesen. Aber ich Idiotin hatte in Paris meinen ersten Freund kennengelernt. Später war ich wegen Berufswahl, Stress mit den Eltern, Zweifeln an dem Franzosen und anderem kurz vor dem Abitur sehr depressiv. Habe mich abgekapselt und bin nicht mehr zum Tanzen zu meiner großen Liebe. Mein Tanzpartner hatte dann eine andere, hat sie auch geheiratet, hat zwei Kinder. Ich hatte einen anderen geheiratet. Wir haben oft getanzt, ich bin oft gedanklich »rückfällig« geworden. Ich habe mir jedenfalls eingebildet, dass ihm viel an mir liegt.

Nach der Ehe (die Kommunikation war nicht so toll, es kamen zu viele Alltagsprobleme, einmal war er kürzere Zeit arbeitslos, dann ich) hatte ich dann einige Beziehungsversuche. Ich wollte bis vor kurzem fast unbedingt ein eigenes Kind haben mit einem Partner. Und in der Ehe klappte das eben nicht.

Ich habe das Gefühl, nach einer mehr oder weniger kurzen Verliebtheitsphase läuft es dann darauf hinaus, dass man sich sehr viel kritisiert.

Ich bin relativ verwöhnt. Sehr früh aufstehen, hart alleine arbeiten, länger nichts essen, fällt mir schwer (phasenweise habe ich mich angepasst). Dinge, die andere selbstverständlich finden. Schlafen in nicht abgedunkelten Räumen ist schwierig. Wenn Männer gelegentlich viel trinken, mag ich das nicht. Wenn sich jemand trotz meiner Bedenken dann expressiv wieder einen ganzen Kasten Bier hinstellt und sagt, das sei nur »Hopfentee«, dann fühle ich mich alles andere als respektiert. Er kann ja trotz meiner Bedenken mal ein Bier trinken aber er muss mich ja nicht extra provozieren. Zu viel Verletzbarkeit gezeigt und dann schlagen die Leute eben rein in die Kerbe?

Irgendwann kam von meinem letzten Freund: »Ich komme mit einigem an dir nicht klar, eigentlich mit allem«. Das ist so niederschmetternd. Aber na gut, er hatte besondere Bedürfnisse, einen straffen Arbeitsalltag, und ich hatte ebenfalls Bedürfnisse. Er braucht ein sehr großes Bett, fand meine Couch unbequem, weil er so groß ist. Ich wollte aber trotzdem, dass wir wechselseitig bei ihm und bei mir sind. Zu meinen Problemen hatte er Vorschläge mit quasi Patentlösungen und ich habe da zum Teil widersprochen, weil ich eben dann konkret die Konsequenzen sehe und er nur mal eben husch-husch an der Oberfläche gekratzt hat. Kurz: Auch diese Beziehung funktionierte nicht.

Also, ich bin dermaßen bedient mit Partnerschaften, ich lasse momentan nur meinen Ex-Mann und langjährige Tanzpartner an mich heran bzw. in meine Wohnung. Und die kritisieren sicherlich innerlich auch einiges. Ich fühle mich oft demotiviert, aber ich muss nach vorne blicken.

Früher, eine Weile lang, sagt man sich »Okay, dann war das eben doch nicht der Richtige; gut, trotzdem wieder fröhlich sein, weitertanzen, weitersuchen.« Aber irgendwann hat man dann keine Lust oder Kraft oder Mut mehr. Oder es ist eben hoffentlich bloß eine Art Pause.

Ich habe mich oft gegen mancherlei Art Bevormundung gewehrt und das wohl nicht in einer eleganten Art, sondern schon mal laut protestierend und dann dabei den Kürzeren gezogen.

Ich habe einmal Briefe an meine Schwiegerfamilie geschrieben, dass ich es nicht möchte, dass die Schwiegermutter eines meiner Bäder geputzt hat als ich im Krankenhaus war oder dass sie für uns eingekauft hat (eigentlich war es ja nett). Danach war mein Mann so sauer auf mich.

Bei einem anderen Kandidaten war es mir in der Wohnung viel zu kalt. Da war ich dann im Winter zum X-ten Mal erkältet und von den Serpentinen im Westerwald wurde mir auch schwindelig. Ich war auch ausnahmsweise weniger verliebt als er. Er war überschwänglich und ich habe mich dann zum Teil für ihn geschämt. Bin ich dann wieder zu empfindlich oder laufen ab einem gewissen Alter nur noch wenig beziehungsfähige Menschen rum, bzw. warum konnte ich nicht bei einem bleiben? Halten die irgendwann die Grenze nicht ein oder wird meine Grenze zu schnell zu weich?

Ich wurde oft als intelligent und auch als sensibel oder zärtlich und feinfühlig eingeschätzt. Dafür bin ich in manchem leider auch zu faul, ungeduldig, zu wenig sorgfältig, in der letzten Zeit jedenfalls. Öfters hatte ich das Gefühl, ›seelischer Mülleimer‹ für andere zu sein oder sein zu sollen.

Solange man gut mit anderen zusammenarbeiten kann, deren Wünsche besser erraten und erfüllen kann, ist Hochsensibilität auch eine längere Zeit ein Vorteil. Nur muss man es schaffen, die Balance zu finden. Wirklich das zu geben, durch das man dann auch selbst seine Bedürfnisse erfüllt bekommt. 〉〉

$\mathcal{Z}$usammenfassung – Marie:

Marie hat es öfters erlebt, von Partnern kritisiert zu werden, was sie ziemlich verletzt hat. Von einem ihrer Exfreunde wurde sie eher übergangen, indem er über ihren Kopf hinweg Entscheidungen getroffen hat, wodurch sie eher ein geduldetes Anhängsel denn eine gleichberechtigte Partnerin war. Außerdem war er häufig an ihren Empfindungen wenig interessiert. In Krisensituationen hat er nicht mit ihr gesprochen, was von Marie als sehr belastend empfunden wurde. Dennoch trauerte sie diesem Mann auch noch lange nach Beziehungsschluss nach. Auch bei anderen Beziehungen und unglücklichen Lieben konnte sie innerlich lange nicht loslassen.

Manchmal fragt sie sich, ob sie zu empfindlich ist, denn eine robuste, burschikose Hausfrau mit dickem Fell war sie nie. Marie ist sehr geräuschempfindlich, kann nicht im Hellen schlafen, ebenso wenig, wenn sie traurig oder wütend ist. Sie hat das Gefühl, nach der ersten Verliebtheitsphase laufen Beziehungen darauf hinaus, dass man einander sehr viel kritisiert. Es fällt ihr schwer, länger nichts zu essen, und sie mag es nicht, wenn Männer zu viel trinken. Bei einem Expartner war ihr in der Wohnung ständig zu kalt.

Und auch wenn sie oft als intelligent, sensibel, zärtlich und feinfühlig eingeschätzt wird, hat sie andererseits auch das Gefühl, häufig als »seelischer Mülleimer« für andere herhalten zu müssen. Zwar hat sich Marie in der Vergangenheit gegen mancherlei Bevormundung gewehrt, doch die Balance zu finden zwischen der Fähigkeit, die Wünsche des Gegenübers aufgrund der eigenen Hochsensibilität besser zu erkennen und sich dabei auch so zu verhalten, dass man auch eigene Wünsche erfüllt bekommt, fällt ihr schwer.

Melinda (35)

>> *Ich bin schon oft an »den Falschen« geraten. Es gab zwei Sorten von »der Falsche«: In der ersten Phase meines Lebens neigte ich zu Männern, die mich schlecht bis missbräuchlich behandelten, die mir zwar erzählten, sie liebten mich, sich jedoch ganz anders verhielten (»Zuckerbrot & Peitsche« in Form von Beleidigung/Entschuldigung, finanziellem Ausnützen, Fremdgehen, bis hin zu einer Beziehung mit einem Alkoholiker, der zu körperlicher Gewalt neigte).*

Seit etwa sieben Jahren versuche ich es nun mit ›vernünftigen‹ Männern, das heißt, ich achte weniger auf leidenschaftliche Attraktion, als mehr auf freundschaftliche und menschliche Komponenten (die körperliche passte natürlich trotzdem auch). Alle diese Beziehungen endeten nach ein bis sechs Monaten stets mit dem Argument, in mich »könne man sich einfach nicht verlieben«. Nicht, dass ich jemals danach gefragt hätte, denn längst ist es mir wichtiger, wie sich jemand verhält, als was er mir erzählt – doch die Männer sahen das als Trennungsgrund, wohingegen ich eher auf der Suche nach Liebe als nach Verliebtheit bin, was meiner Meinung nach wachsen könnte, wenn die Grundvoraussetzungen stimmen und beide es wollen. Jedenfalls ist diese unaufgeforderte Äußerung mittlerweile schon so eine Art »Running Gag« in meinem Leben: »Du, ich muss dir was sagen, nicht, dass einer von uns noch Gefühle entwickelt – bei mir hat es leider nicht ›peng‹ gemacht«. Warum jeder auf ›peng‹ wartet, ist mir ehrlich gesagt sowieso ein Rätsel – nach der ›Peng‹-Phase findet man in der Regel doch sowieso nur heraus, dass das eigene Hirn kurzfristig von Hormonen geflutet war. Nach Verliebtheit folgt ja nicht automatisch Liebe, und Liebe muss nicht notwendigerweise Verliebtheit vorausgehen.

Es könnte sein, dass die von mir gewählten Männer meine ernsthaften Absichten spüren und diese scheuen. Auch ist es sicherlich so, dass ich mehr intensive Gefühle investiere als viele andere – es ist für mich daher massiv destabilisierend, verlassen zu werden, das heißt also ›an den Falschen‹ geraten zu sein – ich kann es einfach nicht als ›Affäre‹ verbuchen, wie manch anderer das tun würde; nicht aus moralischen, sondern aus emotionalen Gründen.

Wenn eine Beziehung zu Ende ging, litt ich immer sehr daran – sowohl Intensität und auch Dauer dieser Phase waren eigentlich stärker und länger als die Beziehung selbst. In dieser Zeit bin ich kaum zu etwas anderem fähig, in diesen Phasen lebe ich kaum und schaffe nur das Notwendigste. Es ist, als wäre ich in einem Dauerschockzustand. Doch gibt es ja auch noch anderes im Leben. Ich bin deshalb mittlerweile dazu übergegangen, Beziehungen eher zu meiden, obwohl ich mir sehr einen Partner wünsche – aber eben einen Partner, und keinen Liebeskummer. Ich habe mir auch schon überlegt, ob meine unglückliche Partnerwahl letztendlich nur dem Zweck dient, einen neuen Liebeskummer zu provozieren, quasi als unbewusster Versuch meiner Psyche, ein »Ur-Trennungs-Trauma« aufzuarbeiten (ich bin Scheidungskind und wurde in meiner Kindheit sehr viel herumgeschoben, feste Bezugspersonen gab es quasi keine). Na ja, bisher hat es jedenfalls leider nicht geklappt.

Ich hätte gerne einen hochsensiblen Partner, jedoch nur dann, wenn dieser »erwachsen« damit umgeht; also nicht jemanden, der seine Sensibilität permanent thematisiert, ausspielt oder versucht, seine Umwelt damit zu steuern. Ich fände es jedoch sehr schön, wenn man sich gegenseitig in seinen Wesensarten tolerieren und respektieren würde. Ich kannte einmal einen Mann, der hochsensibel war, was den Umgang für mich sehr erleichterte. Er konnte meine Empfindlichkeiten gut nachvollziehen sowie gut damit umgehen, ich wiederum mit seinen. Was man nicht aus eigener Erfahrung kannte, wurde dem anderen einfach ›gelassen‹, weil man ihm vertraute und glaubte. Wir hatten eine sehr offene Gesprächsbasis, trotzdem konnten wir uns auch jene Seiten zugestehen, die wir nicht teilten. Mir gefiel es, mit jemand so hoch empfindlichem zusammen zu sein, es war als würden wir auch auf anderen Ebenen kommunizieren, bzw. Gedanken und Gefühle des anderen ›auffangen‹. Es war eine ›Ich-Ich-Situation‹, anstatt dem üblichen ›Symbiose-Klumpen‹. Hat mir gut gefallen (bis auf das »Sorry, bin nicht verliebt in dich«). Ich hätte sehr gerne einen HSP-Partner.

Mit meinen nicht besonders sensiblen Partnern hatte ich oft das Problem, dass ich der Meinung war, ich würde Dinge deutlich »signalisieren«, der andere davon jedoch nichts mitbekam. Ich wurde oft nicht verstanden, vielleicht war es anders herum genau so. Mir wird beispielsweise verhältnismäßig schnell etwas zu viel: Lärm, Menschenmassen, Lichtgeflacker, nicht regelmäßig Essen, Schlafentzug – alles mögliche. Für andere ist das oft reines ›Rumgezicke‹ oder ›Schwächeln‹. Früher zwang ich mich zum Durchhalten, doch zwei Hörstürze und ein jahrelanges Burnout später bin ich mittlerweile der Meinung, dass ich es nicht erzwingen kann und deswegen nicht »falsch« bin, sondern mir das Umfeld eben passend schaffen muss. Auch bin ich wohl tatsächlich auch gefühlsmäßig etwas überempfindlich, verglichen mit vielen anderen, zumindest wurde mir das öfter vorgeworfen. Vielleicht habe ich einfach nicht die besten Nerven; Beziehungsstrategien, -spiele und geschicktes Taktieren, um sich interessant zu machen, sind meine Sache nicht, sondern stressen mich übermäßig. Für mich sind klare Verhältnisse (und Worte) sehr wichtig. Ich glaube, dass viele meiner Beziehungsversuche scheiterten, weil ich zu wenig taktierte – wenn ich jemanden mag, merkt derjenige das auch, ich bin erreichbar und gewillt, mich zu verabreden, womit man in der Regel in der ›Wertigkeit‹ offenbar drastisch sinkt.

Ein Vorteil war meine Hochsensibilität in meinen gescheiterten Beziehungen also ganz und gar nicht. Während meiner Beziehungsversuche ist sie jedenfalls nicht positiv für mich nutzbar. Doch letztendlich weiß ich nicht, ob meine Beziehungsprobleme mit der Hochsensibilität überhaupt soviel zu tun haben. Möglicherweise spielt es auch so zusammen, dass die ganze Beziehungsmisere ein Ergebnis davon ist, dass ich mich auf Grund der Hochsensibilität scheue, mich auf eine wirkliche Beziehung einzulassen.

Fazit – mir wäre es manchmal lieber, ich wäre »ganz normal« und so wie offenbar der Großteil der Bevölkerung. Andererseits, würde man dann viele andere Dinge immer noch genau so schön finden können? 《

Zusammenfassung – Melinda:

Melinda ist schon oft an ›den Falschen‹ geraten – sowohl an Partner, die sie schlecht behandelten, als auch an Männer, die ihr sagten, in sie »könne man sich einfach nicht verlieben«. Sie investiert sehr viel Gefühl in ihre Beziehungen und empfindet es als massiv destabilisierend, verlassen zu werden. Nach dem Scheitern ihrer Partnerschaften litt Melinda jedes Mal so sehr, dass sie wie in einem Schockzustand lebte, in dem sie nur das Notwendigste schaffte. Sie macht sich Gedanken über die Ursache ihrer wiederholten unglücklichen Partnerwahl und hätte gerne zukünftig einen »erwachsenen« hochsensiblen Partner. In ihren bisherigen Beziehungen konnte sie ihre Hochsensibilität nicht positiv nutzen, doch auch wenn sie manchmal lieber ›ganz normal‹ wäre, fürchtet sie andererseits, damit auch die Fähigkeit zu verlieren, viele Dinge so schön zu finden, wie sie es aufgrund ihrer Hochsensibilität tut.

Daphne (31)

》 *Meine große Liebe, die meine Liebe nicht erwidert, ist sich absolut sicher hetero zu sein, womit sie für mich schon unerreichbar ist. Außerdem kommt sie von ihrem damaligen Freund nicht los und das schon seit Jahren. Sie leidet darunter fürchterlich, auch wenn sie viele darin nicht ernst nehmen, weil sie keinen Zugang zu ihr haben. Sie ist gegenüber den meisten sehr verschlossen, und man muss sich sehr mit ihr befassen und wohl auch eine empathische Veranlagung haben, um zu ihrem Kern zu kommen.*

Aber genau dieser Kern kommt etwas erschreckend nahe, von dem ich eigentlich schon immer geträumt habe, aber ich schon lang die Hoffnung aufgegeben habe, dass mir so eine Person auch nur annähernd begegnen wird. Ein Kopfdenker würde jetzt vielleicht sagen, dass wenn es eine solche Person gibt dann gibt es vielleicht auch eine zweite, auch wenn die Chance verschwindend gering ist. Ich spüre in mir aber die wirklich absolute Gewissheit, dass dies nicht der Fall sein wird – und das liegt nicht an einer rosaroten Brille, denn die musste ich schon längst ablegen. Und ich finde es wäre unaufrichtig mir selbst gegenüber und auch der anderen gegenüber, wenn ich mich auf etwas »Halbes« einlassen würde, obwohl ich weiß, wie viel mehr da noch hätte sein können. Auf gewisse Weise würde ich die Liebe zu ihr verraten.

In dieser Form hatte ich in keiner von meinen Beziehungen absolute Gewissheit, auch wenn ich meine Partnerinnen geliebt habe und mir nichts anderes vorstellen konnte, als bis an mein Lebensende mit ihnen zusammenzuleben. Diese Person würde ich aber, wenn sie es wollen würde und mich fragen, sofort Hals über Kopf heiraten (Homo-Ehe) ohne drüber nachdenken zu müssen oder zu wollen. Bei den anderen wäre ich vielleicht etwas zögerlicher gewesen, und ich denke, das macht einen der Unterschiede aus. Ich werde sie nicht vergessen – ich habe auch meine vorherigen Partnerinnen nicht vergessen, und auch wenn ich keinen Kontakt mehr zu ihnen habe, sind sie für mich nicht aus der Gedankenwelt verschwunden und zumindest in einem Fall noch sehr wichtig. Sie hatten trotzdem aber noch eine Tür offen gelassen für etwas Neues, das ist jetzt nicht mehr der Fall. Ich weiß: Entweder sie oder keine. Es ist zwar sehr traurig, dass es – wenn nicht ein Dutzend Wunder geschehen – auf das Letztere hinauslaufen wird, aber es geht nicht anders.

Der Umgang mit dieser Situation ist natürlich nicht einfach. Wir verbringen zudem noch relativ viel Zeit miteinander, und ich sehe vor meinen Augen, wie sehr sie leidet. Und weil ich ihr nicht so sehr helfen kann, wie ich es gerne würde, leide ich natürlich sehr mit. Das ist vielleicht ein Punkt, wo ich sagen würde, als empathische HSP leide ich besonders darunter. Unter der Einseitigkeit leide ich wahrscheinlich auch mehr als andere – wie viele suchen sich dann da einfach jemand anderes. Auch ist nicht einfach, wenn sie sich Eigenschaften oder Taten von mir an ihrem Ex wünscht. Sehr vieles, was sie sich bei ihm gewünscht hat, gebe ich ihr – teilweise so ganz nebenbei – weil es meine Art ist, und teilweise auch, weil ich einfach spüre, was sie braucht.

Man muss dabei sehr aufpassen, nicht zu sehr in dem Gedan-
ken zu verfallen, dass man eigentlich eine viel bessere Partnerin wäre.
Vielleicht wäre ich das in vielen Dingen wirklich, aber in anderen viel-
leicht wieder nicht – zum Beispiel in meiner Eigenschaft als Frau. Und
auf keinen Fall darf man ihr deswegen Vorwürfe machen, weil sie sich
für einen Menschen entschieden hat, der von seiner Art her ihr gegen-
über einfach nur das Letzte war. Schließlich verdient man sich Liebe
nicht, man bekommt sie geschenkt, und manchmal kann man es sich
nicht mal wirklich aussuchen, wem man dieses Geschenk macht.

Ich glaube aber auch nicht, dass es mir besser gehen würde, wenn
ich auf Distanz gehen würde – eigentlich habe ich es schon versucht
aber es hat sich total falsch angefühlt und als ob ich von einer Auf-
gabe, die mir aufgetragen wurde, davonlaufe. Wenn ihr etwas nicht
noch mal passieren soll, dann ist es im Stich gelassen zu werden und
ich möchte ihr zeigen, dass es auch anders geht. Ich möchte, dass sie
aus ihrem Loch herauskommt und dafür möchte ich alles tun was ich
kann. Ich weiß natürlich, dass das dann vielleicht dazu führt, dass
sie einen neuen Partner finden kann und dass ich mich dann richtig
dreckig fühlen werde, aber so muss ich zumindest nicht das Gefühl
haben, von etwas davongelaufen zu sein.

Das klingt jetzt vielleicht so, als stelle ich sie zu sehr über mich,
aber für mich ist es eigentlich selbstverständlich, für die Geliebte
durchs Feuer gehen zu wollen – selbst wenn man keine Aussichten auf
eine Beziehung hat – und wenn ich anders handeln würde, dann würde
ich mir selbst nicht mehr gerecht werden.

Bezüglich dem Unterschied in den Beziehungen zu HSP- und zu
Nicht-HSP-Frauen kann ich sagen, dass vorrangig die Dinge auf der
Gefühlsebene den Unterschied ausmachen, wobei die ›sensorischen‹
Fähigkeiten vielleicht auch gerade die Gefühlsebene mit beeinflussen,
weil man ›Kleinigkeiten‹ stärker wahrnimmt. Ich bin manchmal sehr
subtil und zaghaft, und durch die bessere Wahrnehmung kann man
meine Wünsche und Sehnsüchte besser erkennen. Ich finde es wunder-
schön, wenn man eine gemeinsame Ebene findet, ohne groß Worte zu
verlieren, und das fällt bei HSP einfach leichter. Auch muss man zum
Beispiel nicht erklären, warum man sich in bestimmten Situationen
überfordert fühlt, die andere fühlt es auch an sich, und man kann sol-
chen Situationen deshalb einfacher aus dem Weg gehen. Eine Nicht-

HSP kann es wohl akzeptieren und auch ein Stück weit nachvollziehen, aber es wird immer ein Stück weit etwas Unergründliches sein, was man nicht am eigenen Leib erfahren kann.

Beziehungen zwischen zwei Hochsensiblen können dazu neigen, sehr emotional zu werden – sowohl die Höhen als auch die Tiefen. Jetzt wo ich es aber so kenne, weiß ich, dass es mir fehlen würde, wenn es nicht so wäre. Meine Beziehungen zu den Nicht-HSPs waren – obwohl ich auch tiefe Gefühle hatte – irgendwie kühler. Die »Wechselwirkung« war einfach nicht so stark.

Ich denke, wenn ich keine HSP wäre, wären Beziehungen einfach viel weniger intensiv, aber andererseits wäre ich dann vielleicht auch mit dem »Weniger« zufrieden. Einerseits könnte man die Hochsensibilität – nicht nur in Beziehungen – als Segen bezeichnen, weil man Dinge viel stärker wahrnehmen kann, Dinge sehen, die anderen vielleicht gar nicht auffallen. Man erlebt emotionale Höhen, die andere vielleicht nicht so einfach erreichen. Andererseits ist es vielleicht aber auch ein Fluch. Beziehungen zweier HSP neigen wohl eher dazu, dramatischer zu werden, und ich bin mir sicher, sie sind schwieriger. Wenn ich jemand erst mal richtig an mich herangelassen habe, dann bin ich dadurch unheimlich verletzlich, weil ich mich sehr stark binde. Ich bin sehr darauf angewiesen, dass meine Partnerin meine Verletzlichkeit sieht und weder absichtlich oder unabsichtlich etwas tut, was mir weh tut.

Die Trennungen waren bei mir immer ziemliche Katastrophen. Und bei der letzten Trennung habe ich Jahre gebraucht um darüber hinwegzukommen. Ich denke also daher, HSP empfinden Beziehungen einfach intensiver, sie haben aber auch den Durst danach, es zu tun und ihnen würde sonst was fehlen. Es ist kein klarer Vorteil oder Nachteil, sondern einfach eine andere Art zu leben. **《**

Zusammenfassung – Daphne:

Da ihre große Liebe ihre Gefühle nicht erwidert, hat Daphne beschlossen, keine Partnerschaften mehr einzugehen, denn sie fände es sich selbst und der Partnerin gegenüber unaufrichtig, sich auf etwas ›Halbes‹ einzulassen. »Entweder sie oder keine« sagt sie sich, und da ihre große Liebe heterosexuell ist, sieht sie verständlicherweise so gut wie keine Chance auf eine Beziehung. Freundschaftlich sind die beiden aber verbunden, und Daphne ist immer für ihre große Liebe da. In früheren Beziehungen fiel es ihr mit ebenfalls hochsensiblen Partnerinnen leichter als mit Nicht-HSP, eine gemeinsame Ebene zu finden, ohne viele Worte zu verlieren. Ihre Beziehungen zu Nicht-HSP empfand sie als irgendwie kühler und weniger intensiv, da die »Wechselwirkung« nicht so stark war. Ihre Hochsensibilität erlebte Daphne in Beziehungen sowohl als Fluch als auch als Segen, auf jeden Fall aber als intensivierend.

Leopold (47)

》 *Seit etwa sechs Wochen ›leide‹ ich sehr an Liebeskummer. Ich habe mich in eine fast gleichaltrige Frau verliebt, wie ich HSP. Die ganze Situation kommt mir vor wie eine Hängepartie, Berg- und Talfahrt, Ausgang ungewiss. Meine Gedanken tragen ihren Teil dazu bei, dass ich an dieser Frau regelrecht klebe. Mit wundervollen Bildern, wie schön es wäre mit dieser Frau intim zu sein oder nur einfach zusammen zu sein. Mein Körper hat sich mit ihrem Liebesvirus infiziert. In unzähligen SMS-Botschaften, in zahlreichen E-Mails, Liebesbriefen und Gedichten teilte ich der Frau meine Liebe mit. Wenn wir uns trafen kam es zu leichten Zärtlichkeiten, Küssen, Berührungen. Auf meine Frage, ob sie auch in mich verliebt ist, bekomme ich immer die Antwort, dass sie es sich überhaupt nicht erlauben kann sich zu verlieben, weil sie noch immer an früheren Partnerschaften hängt. Sie erzählte mir schon oft, dass sie gerne Sex hat, dass sie auch schon daran dachte, mit mir Sex zu haben. Mit dem Mann, mit dem sie zur Zeit zusammenlebt, läuft sexuell nichts. Und mit anderen Männern auch nicht.*

Ich bin total verrückt nach der Frau. Sie sagt, sie mag mich, und trotzdem kommen wir uns nicht wirklich körperlich näher. Die Hormonkonzentration in meinem Blut hat inzwischen einen Grenzwert überschritten, an dem aus Verliebtheit Ganzkörperschmerzen wurden. Bauchschmerzen möchte ich dagegen noch als angenehm bezeichnen. Ich erlebe Phasen, da weine ich den ganzen Tag. Um mich in meinem außer Kontrolle geratenen Gefühlschaos einigermaßen, wenigstens für die nötigsten Alltagsdinge wie Wäsche waschen, zurechtzufinden, half es mir, meine Gefühle und Gedanken in Gedichten niederzuschreiben. Derzeit schreibe ich viele Mails an Freunde. Auch die Beantwortung dieser Fragen trägt zur Klärung, zur Stabilisierung meiner aufgewühlten Gefühlslage bei.

Mir geht der Liebeskummer, besser gesagt die Begleiterscheinungen, sehr an die Substanz. Ich nehme stark an Gewicht ab. Hungergefühle und Durst treten in den Hintergrund. Dafür spüre ich ein starkes Bedürfnis nach Berührung und Zuwendung. Es hilft mir, wenn ich mich streichle und dabei ein liebevolles Gefühl zu mir und meinem Körper empfinde, ohne dabei sexuelle Gedanken bzw. sexuelle Aktivitäten zu entwickeln. Meinen eigenen Körper berühren ist Trost, Annehmen meiner Situation.

Was mir noch aufgefallen ist: Seit ich so verliebt bin, ist mein Dufterleben vollkommen überdreht. Beim ersten Kuss mit der Frau, in die ich verliebt bin, hatte ich ein Geschmacks- und Dufterleben, das ich nur als »göttlich« bezeichnen kann. Das war so intensiv, dass ich begann, nach ihr zu riechen. Es war nur noch berauschend. Sie verwendet kein Parfüm. Als ich an dem Abend nach Hause kam, roch ich an meinen Händen und ich dachte, sie steht vor mir. Händewaschen und Zähneputzen entfielen an diesem Abend. Am nächsten Morgen roch ich noch immer nach ihr.

Ich würde mir wünschen, dass doch noch alles gut ausgeht, dass wir zueinander finden.

Ich stehe zwischen Hoffen und Bangen und manchmal am liebsten alles hinschmeißen zu wollen, oder hinschmeißen zu müssen, damit mein Körper und meine Psyche nicht noch weiter darunter leiden. Aber irgendwie glaube ich, dass es nicht wirklich in meiner Hand liegt, mich für das eine oder andere zu entscheiden. Genauso wenig wie ich es mir ausgewählt habe, mich in diese Frau zu verlieben, genauso so wenig ist mir die Macht gegeben, mich von dem Liebeskummer zu befreien, indem ich mich »entliebe«.

Wie andere Menschen Liebeskummer fühlen, wie lange er dauert, kann ich nicht sagen. Habe noch nie mit einem Mann über Liebeskummer geredet, nur mir Frauen und die meinten, der Liebeskummer vergeht irgendwann, aber der Schmerz, die Kränkung bleibt. Ich empfinde ›meinen‹ Liebeskummer als sehr intensiv und glaube, dass er durch meine Hochsensibilität lange andauert.

Ich hätte überhaupt nicht daran gedacht, dass ich mich in meinem Alter verliebe und dann unter Liebeskummer leide, wie ich ihn bisher noch nie erlebt habe. Ungefähr seit der Zeit als der Liebeskummer begann, weiß ich, dass ich eine HSP bin, dass ich völlig normal bin und mich nicht mehr zu verstellen und verstecken brauche. Seitdem scheinen alle Dämme bei mir gebrochen zu sein.

Liebeskummer hatte ich schon einige Male und dann bei Frauen, die äußerlich betrachtet als zart, gefühlvoll, warm, bezeichnet werden. Es sind Frauen, die eine tiefe Weiblichkeit und Mütterlichkeit ausstrahlen, von der ich mich magisch angezogen fühle. Ich spüre große Sehnsucht nach Geborgenheit, nach Angenommensein, nach Wärme, körperlicher Zuneigung und Zärtlichkeit.

Wenn ich mich dann in diese Frauen verliebt hatte, erlebte ich, dass sich die Zartheit als dünne Haut auf einer harten und nicht zu knackenden Schale reduzierte. Die Frauen waren so verletzlich, oder so tief verletzt worden, dass sie sich nicht wirklich öffnen konnten und wollten. Mir scheint es, je weiter ich aufmachte, je mehr ich meine Gefühle zeigte, umso stärker machten die Frauen zu. Und ich erlebte statt der erhofften Zartheit unnachgiebige Härte, statt Geborgenheit bekam ich Gefühlskälte zu spüren, statt Warmherzigkeit Narzissmus.

Ja, so sind also die Frauen, die ich besonders begehrenswert finde und bei denen der Enttäuschungsfaktor gleich mitgeliefert wird – da bin ich der Hoffnung, dass der liebe Gott vielleicht mal sagt:»Genug enttäuscht, genug Liebeskummer, liebt euch, liebt das Leben, freut euch aneinander.«

Eine ideale Beziehung bedeutet für mich Offenheit, Ehrlichkeit, Freiheit, Freiraum, Rückzugsmöglichkeit, gemeinsame Unternehmungen, gegenseitige Anziehung, Erotik, lebendige Sexualität. Wäre schön, wenn die Partnerin nicht nur mich, sondern auch sich selbst und ihren Körper liebt.

Ich lebe in Neptuns Welt, daher möchte ich nur eine Beziehung mit einer HSP-Frau führen. Normale Frauen leben zu sehr an der Oberfläche, oder müssen ständig auftauchen, um Luft zu holen. Kann auch gut gehen, ist aber sehr anstrengend.

Mein Leben hat sich vollkommen gewandelt, seit ich Bewusstsein geschaffen habe für meine Hochsensibilität. Ich habe das Gefühl, dass sich die Sache mit meinem Liebeskummer doch noch ins Gute wandelt, weil ich meine Sehnsucht nach diesem bestimmten Frauentyp erkannt habe. Vielleicht ist es ja doch die richtige Frau – äußerlich weich, dann die harte Schale. Bisher drehte ich um und sagte mir: »So eine Frau mit solch einer harten Schale will ich nicht«. Statt geduldig zu sein, zu warten, bis sich die Schale öffnet und die Frau sich mir mit ihrem weichen Kern offenbart. Ich bemerke gerade, dass ich noch immer total verliebt bin. **《**

Zusammenfassung – Leopold:

Leopold leidet seit Wochen unter Liebeskummer, was ihm sehr an die Substanz geht. Er schwankt zwischen Hoffen und Bangen einerseits und andererseits wünscht er immer wieder, alles hinzuschmeißen, damit Körper und Psyche nicht noch weiter leiden. Leopold empfindet seinen Liebeskummer als sehr intensiv und glaubt, dass dieser aufgrund seiner Hochsensibilität besonders lange andauert. Ungefähr seit der Zeit als der Liebeskummer begann, weiß Leopold von seiner Hochsensibilität. Ihm ist nun bewusst, dass er völlig normal ist und sich nicht zu verstellen braucht. Da ihm Nicht-Hochsensible zu sehr an der Oberfläche leben, wünscht sich Leopold eine Partnerschaft mit einer hochsensiblen Frau.

Egon (47)

》 *Ich bin 47 Jahre alt, gelernter Diplom-Mathematiker und arbeite als Programmierer. Ich weiß seit ca. einer Woche, dass ich HSP bin. Meine Sensibilität liegt hauptsächlich in den Bereichen ›akustische Wahrnehmung‹, ›Wahrnehmung über die Haut‹ und ›Wahrnehmung fremder Emotionen‹.*

Ich wurde Zeit meines Lebens von Frauen ignoriert und hatte bisher erst eine so zu nennende Beziehung. Die hielt allerdings fast 14 Jahre. Ich lernte meine Ex-Frau mit 26 beim Zivildienst kennen. Wir lebten fast acht Jahre fest zusammen, bevor wir heirateten. Die Ehe hielt dann noch sechs Jahre. Ich könnte nicht mit Gewissheit sagen, ob sie eine HSP ist oder nicht. Zumindest ist auch sie sehr sensibel und hat eine empathische Begabung.

Die Hauptgründe für die Trennung waren die für mich unzureichende Tiefe des emotionalen Austausches (sie hatte bis zum Ende Probleme, sich mir gegenüber zu öffnen) und mein im Endstadium stark steigendes Rückzugsbedürfnis, das ich damals als ›Ich liebe sie nicht mehr‹ deutete. Es häuften sich einfach die Tage, an denen ich nicht mehr nach Hause gehen wollte, weil mir das, wie ich jetzt weiß, zu anstrengend war. Ich hatte allerdings in dieser Phase auch die ersten ernsthaften Probleme im Job und war deshalb nicht leicht zu ertragen, und vielleicht wollte ich meiner Frau dies auch ersparen, weil ich spürte, wie sie darunter litt, zumal ich ja nicht wusste, was mit mir ›nicht stimmt‹. Ich spürte nur immer stärker, dass dies so war.

Nach der Trennung hatte ich zwar öfters Kontakt zu Frauen, aber wie schon vor meiner Beziehung hatte ich stets das Gefühl, dass sie mich nicht als Mann wahrnahmen. Ich nahm oft die Rolle der ›besten Freundin‹ ein, das heißt, sie riefen mich an und weinten sich über ihre kaputten Beziehungen aus oder beklagten sich, dass es keine vernünftigen Männer gibt. Da ich mich meistens früher oder später in sie verliebte, war das meist sehr schmerzhaft. Und wenn ich es wagte, meine Gefühle zu offenbaren, brachen die Frauen regelmäßig den Kontakt ab. Der Standardspruch dabei war: »Weißt du, du bist ja sehr lieb, aber ...« Und jede Zurückweisung war eine neue Kerbe in meiner Psyche und machte es mir in der Folge noch schwerer, mich erneut zu öffnen, und das Risiko einer erneuten Verletzung einzugehen, zumal dies bei dieser ›Erfolgsquote‹ fast sicher schien.

Ich habe inzwischen auch eine Idee, woran es liegen könnte, dass ich immer wieder in diesen Mechanismus gerate. Ich nenne das meine ›Chamäleon-Eigenschaft‹. Wenn ich mit einer einzelnen Person zusammen bin, neige ich dazu, ihre Stimmung völlig zu übernehmen, das heißt, ich spiegele sie zu großen Teilen. Und dadurch wirke ich wie ein Neutrum, wie eine Person ohne eigene Identität, und es fehlt die Spannung, die aus den Unterschieden entsteht, und die eine Beziehung so reizvoll und eine fremde Person so interessant macht. Hinzu kommen meine starken weiblichen Anteile; ich bin wohl so ziemlich das Gegenteil eines Machos, und obwohl die Frauen, wenn man sie fragt, meist das Gegenteil behaupten, reagieren sie instinktiv halt schon wesentlich stärker auf diesen Männertyp bzw. sind hauptsächlich auf der Suche nach solchen Männern.

Marianne Skarics · Sensibilität und Partnerschaft

Nur noch einmal wurden meine Gefühle zumindest halbwegs erwidert. Mit einer Frau, die ich schon länger kannte, und mit der ich zusammen eine Ausbildung zum psychologischen und spirituellen Wegbegleiter gemacht hatte, funkte es plötzlich so stark, wie ich nicht mehr geglaubt hatte, das noch einmal erleben zu dürfen. Wir trafen uns in der Folge sehr häufig, aber die Beziehung war von vorne herein sehr problematisch, weil sie extrem angstgetrieben war und starke Bindungsängste hatte. (Bei ihr bin ich relativ sicher, dass sie ebenfalls eine HSP ist.) Ich versuchte, geduldig zu sein, und wir versuchten über ein paar Monate, eine Basis zu entwickeln, aber schließlich flüchtete sie, zum einen wohl, weil ich sie doch zu sehr bedrängte, aber zum anderen sehe ich auch hier meine ›Chamäleon-Eigenschaft‹ als Hauptgrund. Ich spiegelte ihr auch Teile von sich, die sie selbst verleugnete, und davor floh sie wohl letztlich. Mit ihr erlebte ich die schönsten, aber gleichzeitig auch die schmerzlichsten Momente meines Lebens.

Ich brauchte mehr als ein Jahr, um darüber hinwegzukommen, und seitdem bin ich Single. In den Jahren nach dieser ›Affäre‹ habe ich auch nicht mehr aktiv gesucht, zum einen, weil ich glaubte, eine solche Verletzung, wie sie durch dieses Scheitern entstanden ist, nicht noch einmal überstehen zu können, und zum anderen, weil ich verstärkt das Gefühl hatte, dass irgend etwas mit mir nicht in Ordnung ist, ohne aber genau zu wissen was, und dass ich insofern erst einmal versuchen sollte, mit mir selbst klar zu kommen, bevor ich daran denken könnte, mich wieder auf einen anderen Menschen einzulassen. Ich hielt mich in dieser Verfassung schlicht nicht für beziehungsfähig, zumal sich meine körperliche Verfassung ebenfalls stetig verschlechterte.

Ich habe mich in der Folge immer mehr aus dem sozialen Leben zurückgezogen und merkte, dass das einem Teil von mir sehr gut tat, litt aber gleichzeitig auch immer stärker unter dieser Einsamkeit und insbesondere darunter, keine Partnerin zu haben. Dies steigerte sich so sehr, dass ich irgendwann das Gefühl hatte, so nicht mehr weiter leben zu wollen und zu können.

Und dann stieß ich, wie gesagt, vor ca. einer Woche, durch einen ›Zufall‹ auf die Webseite www.zartbesaitet.net, wo ich quasi mein gesamtes bisheriges Leben nachlesen konnte! Meine Krankengeschichte, meine Probleme im sozialen Umfeld und im Job, meine Bezie-

hungsmuster. Und diese Erkenntnis empfand ich als so befreiend, dass ich das Gefühl habe, dass nun mein zweites (und zwar das eigentliche!) Leben anfangen kann! Und seitdem denke ich auch, dass es vielleicht doch eine Möglichkeit geben könnte, wieder eine Beziehung aufzunehmen, wobei ich aber glaube, dass meine Partnerin möglichst auch eine HSP sein sollte, da sonst die Zumutung durch meine Befindlichkeiten doch sehr belastend für die Beziehung wäre. Und mir ist ebenfalls bewusst, dass ich dabei eine Menge von Ängsten überwinden und eine Menge von Verletzungen berücksichtigen muss, das heißt, es wird nicht einfach werden. 〈〈

Zusammenfassung – Egon:

Egon hatte bisher eine langjährige Beziehung bzw. Ehe, in der er den emotionalen Austausch aber als zu gering empfunden hat. Als er Probleme im Job hatte und sich selbst aufgrund seines stark steigenden Rückzugsbedürfnisses als nicht leicht zu ertragen empfand, wollte er sich seiner Frau oft ganz einfach nicht zumuten.

In späteren Kontakten zu Frauen hatte Egon stets das Gefühl, dass er weniger als Mann, sondern eher als ›beste Freundin‹ wahrgenommen wurde. Etliche Zurückweisungen erschwerten es ihm immer mehr, sich zu öffnen.

Egon spricht von seiner »Chamäleon-Eigenschaft« – so bezeichnet er seine Neigung, die Stimmung anderer völlig zu übernehmen. Indem er andere Menschen spiegelt, wirkt er auf sie wie ein Neutrum, wie eine Person ohne eigene Identität, wodurch wiederum die aus den Unterschieden resultierende Spannung fehlt, die eine andere Person reizvoll und interessant macht.

Nur einmal wurden Egons Gefühle noch erwidert, allerdings von einer Frau mit starken Bindungsängsten, die aus der Beziehung flüchtete. Auch hier vermutet er seine »Chamäleon-Eigenschaft« als Hauptgrund, da er dieser Frau auch Teile spiegelte, die sie selbst verleugnete, wovor sie wohl letztlich geflohen ist.

Egon brauchte über ein Jahr, um darüber hinwegzukommen, ist seither Single und hat auch nicht mehr aktiv nach einer Partnerin gesucht. Er zog sich immer mehr aus dem sozialen Leben zurück, bis er durch

Zufall auf die Thematik der Hochsensibilität stieß, was er als unglaublich befreiend und als Start in sein eigentliches Leben empfand, und er denkt nun, dass auch eine neue Beziehung, am besten mit einer ebenfalls hochsensiblen Frau, möglich ist.

Fazit: »Beziehungsproblematiker«

Einige der Hochsensiblen, die sich immer wieder in unglücklichen Beziehungen befinden, haben das Gefühl, oft an »den Falschen« oder »die Falsche« geraten zu sein. Sie haben ihre Partner entweder nicht als ebenbürtiges Gegenüber wahrgenommen und fragen sich, ob dies vielleicht an zu hohen Ansprüchen liegen kann, andere gerieten an Partner, die sie schlecht behandelten oder waren häufig unglücklich verliebt oder bekamen gesagt, in sie könne man sich nicht verlieben. Ihre Hochsensibilität konnten die »Beziehungsproblematiker« unter den HSP in ihren Partnerschaften meist nicht positiv nutzen. Manche empfanden sie bisher sowohl als Fluch wie auch als Segen, auf jeden Fall aber intensivierte sie ihre Beziehungen.

Wenn Beziehungen scheitern, wenn sie verlassen werden oder ihre Liebe nicht erwidert wird, kann es sein, dass sie jahrelang leiden. Liebeskummer wird sowohl von HSP-Männern wie auch von HSP-Frauen als besonders intensiv beschrieben. Manche Hochsensible beschließen sogar, keine Partnerschaften mehr einzugehen, wenn ihre große Liebe nicht erwidert wird, da sie es als unfair gegenüber anderen Partnern empfänden, wenn sie sich auf etwas Halbherziges mit ihnen einließen. Andere wagen es nach etlichen Zurückweisungen kaum noch, sich erneut zu öffnen.

Manche Hochsensible befürchten, in einer neuen Partnerschaft zu viel Freiheit zu verlieren und sich zu sehr unterzuordnen. Sie haben die Erfahrung gemacht, dass sie von Expartnern übergangen wurden und dass diese über ihren Kopf hinweg Entscheidungen getroffen hatten, sodass sie sich als geduldetes Anhängsel, nicht aber als gleichberechtigt empfunden hatten. Es schien ihnen, dass ihre Expartner an ihren Empfindungen kein Interesse hatten, der emotionale Austausch war generell sehr gering und in Krisensituationen waren die jeweiligen Partner nicht zu Gesprächen bereit. Dennoch konnten einige der unglücklichen HSP auch nach Beziehungsschluss innerlich lange nicht loslassen.

Viele dieser HSP zweifeln deshalb zuweilen an sich. Sie fragen sich, ob sie vielleicht zu empfindlich und dünnhäutig sind oder haben das Gefühl, als ›seelischer Mülleimer‹ für andere herhalten zu müssen. Gerade männliche

HSP haben das Problem, aufgrund ihrer einfühlsamen, verständnisvollen Art häufig gar nicht als Mann, sondern als »beste Freundin« wahrgenommen zu werden.

Einigen ›Beziehungsproblematikern‹ fällt es schwer, sich trotz ihrer Fähigkeit, Wünsche und Bedürfnisse des Gegenübers aufgrund ihrer eigenen Hochsensibilität besser zu erkennen, so zu verhalten, dass sie ihre eigenen Wünsche ebenfalls erfüllt bekommen. Manche befürchten, dass Beziehungen nach der ersten Verliebtheit letztlich immer darauf hinauslaufen, dass man einander ständig kritisiert.

Andere wiederum fühlen sich als identitätslos wahrgenommen, da sie die Stimmung ihres Gegenübers so stark spiegeln bzw. übernehmen, dass sie nicht mehr als interessantes Gegenüber registriert werden, das man gerne näher kennenlernen möchte.

Komplizierte Beziehungsmuster:
»Ich gerate immer an den/die Falsche/n!«

»Der Charakter des menschlichen Wesens, zu dem wir uns hingezogen fühlen, zeigt unseren eigenen Charakter.«
Ortega y Gasset

Etliche Hochsensible finden sich immer wieder in komplizierten und verfahrenen Beziehungsmustern wieder. Die meisten von uns hatten schon einmal Pech in der Liebe. Wenn sich aber Pechsträhne an Pechsträhne zu reihen scheint, kann es durchaus sein, dass ein verborgenes Prinzip dahinter steckt. Solche möglichen verborgenen Strukturen möchte das folgende Kapitel entschlüsseln.

»Ich liebe dich, auch wenn du dieser Liebe nicht würdig bist«

»Die Helferrolle erlaubt es dir, dich überlegen zu fühlen, während du dich vor einem gleichwertigen Partner fürchtest.«[22]

»Ich liebe dich, auch wenn du dieser Liebe nicht würdig bist«. Nach diesem Motto sind etliche Beziehungen gestrickt, die meist in einen Kreislauf von Selbsterhöhung, falschen Hoffnungen und Resignation führen. Die ›überlegene‹ Rolle, in die man sich in solch einer Beziehungskonstellation begibt, überspielt das Gefühl, nicht gut genug, minderwertig oder nichts wert zu sein.

Menschen, die selbst von Klein an wenig Liebe erfahren haben, die ein solches Beziehungsmuster von Bezugspersonen vorgelebt bekamen oder deren Selbstwertgefühl gering ist, tendieren nicht selten zu Beziehungen zu Menschen, die ihrer Liebe nicht würdig zu sein scheinen, sei es, weil sie Gefühle nicht erwidern oder es zumindest nicht zeigen, sei es, weil sie nicht um die Beziehung bemüht sind oder sei es, weil sie immer nur nehmen, kaum je aber etwas geben.

---

22 *Spezzano, Chuck: Wenn es verletzt, ist es keine Liebe. Die Gesetzmäßigkeiten erfüllter Partnerschaft. Wilhelm Goldmann Verlag, München 2005, S. 357.*

Oft hat man die Hoffnung, wenn man sich nur genug anstrengt, ganz besonders liebevoll, zuvorkommend, aufmerksam, zärtlich und einfühlsam zu sein, wird der Partner bald ebenso sein. Ändert der Partner sein liebloses, abweisendes, mürrisches oder gleichgültiges Verhalten nicht, bemüht man sich noch mehr. Meist führt dies jedoch dazu, dass umso weniger vom Gegenüber zurückkommt, je mehr man selbst gibt.

Manche Menschen glauben auch, »über die Fähigkeit zu verfügen, den Geliebten retten und ihm ein neues Leben schenken zu können.«[23] Auch dieser Irrglaube ist kein Ausgangspunkt für eine gesunde Beziehung. Dazu auch Chuck Spezzano: »Wenn du berücksichtigst, wie schwer es doch ist, sich selbst zu ändern, dann ist es albern zu erwarten, dass du einen anderen Menschen ändern könntest.«[24]

Es gibt aber auch Menschen, die sich keine Änderung des Partners erwarten, mehr noch, die für ihre Liebe gar keine Gegenliebe erwarten. Dazu Jürg Willi: »Man wählt einen Partner, dem man die absolute Liebe schenken möchte, gerade weil er selbst sie nicht zu erwidern vermag. Das ist beispielsweise dann der Fall, wenn man beim anderen eine frühe tiefe Verletzung seiner Liebesfähigkeit aufspürt. Die Echtheit und Größe der Liebe wird darin gesehen, dass sie nicht von Gegenliebe abhängig ist. Die Liebenden fordern keine Gegenleistung für ihre Liebesdienste, sondern möchten den Geliebten verwöhnen, umsorgen und pflegen, ohne ein Entgelt dafür zu erwarten. Sie lieben scheinbar bedingungslos, ohne zu messen, zu wägen und zu rechnen.«25

Das führt dazu, dass sie sich regelrecht aufopfern: »Die Größe der Liebe wird darin offenbar, dass der Geliebte ihrer nicht würdig ist. Der Geliebte kann die liebende Person ausbeuten, undankbar sein, sie rücksichtslos abweisen, sie mit wiederholten Fremdbeziehungen verletzen – die absolute Liebe ist durch keine Gemeinheit des Geliebten zu erschüttern und entzieht sich jedem rationalen Verständnis. Manchen Menschen erscheint die liebende Person abhängig, hörig, ja sadomasochistisch

---

23 *Willi, Jürg: Die Sehnsucht nach der absoluten Liebe. In: Psychologie heute 2/2005, S. 32–36, hier S. 35f.*

24 *Spezzano, Chuck: Wenn es verletzt, ist es keine Liebe. Die Gesetzmäßigkeiten erfüllter Partnerschaft. Wilhelm Goldmann Verlag, München 2005, S. 129.*

25 *Willi, Jürg: Die Sehnsucht nach der absoluten Liebe. In: Psychologie heute 2/2005, S. 32–36, hier S. 35.*

gebunden. Oft hat sie ein schlechtes Selbstwertgefühl, wagt für sich selbst keine Liebe einzufordern und hat sich als Liebespartner nur an einen Menschen getraut, der in seinem Leben noch nie wirkliche Liebe erfahren hat. Sie glaubt, um Vertrauen in die Liebe gewinnen zu können, müsse der Geliebte austesten, wie viel die ihn liebende Person ertragen kann. Die Größe der Liebe wird bemessen am Leiden, das für sie aufgenommen wird.«[26]

Einige Hochsensible tendieren zu dieser Art von Beziehungen, in denen sie erst lange leiden und hoffen und letztlich auf der Strecke bleiben und sich das Scheitern der Beziehung eingestehen müssen.

Es mag hart klingen, aber wer sich angesprochen fühlt, weil er immer wieder in Beziehungen gerät, wo er gefühlsmäßig viel investiert ohne etwas zurückzubekommen, wer immer wieder schlecht, abweisend, lieblos, unsensibel oder gleichgültig behandelt wird, der sollte sich fragen, ob ihm nicht sein Unbewusstes suggeriert, dass er sich nur einem Partner gewachsen fühlt, der ihn so behandelt. Vielleicht schafft er es nur bei solch einem Partner, sich nicht minderwertig zu fühlen, sondern sich stark oder gebraucht zu fühlen oder sich authentisch zu geben? Vielleicht ist ihm eine solche Beziehungskonstellation aus seiner Kindheit bekannt, wo er ebenfalls um die Liebe der Eltern kämpfen musste, sie aber vielleicht nicht in dem Maß erhielt, wie es nötig gewesen wäre?

In diesen Fällen würde die therapeutische Bearbeitung der eigenen Vergangenheit und eigener eingelernter Verhaltensmuster wahrscheinlich helfen, dieses Beziehungsmuster aufzubrechen und durch erfreulichere Alternativen zu ersetzen.

Überkritische Haltung –»Mangelhafter« Partner als Spiegel einer eigenen Problematik

Die zweite Variante des Problems, immer an den Falschen zu geraten, ist so ziemlich das Gegenteil vom oben Beschriebenen. Hier ist es nicht so, dass man zu viel in eine Beziehung investiert und kaum etwas zurückbekommt, sondern vielmehr so, dass man immer wieder Partner hat, an

---

26 *Willi, Jürg: Die Sehnsucht nach der absoluten Liebe. In: Psychologie heute 2/2005,* S. 32–36, hier S. 35f.

denen man zu viel auszusetzen und zu kritisieren hat, ganz egal, wie sehr sich die Partner bemühen mögen.

Selbstverständlich kann nicht jede Verhaltensweise, nicht jede Denkweise und nicht jede Einstellung unseres Partners in unseren Augen vollkommen sein, und selbstverständlich gibt es Menschen, zu denen man charakterlich, weltanschaulich oder in anderen Aspekten nicht passt, aber wenn man – auch bei unterschiedlichen Partnern – auffallend viel entdeckt, das man immer wieder kritisiert, kann dahinter etwas anderes stecken als ein tatsächliches großes Manko des Partners, denn: Bei manchen Hochsensiblen sind die hohen Ansprüche, die sie typischerweise an Beziehungen stellen, zu hoch, sodass kaum ein Partner ihnen je dauerhaft genügen kann. Oft sind es moralisch-ethische Themen, bei denen die Ansprüche überzogen sind. Allzu schnell werden Partner für Denk- oder Handlungsweisen verurteilt, weil man sie als moralisch nicht einwandfrei klassifiziert.

Meist ist es so, dass wir anfangs, wenn die Verliebtheit noch neu und aufregend ist, den Partner idealisieren, nur Gutes in ihm sehen und seine negativen Seiten nicht erkennen oder nicht wahrhaben wollen. Er erscheint uns ideal, ja geradezu makellos. Nach einer Weile aber kommen die negativen Eigenschaften des Partners zum Vorschein, sie summieren sich, und der Partner wird vom Podest, auf das er gestellt worden war, nach und nach wieder heruntergeholt. Prinzipiell ist das eine normale Entwicklung, im Zuge derer der Übergang von Verliebtheit zu Liebe überhaupt erst möglich ist.

Es gibt jedoch Menschen, die sehen nach einer Weile dermaßen viele Mängel und Fehler am Partner, dass dieser tun und sagen kann, was er möchte, es wird immer als falsch oder ablehnenswert betrachtet. Überkritische Menschen decken also oft Mankos des Partners auf, die von anderen Menschen gar nicht als solche wahrgenommen werden.

Eigene Vorstellungen und die eigene Meinung, ja sogar den eigenen Geschmack als ›absolute Wahrheit‹ zu betrachten, ist ein häufiger Fehler, der zu starke Verallgemeinerungen und pauschale Verurteilungen anderer zur Folge hat. Dies ist keine gute Basis für Partnerschaften.

Die Wiederkehr des Verdrängten –»Imago«-Partner

Oft ist es so, dass die vermeintlichen Fehler des Partners eine eigene Problematik spiegeln und deshalb von einem selbst so stark registriert werden, denn: Viele Menschen sind auf der Suche nach einem Partner, der Summe all ihrer Vorstellungsbilder sein soll, die sie aufgrund ihrer eigenen Defizite entwickelt haben. Wenn man aber »im Grunde genommen sich selbst bzw. das eigene Ausgleichsbild sucht, kann man nicht fündig werden und bleibt einsam. Man sucht in der Außenwelt nach einem Trugbild.«[27]

Hermann Meyer spricht in diesem Zusammenhang von einem »Gesetz der Wiederkehr des Verdrängten«, das bei der Partneranziehung zum Tragen kommt. Dieses »Gesetz der Wiederkehr des Verdrängten« besagt, »dass eine Anlage, Fähigkeit oder Energie, die im eigenen Leben verdrängt, also nicht eingesetzt wird, unbewusst projiziert wird und über den Mechanismus der Partneranziehung quasi durch die Hintertür wieder hereinkommt. Die Anlage oder Energie zeigt sich dann jedoch nicht mehr im ursprünglichen physiologischen Zustand, sondern kehrt – da sie durch den Akt der Verdrängung pervertiert wird – in einer überzogenen Form wieder ... Man gleicht nach dem Gesetz der Wiederkehr des Verdrängten nicht dem Partner, hat nicht dasselbe pathologische Verhalten, sondern der Partner lebt das pervertiert aus, was einem selbst fehlt«.[28]

Der Partner spiegelt also das eigene Verdrängte. Mehr noch, er »zeigt mir also durch das, was er aus meiner Sicht übertrieben auslebt, welche Lern- und Entwicklungsprozesse ich zu absolvieren habe, welche Anlagen ich ausbilden müsste.«[29]

Harville Hendrix beschreibt in seinem Buch »Ohne Wenn und Aber – Vom Single zur Liebe des Lebens« das Phänomen, dass unsere »freie« Entscheidung für einen Partner meist ein Produkt unseres Unbewussten ist. Das Unbewusste hat zum Ziel, Kindheitswunden zu heilen, indem es Kindheitsdefizite – die auch in der liebevollsten Umgebung entstehen – ausgleicht.

---

27 *Meyer, Hermann: Jeder bekommt den Partner, den er verdient – ob er will oder nicht. Trigon Verlag, München 1997, S. 77.*
28 *ebda., S. 97.*
29 *ebda., S. 107.*

Dafür trägt es ein detailliertes Bild vom »richtigen Partner« in sich. Von einem »richtigen Partner« fühlen wir uns angezogen, nicht, weil er unsere bewussten Vorlieben wie blaue Augen oder eine gewisse Körpergröße hat, sondern weil er die »richtige Chemie« für uns hat. Das bedeutet, er weist sowohl die positiven als auch die negativen Eigenschaften unserer Eltern auf und passt somit in das Bild, das wir verinnerlicht haben und unbewusst suchen. Dieses Bild unserer ersten Bezugspersonen nennt Hendrix »Imago« (vom lateinischen Wort für »Bild«).

Das ›Imago‹ »wurde gebildet in dem Austausch zwischen unserem kindlichen Ich, das versuchte, seine Bedürfnisse befriedigt zu bekommen, und der Reaktion unserer Bezugspersonen auf diese Bedürfnisse ... Unbewusst wollen wir das bekommen, was wir in der Kindheit vermisst haben, und zwar von jemandem, der so ist wie diejenigen, die uns ursprünglich nicht gaben, was wir brauchten ... Leider ist die Chance sehr gering, dass es diesmal zu einem positiveren Ergebnis kommen wird. Mit ziemlicher Sicherheit haben wir uns jemanden ausgesucht, der ähnlich negative Eigenschaften besitzt wie unsere Eltern, die uns ursprünglich verletzt haben. Und wirklich berichten die meisten Menschen, die eine Reihe von Beziehungen hatten, dass sie trotz bester Absichten jedes Mal wieder auf die gleichen Probleme gestoßen waren.«[30]

»Wir werden die gleichen kindlichen Listen anwenden und am Ende ebenso frustriert sein. Die alten Kindheitsszenarien lassen die alten Wunden wieder aufbrechen, die wir mit unseren Abwehrstrategien zugepflastert hatten.«[31] Wenn nun aber »unsere kindlichen Reaktionen keine Wirkung hervorrufen, werden wir (da wir kein anderes Modell zur Lebensbewältigung haben als das, was unsere Eltern uns boten) unsere Partner so behandeln, wie unsere Eltern uns behandelt haben. Dadurch werden die Kindheitswunden des Partners wieder geöffnet. Er oder sie wird auf uns ebenso reagieren, wie sie oder er als Kind auf die eigenen Eltern reagiert hat.«[32] Dabei haben wir offenbar die Tendenz, uns Partner zu suchen, die sich diesen frühen Frustrationen mit dem entgegengesetzten Bewältigungsverhalten angepasst haben oder die völlig anders mit der Situation umgehen.

---

30 Hendrix, Harville: Ohne Wenn und Aber. Vom Single zur Liebe für's Leben. Renate Götz Verlag, Dörfles 2007, S. 35.
31 ebda. S. 72.
32 ebda., S. 72.

Um diesen Kreislauf zu durchbrechen, ist es nötig, unsere *wirklichen* unbewussten Bedürfnisse herauszufinden. Ein erster Schritt auf diesem Weg ist es, herauszufinden, wie unser »Imago« beschaffen ist. Hilfreich dafür ist, sich bewusst zu machen, welche positiven und negativen Eigenschaften unseren Expartnern *gemeinsam* waren.

Ein weiterer Schritt ist das Erkennen der eigenen Kindheitsdefizite und -verletzungen. Dies ist oft nicht einfach, denn solche Verletzungen entstehen nicht nur durch einschneidende traumatisierende Erlebnisse, sondern sie entstehen auch in liebevollen Elternhäusern – ungewollt, unbewusst und oft unerkannt.

Wenn man das Prinzip durchschaut, das hinter unserer Partnerwahl liegt, wenn einem bewusst wird, welche gegensätzlichen Bewältigungsstrategien wir selbst und unsere Partner anwenden, liegt darin eine große Chance. Denn: »Ebenso wie auf der Basis ihrer symmetrischen Verletzung in einer Entwicklungsphase fühlen Liebespartner sich auf der Basis komplementärer Anpassungen im Sozialisationsprozess zueinander hingezogen. Die Natur greift hier wieder in ihre alte Trickkiste. Mit verschlagener Weisheit verkuppelt sie Sie mit einem Partner, durch den Wachstum möglich wird.«[33] Dieses Wachstum ist nicht nur in den Bereichen möglich, die wir an unseren Partnern bewundern, weil es uns selbst daran mangelt, wie etwa selbstbewusstes Auftreten, Charme oder Verhandlungsgeschick, sondern es ist auch – und vor allem – möglich in den Bereichen, die wir an unseren Partnern kritisieren oder gar völlig ablehnen. Gerade in jenen Bereichen schlummern häufig Eigenschaften, die wir an uns selbst leugnen. Dazu Harville Hendrix: »Der Grad emotionaler Reaktion auf die Eigenschaft eines anderen ist der Grad, in dem diese Eigenschaft in Ihnen selbst existiert, negativ oder positiv.«[34] Denn: »Viele der sich wiederholenden, emotionalen Kritiken an unserem Partner sind verborgene Äußerungen über unsere eigenen unbefriedigten Kindheitsbedürfnisse.«[35]

---

33 *Hendrix, Harville: Ohne Wenn und Aber. Vom Single zur Liebe für's Leben. Renate Götz Verlag, Dörfles 2007, S. 173.*

34 *ebda., S. 177.*

35 *Hendrix, Harville: So viel Liebe wie du brauchst. Der Wegbegleiter für eine erfüllte Beziehung. Renate Götz Verlag, Dörfles 2007, S. 179.*

Unsere Partner sind also Spiegel in denen wir jene Seiten von uns selbst erkennen, die wir abgespalten haben. »Eine enge Bindung zwingt uns, das wiederzuerlangen, was wir bei uns selbst verleugnen. Die unerwünschten, verschleierten Eigenschaften können wir nicht unendlich geheim halten.«[36] Denn: Sie sind Anteile unseres fehlenden Ichs, die wir uns wieder aneignen und in unser Selbstbild aufnehmen müssen, um Ganzheit zu erlangen.

Ute (53) erzählt über diese Problematik: »Ich habe meinem Exmann Simon jahrelang vorgeworfen, dass er beim Autofahren zuweilen geschimpft und geflucht hat, wenn andere sich falsch oder rücksichtslos verhalten haben. Für mich war das damals ein großes Problem. Simon erschien mir in solchen Situationen als grob, unsensibel und derb, und noch Tage nach solchen Vorfällen fühlte ich mich regelrecht von ihm abgestoßen, wenn ich wieder an die Situation dachte, als ich neben meinem schimpfenden Mann im Auto saß. Nun, viele Jahre später, finde ich sein damaliges Verhalten zwar noch immer nicht gerade nachahmenswert, aber ich muss gestehen, dass mir klar wurde, dass meine damalige extreme Abneigung, ja eigentlich schon Abscheu vor seinem Verhalten darin begründet war, dass ich selbst Wut überhaupt nicht zeigen konnte. Ich konnte noch so wütend sein, raus lassen konnte und wollte ich es nicht. Oft ging es mir wegen Kleinigkeiten, über die ich mich ärgerte, tagelang schlecht, ich reagierte mit Kopf- und Bauchschmerzen, manchmal auch mit Traurigkeit, nie aber mit gezeigter Wut. Nach und nach habe ich gelernt, meine berechtigte Wut zu erkennen und auch zu zeigen, und es geht mir seither viel besser. Was früher ein tagelanges innerliches Brodeln und namenloses Unwohlsein war, erlebe ich nun als ein kurzes, reinigendes Gewitter, nach dem wieder die Sonne scheinen kann. Ich bin ganz sicher, dass es mit meiner eigenen Wut-Problematik zusammenhing, dass ich damals bei Simon so übersensibel auf seine Wut reagiert hatte.«

Ähnlich ging es auch der 20-jährigen Diana, die ihren Freund Marc am liebsten peinlich berührt stehen gelassen hätte, als dieser einen Mann zurechtwies, der sich an der Kasse eines Buchgeschäfts vor Diana gedrängt

---

36 *Hendrix, Harville: Ohne Wenn und Aber. Vom Single zur Liebe für's Leben.* Renate Götz Verlag, Dörfles 2007, S. 177.

hatte. Diana selbst hatte das Vordrängen gar nicht bemerkt, da sie in dem Buch stöberte, das sie kaufen wollte. Als ihr Freund plötzlich klar und deutlich sagte: ›Meine Freundin war aber vor Ihnen da und wird daher natürlich auch vor Ihnen bezahlen!‹ war Diana unangenehm berührt, da die Aufmerksamkeit plötzlich auf sie gelenkt wurde.

Was für ihren Freund eine liebevoll gemeinte Beschützergeste war, damit Diana nicht von einem Drängler übervorteilt wird, war für Diana erst einmal nur peinlich und ärgerlich. Später fand sie heraus, warum Marcs Verhalten für sie so unangenehm war. Es lag nicht daran, dass er sich etwa tatsächlich falsch verhalten hätte, denn dass ein sich absichtlich Vordrängender auf sein Fehlverhalten hingewiesen wird, fand sie eigentlich in Ordnung. Es lag daran, dass sie selbst stets scheu und unscheinbar auftrat, da sie aus Unsicherheit auf keinen Fall die Aufmerksamkeit anderer auf sich ziehen wollte. Das Unangenehme in dieser Situation war für sie daher in Wahrheit die plötzliche Aufmerksamkeit der Wartenden, die ihr und ihrem Freund nach dessen Hinweis an den Drängler in dieser Situation galt.

Dianas Freund hat also durch seine Worte lediglich Dianas eigenen »Makel« (ja nicht auffallen zu wollen) an die Oberfläche geholt. Wäre dies Diana nicht nach einer Weile bewusst geworden, wäre sie wütend auf ihren Partner gewesen, hätte sein Verhalten als falsch und peinlich betrachtet und ihm damit Unrecht getan. So aber hatte sie die Chance, ihrer eigenen Unsicherheit auf den Grund zu gehen und mit Marcs Hilfe an ihrer Selbstsicherheit zu arbeiten.

Bei beiden Frauen lebten also die Partner in abweichender Form etwas aus, das ihnen selbst fehlte. Bei Ute war es die Wut, die sie nicht zeigen konnte und die für sie daher bei ihrem Mann ein übergroßes Problem darstellte, während es bei Diana ihr Wunsch, unauffällig zu sein war, den ihr Partner durch sein Verhalten vor Augen führte. Letztlich haben Ute und Diana durch die Kritik, die sie an ihren Partnern geübt haben, gelernt, einen Teil ihres eigenen, verlorenen Ichs wiederzuentdecken. Dadurch war persönliches Wachstum möglich.

Wer sich also bewusst macht, dass hinter wiederholter Kritik am Verhalten oder den Einstellungen des Partners oft eigene verschüttete Persönlichkeitsanteile stecken, der hat die Chance auf Veränderung und auf Ganzwerdung. So ist gemeinsame Entwicklung in einer Partnerschaft möglich. Denn: Vorwürfe und Kritik an bestimmten Eigenschaften oder typischen Handlungsweisen des Partners enden nun nicht mehr in der Sackgasse der Frustration, sondern münden in Umdenkprozesse und können Weiterentwicklungen unserer Persönlichkeit in Gang bringen.

Aber auch Singles, die sich der Details ihres »Imago« bewusst werden und dadurch erfahren haben, worum es bei ihrer Selbstvervollkommnung geht, haben einen großen Vorteil. Denn sie wissen, woran sie arbeiten müssen und haben so die Möglichkeit, einige der abgespaltenen Ich-Anteile zurückzugewinnen, ohne sie erst in anderen Menschen zu suchen. Wenn sie sich dann verlieben, dann in einen Partner, der sich ebenfalls bereits weiter entwickelt hat.

Gefahr eines Teufelskreises und Lösungswege

Durchschaut man diesen Mechanismus aber nicht so klar, kann man ihn also nicht benennen, darüber sprechen und gemeinsam daran arbeiten, so entsteht für den Partner lediglich das Gefühl, unglaublich rigiden Vorstellungen gerecht werden zu müssen.

Einem Partner aber, der solchen Vorstellungen gerecht werden muss, kann es gar nicht gelingen, sein Gegenüber dauerhaft glücklich zu machen, da er zwangsläufig immer wieder gegen dessen Vorstellungsbild verstoßen wird. Mit der Zeit merkt er, dass er als Mensch mit all seinen Eigenheiten gar nicht gefragt ist, sondern dass er ein möglichst perfektes Ausgleichsbild für den anderen darstellen soll. Das kann nie funktionieren und führt zu Frustration auf beiden Seiten.

Jemand, der sein Leben lang am Bild eines Traumpartners festhält, gibt damit zu verstehen, dass er sich selbst nicht weiterentwickelt. Statt an sich selbst zu arbeiten, hoffen solche Menschen wieder und wieder auf einen Partner, der den dringenden Ausgleich endlich zustande bringt.

Jeder Partner, der das nicht schafft, also mit anderen Worten, *jeder Partner*, wird bemäkelt, gemaßregelt, kontrolliert oder bestraft. Irgendwann glaubt man und behauptet, ganz einfach kein Glück in der Liebe zu haben und deshalb von nun an alleine besser dran zu sein.

Wer dazu neigt, extrem hohe Ansprüche zu haben, sollte sich deshalb fragen, ob vielleicht ein Prinzip hinter der Kritik, die er am Partner äußert, steckt.

Ein solches Prinzip kann dann gegeben sein, wenn:

- die Kritik immer wieder um dasselbe Thema kreist
- dies womöglich bereits bei mehreren Partnern der Fall war
- man beim kritisierten Thema prinzipiell gar nicht so völlig unterschiedlicher Ansicht ist, es aber trotzdem immer wieder zum Thema macht
- man Verhaltensweisen beim Partner kritisiert mit denen man selbst Probleme hat – etwa, weil man sie verleugnet, unterdrückt oder völlig ablehnt.

Hat man ein solches Prinzip entdeckt,
ist die Erkenntnis des Folgenden wichtig:

- Was einen am Partner stört, hat fast immer auch etwas mit einem selbst zu tun, das heißt, das Abgelehnte schlummert verborgen im eigenen Inneren, wo es Unbehagen oder Angst verursacht.
- Macht man sich das bewusst und erkennt man, inwiefern das beim Partner Abgelehnte in einem selbst schlummert, nimmt das dem Konflikt viel von seiner Brisanz.
- Oft kommt eine positive Veränderung genau dann zustande, wenn jeder sich dem eigenen Inneren zuwendet und den eigenen Schatten in sich aufspürt und ihn erkundet.

Aus diesem Grund ist es nötig, sich die eigenen verdrängten Anlagen, die der andere für einen auslebt, zurückzuholen. Nur so kann ein Ausgleich des eigenen Persönlichkeitssystems stattfinden. Und nur so kann man erreichen, dass die Überkompensation durch den Partner nicht mehr stört bzw. in einigen Fällen sogar endet.[37]

---

37 *Vgl. dazu auch: Meyer, Hermann: Jeder bekommt den Partner, den er verdient – ob er will oder nicht. Trigon Verlag, München 1997, S. 100.*

Andere Gründe für die wiederholte Wahl
eines »mangelhaften« Partners

- Vielleicht würden sie sich, um dem »perfekten Partner« auch gerecht werden zu können, selbst verleugnen?
- Vielleicht wäre es einfach zu viel für ihren extremen Perfektionismus, sich jemandem gegenüber zu sehen, den man für so makellos erachtet, dass man sich selbst ihm gegenüber noch viel mehr anstrengen müsste als man es ohnehin stets tut?
- Vielleicht würden sie sich bald so klein und wertlos fühlen, dass sie einfach einen Partner brauchen, den sie kritisieren und bemäkeln können, um überhaupt eine Beziehung haben zu können?
- Vielleicht ist ein Hauptgrund für die Wahl eines Partners mit vermeintlichem Makel ja das eigene geringe Selbstbewusstsein?

Wer sich nun angesprochen fühlt, sollte sich fragen, ob er vielleicht selbst einen vermeintlichen Mangel hat, dessen aktive Bearbeitung er durch seine Partnerwahl umgeht.

Wer aber auch bei gründlicher und ehrlicher Suche kein solches Prinzip entdeckt, kann in Ruhe versuchen, die Frage zu beantworten, ob er selbst denn den eigenen hohen Ansprüchen tatsächlich immer und zu jeder Zeit gerecht werden kann – und wenn ja, um welchen Preis. Denn: Auch wenn man es gerne möchte, kann man dies in der Regel nicht. Und wenn doch, ist der Preis, den man dafür zahlt, meist sehr hoch – wie beispielsweise psychosomatische Beschwerden.

Auch sollte man sich immer vor Augen halten, dass kein Mensch jemals so sein wird wie man selbst, sowie dass kein Mensch perfekt ist. Und das ist gut so, denn nicht Vollkommenheit ist entscheidend für eine Beziehung, sondern das ehrliche Miteinander, aufrichtige Kommunikation und das offene Eingeständnis von Mängeln und Fehlern.

Weiters gibt es Gründe für Denk- und Handlungsweisen, die man vielleicht noch nicht kennt oder noch nicht völlig durchschaut. Statt vorschnell zu verurteilen und sich damit neuer Erkenntnisse über den Partner und neuer Einsichten über andere Menschen zu berauben, bringen klärende Gespräche oft Erstaunliches ans Licht.

Vorbelastete Beziehungen

Einige Menschen finden sich immer wieder in Beziehungen wieder, deren Dynamik gestört zu sein scheint. Wenn man sich fragt, warum scheinbar alle anderen glückliche Beziehungen führen, während es bei einem selbst nicht und nicht klappen will, liegt der Schlüssel dazu oft in der persönlichen Vergangenheit.

- Möglicherweise hat man mit einer früheren Partnerschaft innerlich noch nicht abgeschlossen, sodass jede aktuelle Beziehung mit einer vergangenen »konkurrieren« muss.

- Möglich ist auch, dass man Partnerschaften durch frühere Beziehungsschulden und -forderungen belastet, wodurch sie sich nicht gesund entwickeln können.

- Vielleicht hängt man auch einem irrealen Bild eines Traumpartners nach.

- Vielleicht ist die Abgrenzung vom Elternhaus noch nicht gut genug geglückt, als dass man ein wirklich eigenes Leben mit eigener Partnerschaft führen kann.

Dies sind nur einige der möglichen Ursachen dafür, warum jede neue Liebesbeziehung vorbelastet sein kann und warum man immer wieder (oft unnötigerweise) das Gefühl haben kann, erneut an »den Falschen« oder »die Falsche« geraten zu sein. Um den Weg zu ebnen für zukünftige, unbelastete Beziehungen, ist es daher nötig, sich diesen Ursachen zu stellen und an ihnen zu arbeiten.

Sich den Wünschen anderer fügen – das eigene Ich hintanstellen

»Die größte Kunst liegt darin, du selbst zu sein.«[38]

Das Erfühlen eigener Bedürfnisse verlernen

Nicht alle, aber viele hochsensible Menschen sind sehr empathisch.[39] Empathie ist eine Gabe, die es ermöglicht, einen guten Zugang zur Psyche anderer Menschen zu haben. Empathie kann aber auch soweit gehen, dass Gefühle anderer übernommen werden. Bei besonders empathischen Menschen, die sich sehr stark in andere einfühlen, besteht deshalb die Gefahr, eigene Wünsche und Gefühle so stark in den Hintergrund zu stellen, dass sie diese irgendwann gar nicht mehr wahrnehmen.

Die Psychoanalytikerin Alice Miller befasste sich eingehend mit dieser Problematik. In den 1970er Jahren veröffentlichte sie das Buch »Das Drama des begabten Kindes«, in dem sie beschreibt, wie manche Menschen nach und nach eigene Wünsche und Impulse verdrängen und einen falschen Altruismus leben.

Laut Miller sind dafür »begabte«, damit meint sie feinfühlige und intelligente Kinder, besonders empfänglich, denn diese Kinder bemühen sich sehr, den Ansprüchen und Hoffnungen ihrer Eltern gerecht zu werden. Das geht soweit, dass diese Kinder die Erwartungshaltungen ihrer Eltern erspüren und erfüllen, ohne dass diese sie artikulieren müssen. Die Gefühle, Ängste und Hoffnungen der Eltern werden also besonders deutlich wahrgenommen, was schließlich dazu führt, dass sich die Kinder um die Sicherheit und die emotionalen Bedürfnisse der Eltern kümmern. Wer als Kind bereits so handelt, nimmt im Erwachsenenalter eigene Gefühle und Wünsche oft überhaupt nicht mehr wahr oder zumindest nicht wichtig.

---

38 *Spezzano, Chuck: Wenn es verletzt, ist es keine Liebe. Die Gesetzmäßigkeiten erfüllter Partnerschaft. Wilhelm Goldmann Verlag, München 2005, S. 306.*

39 *Wobei an dieser Stelle betont werden muss, dass Empathie und Hochsensibilität selbstverständlich keineswegs dasselbe sind. Erstens sind nicht alle Hochsensiblen besonders empathisch, und zweitens kann es auch bei den Empathen unter den HSP, vor allem in Momenten der Überstimulation, durchaus vorkommen, dass sie wenig empathisch wirken, da sie dann ihre ganze Energie dafür aufwenden (müssen), sich selbst zu schützen.*

Viele Hochsensible sind aufgrund ihrer Fähigkeit, feinste Stimmungsnuancen wahrzunehmen, leider auch dazu prädestiniert, schon als kleine Kinder schnell Schuldgefühle zu entwickeln, sobald sie den unausgesprochenen und lediglich energetisch wahrnehmbaren Erwartungen der Eltern nicht nachkommen. Häufig gesellen sich zu diesen Schuldgefühlen auch noch Gefühle der Scham.

»So bröckelt immer mehr von unserem lebendigen Wesen ab und verschwindet eingefroren im Unbewussten. Dieser starre Klumpen unausgedrückter Lebenskraft setzt sich dann mit der Zeit im Körper fest, schließt sich innerhalb des Systems auf zellulärer Ebene ein und verhärtet sich zu einer Energieblockade im Körper.«[40]

Ein Grundgefühl von seelischer Verlassenheit stellt sich ein, gekoppelt mit dem Wunsch, es den Eltern – und später dem Partner – recht zu machen, damit man sich nicht schuldig fühlt und es dem Gegenüber gut geht. Die eigenen Wünsche und Bedürfnisse bleiben dabei auf der Strecke und werden irgendwann sogar ganz vergessen. Doch: »Unsere frühe Selbstrettung durch inneren Ausstieg hat allerdings oft traurige Spätfolgen: Wenn wir uns dann als Erwachsene in unseren Beziehungen nach Lebendigkeit, Nähe und Gefühl sehnen, können wir vieles nur noch dumpf, wie durch einen Nebel erleben.«[41]

Dieses »nebelige« Gefühl dämpft die innere Lebendigkeit, sodass man sich fühlt, als wäre man gar nicht vollkommen am Leben, als würde man alles nur mehr wie durch einen Schleier wahrnehmen. Da eigene Wünsche und Bedürfnisse kaum gespürt werden, findet man einen Ersatz darin, die Wünsche des Partners zu erfüllen.

Das »Lebensscript« anderer leben

Hochsensible Menschen haben nicht selten das Problem, dass die wichtigsten Bezugspersonen, die sie in ihrer Kindheit hatten (meist ihre Eltern), ein »Lebensscript« für sie entworfen haben, eine Art »Drehbuch«, wie das Leben des Kindes einmal aussehen soll. So gibt es etwa Vorstellungen wie »Meine Tochter wird einmal unsere Bäckerei übernehmen«, »Mein Sohn

---

40 *Zurhorst, Eva-Maria und Wolfram: Liebe dich selbst und freu dich auf die nächste Krise, München 2007, S. 239.*
41 *ebda., S. 239.*

wird bestimmt einmal Arzt«, »Meine Tochter soll reich heiraten« oder »Mein Kind wird sicher nicht Künstler, denn das ist kein ordentlicher Beruf«. Solche fixen Vorstellungen haben zahlreiche Eltern für ihre Kinder, und viele Kinder haben später ihre Mühe damit. Die besondere Gefahr für Hochsensible ist jedoch, dass sie die Erwartungen ihrer Eltern deutlich erspüren. Ferner haben sie häufig ein sehr ausgeprägtes Harmoniebedürfnis, d. h. der Wunsch, es den Eltern recht zu machen, ist besonders groß.

Viele hochsensible Menschen sind daher in Gefahr, ein Leben zu leben, das andere ihnen angedacht haben – sei es beruflich, sei es privat. Diese HSP sind oft von Schuldgefühlen geplagt, wann immer sie Handlungen setzen, die zwar ihrem Wesen entsprechen, nicht jedoch den in sie gesetzten Erwartungen.

So kann es durchaus sein, dass eine junge HSP-Frau sich unglaublich illoyal vorkommt, wenn sie mit einem finanziell schlecht situierten Mann ausgeht, an dem ihr viel liegt, da ihr die Botschaft »Heirate dich reich« mitgegeben wurde. Oder: Ein Hochsensibler würde gerne mit einer quirligen, unkonventionellen Frau ausgehen, die er vor kurzem kennengelernt hat, wagt es jedoch kaum, da seine Eltern ihm eine vornehme, zurückhaltende Partnerin angedacht haben und Frauen, die ihm zusagten, stets als »verrückte Hühner« abgetan haben. Für viele HSP ist es ein schwieriger, mit vielen Schuldgefühlen gepflasterter Weg, sich aus solchen elterlichen Umklammerungen zu befreien und ein selbstbestimmtes Leben zu leben.

Narzisstische Eltern

Sehr belastend für das spätere Beziehungsleben können narzisstische Eltern sein, die das Wesen ihrer Kinder nicht erkennen, sondern dauernd Ratschläge geben und Kritik aussprechen und auf diese Weise das Leben ihrer Kinder auf missbrauchende Weise formen wollen. Solche Eltern versuchen auf dem Umweg über ihre Kinder auf ungesunde Weise eigene Wunden zu schließen und eigene Defizite auszugleichen. Gerade hochsensible Kinder reagieren auf solche Brachialmethoden meist mit totalem Rückzug nach innen. Sie sind in ihrem natürlichen Wesen für andere dann kaum noch erkennbar.

Dazu auch Charlotte Kasl: »Aufdringliche oder narzisstische Eltern übermitteln ihren Kindern die unterschwellige Botschaft, dass die Herausbildung einer eigenen Identität ein Verbrechen ist, das mit Verlassen bestraft wird. Mit anderen Worten, die Eltern verankern die Botschaft: ›Du tust mir weh, wenn du anderer Meinung bist als ich, du tust mir weh, wenn du jemand anderen liebst oder nicht bist, wie ich es gern hätte.‹ Das bringt die Kinder in eine Zwickmühle zwischen ihrem natürlichen Verlangen nach einem authentischen Selbst und ihrem Wunsch, die Bestätigung ihrer Eltern zu erhalten. Falsche Überzeugungen werden eingepflanzt: ›Ich bin verantwortlich für das Glück aller anderen‹, ›Die Wahrheit verletzt die Menschen‹, ›Du wirst mir weh tun‹, ›Ich selbst zu sein ist falsch‹. Das macht sowohl den spirituellen Weg als auch die Aufnahme von Beziehungen sehr schwer, denn wir haben dadurch ungeheure Angst, authentisch zu sein, einen Konflikt zu erzeugen oder auch nur eine eigene Meinung zu vertreten. Solange wir uns nicht emotional von einem aufdringlichen oder kontrollierenden Elternteil trennen und die begleitenden Schuldgefühle loslassen – die in Wirklichkeit nur eine Schutzhülle für unsere Wut und unseren Zorn sind – erleben wir höchstwahrscheinlich nur entfremdete oder chaotische Beziehungen, schwankend zwischen Anziehung und Zurückweisung.«[42]

Das eigene Ich wieder erspüren lernen

Seien es unausgesprochene Erwartungen, die man erspürt und denen man nachkommt, sei es ein von anderen entworfenes »Lebensscript«, in das man sich zwängen lässt, oder seien es narzisstische Eltern, die mit Brachialmethoden ihren Kindern die Ausbildung einer eigenen Identität verwehren, das Ergebnis ist oft dasselbe: Die eigene Persönlichkeit wird hintangestellt, die eigenen Wünsche und Ziele werden vergessen und andere Menschen werden für wichtiger gehalten.

Dies ist oft gekoppelt an ein im Inneren pulsierendes, »diffuses Grundgefühl von: ›So, wie ich bin, reiche ich nicht aus.‹ Deshalb wollen wir immer einen ›Eindruck‹ bei anderen hinterlassen. Wir fühlen nicht etwa in uns selbst hinein, wie es uns geht, und drücken dies aus. Wir machen uns ein Bild davon, wie wir sein sollten, und versuchen den lieben langen Tag diesem Bild zu entsprechen und es anderen zu vermitteln.«[43]

---

42 Kasl, Charlotte. Zen oder die Kunst, sich zu verlieben. Ein spiritueller Leitfaden. Econ, München 2000, S. 49.

43 Zurhorst, Eva-Maria und Wolfram: Liebe dich selbst und freu dich auf die nächste Krise. Goldmann, München 2007, S. 118.

Harville Hendrix spricht in diesem Zusammenhang vom »unsichtbaren Kind«, das im Erwachsenenalter nicht weiß, wer es ist oder was es will. Ein solcher Erwachsener nimmt »die Färbung von allem und jedem an, je nachdem, womit er gerade konfrontiert ist. Er empfindet die Gefühle anderer, ist mitgerissen von ihren Meinungen, ist unsicher, was er selbst fühlt oder denkt und voller Angst, ein Ich zu sein. Da er sich selbst nicht kennt, überprüft er beständig die Gesichter anderer nach Hinweisen darauf, wie er sein sollte. Er kann sich immer nur in Abhängigkeit von anderen definieren.«[44]

Auf diese Weise kann man dem anderen aber kein ebenbürtiger Partner sein. Man wirkt auf ihn kontur- und meinungslos, im schlimmsten Fall nach einer Weile sogar vollkommen farblos und uninteressant.

Ganz wichtig ist es daher, dass jene, die das betrifft, »Schritt für Schritt alles in ihrem Leben nach Ihrem Herz und ihrer Seele ausrichten, nicht Ihr Herz und Ihr Wesen opfern, um allen äußeren Ansprüchen gerecht zu werden.«[45] Und auch Chuck Spezzano betont: »Deine Gefühle wirklich zu fühlen, das ist die wichtigste, die grundlegende Form des Heilens.«[46]

Das zu erreichen ist für viele Menschen eine schwierige, herausfordernde Aufgabe, deren Bewältigung sich aber lohnt. Nach und nach die eigenen Wünsche erfühlen zu lernen, in sich hineinzuhorchen, ob man etwas wirklich möchte oder ob man bloß spürt, dass das Gegenüber es möchte und sich daher dessen Gefühlen anschließt, ist nicht einfach. Doch man kann bei Kleinigkeiten beginnen und sich nach und nach zu bedeutenderen Themen vorwagen:

- Möchte ich tatsächlich diesen Film sehen?
- Möchte ich wirklich dieses Gericht kochen?
- Habe ich tatsächlich Lust auf das geplante Treffen mit Freunden?
- Möchte ich den Wochenendausflug wirklich mitmachen?

---

44 Hendrix, Harville: Ohne Wenn und Aber. Vom Single zur Liebe für's Leben. Renate Götz Verlag, Dörfles 2007, S. 101.

45 Zurhorst, Eva-Maria und Wolfram: Liebe dich selbst und freu dich auf die nächste Krise. Goldmann, München 2007, S. 128.

46 Spezzano, Chuck: Wenn es verletzt, ist es keine Liebe. Die Gesetzmäßigkeiten erfüllter Partnerschaft. Wilhelm Goldmann Verlag, München 2005, S. 86.

Wer es bei solchen und ähnlichen kleineren Alltagsentscheidungen schafft, wieder seine wirklich eigenen Bedürfnisse zu erspüren, der kann langsam dazu übergehen, größere Themen zu bearbeiten, bis er selbst auf fundamentale Fragen wie »Habe ich die Partnerschaft, die *ich* möchte? Habe ich den Beruf, den *ich* möchte? Führe ich das Leben, das *ich* möchte?« eine Antwort findet, die tatsächlich die eigene ist.

Wie Liebe gelingen kann

»Liebe ist stets der Anfang des Wissens,
so wie Feuer der Anfang des Lichts ist.«
Thomas Carlyle

»Jede Beziehung spiegelt dir, wie du mit dir selbst umgehst.«[47]

Eine gelungene Liebe, die unterschiedlichste Hindernisse überwunden hat
und bereits mehrere Jahrzehnte lang andauert, ist die der beiden Hochsensiblen Rosi und Hans:

Rosi (72) und Hans (87)

>> *Mein Mann Hans ist 1922 geboren und ich 1937. Ich bin seine dritte
Frau, er ist mein zweiter Mann. Wir haben uns im Büro kennen- und
wie man so leichthin sagt, lieben gelernt. Ich wurde, ungefähr drei
Monate nach der Hochzeit mit meinem ersten Mann in sein Zimmer
gesetzt, da war ich gerade 19 Jahre alt.*

*Ich hätte gerne studiert, aber damals war mir das nicht mög-
lich, also musste ich das machen, was ich nie wollte – einen Kurs in
Steno und Maschineschreiben – und dann ging ich ins Büro. Das war,
glaube ich, Schicksal, denn dort habe ich meinen jetzigen Mann kennen gelernt. Er hat mir später einmal erzählt, dass er mich bei meiner
Aufnahme gesehen hat und dass er sich gedacht hat, »Warum kann
ich nicht so eine haben?«. Da war er bereits mit seiner zweiten Frau
mehr als ein Jahr verheiratet.*

*Seine erste Ehe hatte nur ein Jahr gedauert. Seine erste Frau war
psychisch krank. Sie sind im Guten auseinander gegangen. Die Scheidung ist von ihr gewollt worden, und er nahm die Schuld auf sich,
damit kein Makel an ihr hängen bleibe. Damals wurde, wenn es ging,*

---

47 Spezzano, Chuck: Wenn es verletzt, ist es keine Liebe. Die Gesetzmäßigkeiten erfüllter Partnerschaft. Wilhelm Goldmann Verlag, München 2005, S. 233.

wenn möglich keine Frau schuldig geschieden. Die zweite Ehe war, wie er sagte, mehr aus Vernunftgründen geschlossen.

Ich war von Anfang an auf der Hut vor ihm. Er war ein sehr gut aussehender Mann mit ganz grauen Haaren – und das mit 35. War die lange russische Gefangenschaft schuld, er ist erst 1949 von dort entlassen worden, oder waren es die Gene? Er war sehr beliebt bei allen Kolleginnen und scherzte mit allen, was ich mir aber nicht gefallen ließ. Er hat mich von Anfang an geduzt und zwar mit dem Kosenamen meiner Mama, »Peter«, den er durch Zufall erfahren hatte. Obwohl ich mich gegen ihn gewehrt habe, inzwischen ist dann schon im Januar 1959 meine Tochter geboren gewesen, habe ich des Nachts von ihm geträumt, habe das aber niemanden erzählt.

In meiner Schwangerschaft hatte ich anfänglich große Beschwerden, musste aber sehr weit und umständlich mit Bus und Bahn ins Büro fahren. Mein erster Mann hatte zwar ein kleines Auto, doch entweder hatte er mich vergessen nach dem Büro abzuholen oder hatte etwas anderes vor. Da ist mein damaliger Kollege manchmal bei mir vor dem Tor gestanden und hat mit mir gewartet, und dann ist er mit mir den weiten Weg gefahren. Ich bin damals sehr oft in Ohnmacht gefallen, worauf niemand sonst im Büro und auch nicht mein damaliger Mann Rücksicht genommen hat, nur er, von dem meine Mutter einmal gesagt hat: »Na schau da hast du ja deinen Grauli!« Am liebsten wäre ich im Erdboden verschwunden, denn er war dabei, als sie das sagte – und der Grauli war mein Lieblingsspielzeug als kleines Kind gewesen, ein kleiner grauer Esel, den ich heiß geliebt hatte und den meine Mama verbrannt hatte, nachdem er total abgelutscht gewesen war.

1960 begannen die Dienstprüfungen im Büro, ich wollte sie eigentlich nicht machen, weil ich gar keine Zeit dazu hatte. Meine Tochter hatte ich mit acht Wochen zu meiner Großmutter geben müssen.

Hans, so heißt mein Mann, überredete mich doch mit ihm und den anderen Kollegen, die sich täglich nach dem Büro zusammensetzten, zu lernen. Wir hatten täglich bereits um sieben Uhr früh Kurs, ich konnte mich oft nur mit Mühe wach halten. Auch war das nächtliche Liebesleben mit meinem Ehemann sehr anstrengend, ich glaube, er merkte wie ich mich allmählich von ihm entfernte. Er warf mir vor, dass ich nicht einmal küssen könnte und sagte wirklich eines Tages zu mir, dass ich mich doch mit Hans ins Bett legen sollte, damit ich endlich was lerne, und der sei ohnehin verrückt nach mir. Das hat mich sehr beschämt, denn ich hatte mir nie anmerken lassen, dass ich mich zu ihm hingezogen fühlte.

Meine Ehe war zu Ende, nachdem mein Ehemann mich eines Nachts gefesselt und vergewaltigt hatte. Ich holte am nächsten Tag nur meine wenigen persönlichen Sachen und bald darauf wurde ich geschieden. In dieser Zeit lernte Hans wieder mit mir für meine Prüfung. Ich bestand sie mit Auszeichnung.

Nach meiner Scheidung wehrte ich mich nicht mehr gegen seine Anziehungskraft, denn ich war frei. Und auch seine Ehe stimmte nicht mehr. Als dann seine Frau für Monate nach Deutschland gefahren war, verbrachten wir jede Minute miteinander. Ich immer mit der Überzeugung, dass ich Schluss mache, wenn seine Frau wieder kommt. Doch eines Abends sagte er zu mir: »Ich kann mir ein Leben ohne dich nicht mehr vorstellen«, (ich habe mir das eigentlich immer schon gedacht, nur dass er es noch nicht weiß), »und ich lasse mich scheiden«. Wir durften uns aber nicht sehen, bis das alles durchgestanden war. Da habe ich angefangen in einem Buch, das mir meine Mama gegeben hat, alles niederzuschreiben, was mir auf der Seele gelegen ist und mich bedrückt hat.

Obwohl es anfangs nicht so ausgesehen hat, dass wir je gegen alle Schwierigkeiten zusammen kommen, habe ich nie daran gezweifelt. Mein Mann ist oft recht verzweifelt gewesen, der Scheidungskrieg war schrecklich. Er musste ihr alles lassen, sogar die Wohnung, in die sie nie einziehen wollte, weil sie im Haus bei ihrer Mutter bleiben wollte. Hohe Alimente musste er auch zahlen, er zahlt sie bis heute noch. Anfangs mehr als ich verdient habe. Aber wir haben es nie bereut, obwohl wir auch schwere Zeiten erlebten.

Seit also mehr als 47 Jahre leben wir zusammen, seit 1961 sind wir verheiratet, und wir haben auch einen gemeinsamen Sohn, der 1967 geboren ist. Seine Tochter ist auch nach einiger Zeit sehr oft zu uns gekommen und wir beide haben ein gutes Verhältnis miteinander, obwohl sie sehr gegen mich von ihrer Mutter aufgehetzt wurde. Doch ich habe immer gesagt: »Sie hat sein Geld, was sie wollte, dafür habe ich ihn.« Und ich bereue noch immer nichts, obwohl mein Mann jetzt zum Pflegefall geworden ist. Oft denke ich etwas und er spricht es im selben Moment aus, das beweist unsere Verbundenheit. Wir sind eine Symbiose, wie meine Tochter sagt. 〈〈

Mein kleiner Esel

Ich ging durch die Gassen der Kindheit,
und ihr Zauber hüllte mich ein ...
Wie war es schön ein Kind noch zu sein.

Ich ging durch die Gassen der Kindheit,
und ich dachte an damals zurück ...
Ein kleiner grauer Esel,
der war mein höchstes Glück.

Ich spür ihn noch heut in den Händen,
den Esel grau, abgelutscht und ganz weich,
sie hat ihn in den Ofen geworfen,
zerstörte mein Zauberreich.

Sie brachte mir einen anderen Esel,
den habe ich nicht mehr geliebt,
weil ich dachte, dass es für den Zauberesel
keinen Ersatz jemals gibt.

Viel später hab ich den Esel gefunden,
der die Stelle des Kleinen einnahm,
er hatte die Farben des Esels
und ist heute noch immer mein Mann.

Längst ist mein grauer Esel weiß,
gebeugt ist schon sein Rücken,
das ist der langen Jahre Preis,
wo's Sorgen gab und auch Entzücken.

Marianne Skarics · Sensibilität und Partnerschaft

Er ist auch längst kein Grautier mehr,
ist niemals bockig oder stur,
er ist ein weises Pferd nunmehr,
ein Schimmel der Natur.

Obwohl das Alter Weisheit bringt,
dem Apfelschimmel weißes Fell,
des Esels Ton im Herz noch klingt,
voll wilder Lieb ganz hell.

25.4.2005 Rosi Heissig

Reden, reden, reden

»Die Menschen reden viel zu sehr übereinander,
sie sollen besser miteinander reden.«

Chinesisches Sprichwort

Kommunikation ist alles

Im ersten Verliebtheitsrausch der Gefühle scheinen Partnerschaften wie
von selbst zu gelingen; doch um längerfristig glücklich zusammen zu bleiben, bedarf es einiger Arbeit und einiger Regeln, mit deren Hilfe auch größere Beziehungshürden leichter genommen werden können. Die vielleicht
grundlegendste dieser Regeln lautet: Offenheit und Ehrlichkeit sind zwei
Grundpfeiler einer funktionierenden Paarbeziehung. Kommunikationsfähigkeit bedeutet Offenheit und Ehrlichkeit.

Zu einem guten Paargespräch gehört es
- den anderen ausreden zu lassen und ihm nicht ins Wort zu fallen
- wirklich zuzuhören und nicht gedanklich schon bei dem zu sein, was
  man selbst sagen möchte
- nicht vorschnelle Be- oder gar Verurteilungen abzugeben
- ehrlich zu sein, aber respektvoll zu bleiben
- offen zu sein, wichtige Themen nicht zu vermeiden
- Themen weder künstlich aufzubauschen noch zu verharmlosen
- nichts zu sagen, zu dem man hinterher nicht mehr stehen kann und,
  was sehr wichtig ist:
- die eigenen Gefühle zu erklären (z. B. »mich macht es traurig, dass,...,
  weil...«) und
- bei Problemen aus der »Ich-Sicht« erzählen. (Was macht *mich* traurig? Was empfinde *ich*? Was würde *ich* gerne ändern?) Die »Du-Sicht«
  führt schnell zu Schuldzuweisungen und dazu, dass der Partner sich
  angegriffen und in die Defensive gedrängt fühlt. Der Kommunika-
  tionsfluss wird so unterbrochen, eine Beschuldigungs-Verteidigungs-
  Haltung entsteht und Veränderungen werden erschwert bis verun-
  möglicht.

Marianne Skarics · Sensibilität und Partnerschaft

Einem guten Paargespräch im Wege stehen hingegen verschiedenste Zerrformen der offenen Kommunikation wie beispielsweise

- falscher Stolz
- nachtragend sein
- Konflikte verharmlosen
- nicht verzeihen können
- die Wahrheit unter den Teppich kehren
- um jeden Preis lieb sein wollen
- aus Scham Wichtiges verschweigen
- den anderen schonen wollen
- uneinsichtig sein
- theatralisch sein
- gewinnen wollen oder
- Humorlosigkeit.

Eine Beziehung ist ein Lernprozess, und das ist gut so, denn: Ist sie kein Prozess mehr, stagniert sie. Dieser Lernprozess verlangt von uns, zu uns selbst offen und ehrlich zu sein, offen und ehrlich miteinander zu kommunizieren und sich »ganz zu zeigen« sowie Schuldzuweisungen zu vermeiden.

Vor allem Hochsensiblen, die sich mit ihrer Hochsensibilität schwer tun, fällt es auch oft schwer, über ihre Empfindungen, Wünsche und über das, was sie bedrückt, zu reden.

Hochsensible, deren zart besaitete Natur lange nicht geachtet wurde, die als Kind angehalten wurden, sich »nicht so anzustellen«, die sich stets bemühen mussten, robuster, härter, unsensibler zu erscheinen, um nicht getadelt, verspottet oder lächerlich gemacht zu werden, haben oft großen Aufholbedarf, sich selbst mitzuteilen. Dies ist auch kein Wunder, denn wenn unser ureigenstes Wesen keine liebevolle Annahme erfahren hat, wenn die Vorzüge der Hochsensibilität nie als solche erkannt wurden und Beachtung fanden und wenn stattdessen stets nur Negatives in der Hochsensibilität gesehen wurde, nimmt man sich irgendwann selbst so sehr zurück, als wäre man gar nicht mehr da. Zumindest ist das *eine* Möglichkeit, auf solche Situationen zu reagieren – eine, die von Hochsensiblen häufig gewählt wird.

Eigene Wünsche werden oft nicht zum Ausdruck gebracht, aber auch die Gedanken zu den verschiedensten Themen können zurückgehalten werden. Rückzug statt Kommunikation ist für eine Partnerschaft wie schleichendes Gift, und wer sich schwer tut, sich mitzuteilen, sich mit Worten wirklich zu zeigen wie er ist, der hat es in Beziehungen nicht leicht. Denn wie soll der Partner wissen, was man möchte und was nicht, was man denkt und welche Bedürfnisse man hat, wenn man sich nicht mitteilt?

Hochsensible Menschen, die sich hier wiederfinden, tun daher gut daran, wenn sie Schritt für Schritt lernen, über ihre Empfindungen zu reden.

Vielen Hochsensiblen fällt es – vor allem in emotional dichten Situationen – leichter, sich *schriftlich auszudrücken*. Die Gründe dafür liegen auf der Hand:

- man kann länger nachdenken, was man genau sagen möchte und wie man es formulieren will
- dadurch fällt die Möglichkeit weg, dass man im Stress oder Affekt etwas sagt, das einem hinterher leid tut oder das nicht so formuliert war, wie man es tatsächlich meinte
- man kann die eigenen Gedanken klarer formulieren
- beim Niederschreiben und beim Durchlesen fällt einem oft noch Ergänzendes ein oder man entdeckt andere Aspekte, die man erst unbeachtet ließ
- während des Schreibens kommt man, wenn man davor emotional sehr aufgewühlt war, etwas zur Ruhe
- man kann ganz bei sich und den eigenen Gedanken bleiben und braucht nicht auf ein Gegenüber eingehen
- so fällt es auch leichter beim eigenen Standpunkt zu bleiben und einen Gedanken ganz zu Ende zu denken bzw. zu schreiben, da Ablenkungen wegfallen

Diese schriftliche Vorbereitung mit anschließendem klärenden Gespräch könnte in etwa so aussehen:

1. Man formuliert gemeinsam das Thema, über das man sprechen möchte
2. Jeder schreibt zu diesem Thema alleine zehn Minuten lang seine Gefühle auf
3. Jeder bekommt das Geschriebene des anderen zu lesen und liest es zweimal in Ruhe durch

4. Danach setzt man sich gemütlich zusammen – wenn möglich mit Körperkontakt – und bespricht das Gelesene etwa eine Viertelstunde lang. Verständnisfragen sind dabei zugelassen, aber es wird nicht über das Geschriebene diskutiert.

Diese Übung kann helfen, ein Thema ruhig und ausgehend von den eigenen Emotionen zu besprechen. Sie fördert das Verständnis für die Gefühle des Gegenübers und kann daher helfen, Unterschiede zu akzeptieren.

Nicht alles so persönlich nehmen

Romana, 34, erzählt, warum es sehr lange gedauert hat, bis sie ihrem Partner vertrauen und sich bei ihm geborgen fühlen konnte: »Als Kind war ich immer die Außenseiterin. Das fing schon im Kindergarten an, als man mich ausgegrenzt hat, weil ich ›anders‹ war und zog sich weiter durch meine gesamte Schulzeit. Später ist es mir lange Zeit sehr schwer gefallen, Menschen – selbst denen, die ich liebte – zu vertrauen. Ich habe häufig Angriffe oder generell negativ Gemeintes hinter Aussagen gewittert, hinter denen nichts steckte. Und ich bezog Dinge auf mich, die mit mir überhaupt nichts zu tun hatten. Wann immer ich etwas Negatives zu wittern glaubte, bezog ich es sofort auf mich. Ich hatte es so lange erlebt, dass die Menschen gegen mich waren, dass ich das völlig verinnerlicht hatte. Dass mir durchaus auch viele Menschen wohlgesonnen sind und dass nicht jedes Stirnrunzeln meines Gegenübers bedeutete, dass ich etwas falsch gemacht hatte oder dass überhaupt ich damit gemeint war, musste ich in einem langen Prozess lernen. Mein jetziger Mann Peter hat mir dabei sehr geholfen. Der Beginn unserer Beziehung war so schwierig, denn ich habe es Peter weiß Gott nicht leicht gemacht. Sagte er mir, meine Haare seien schön, wenn ich sie hochbinde, nahm ich an, sie gefielen ihm also nicht, wenn ich sie offen trug. Sagte er mir, er sei müde, nahm ich an, meine Gesellschaft sei todlangweilig, und sagte er mir, er müsse am Wochenende leider arbeiten, schloss ich daraus, er sei bestimmt froh, mich nicht sehen zu müssen. Dieses falsche Denken abzulegen gelang mir hauptsächlich dank Peters Geduld und beharrlicher Liebe, wofür ich ihm heute sehr, sehr dankbar bin.«

Romana ist nicht alleine mit dem Problem, vieles vorschnell auf sich zu beziehen und Dinge persönlich zu nehmen, die überhaupt nicht so gemeint waren. Vor allem Hochsensible, die tiefsitzende Verletzungen – oft bereits in der Kindheit oder aber in ihren ersten Beziehungsanbahnungen oder der ersten Liebesbeziehung – erfahren haben, sind sehr misstrauisch, haben Angst, erneut verletzt zu werden und versuchen, sich dagegen zu schützen, indem sie Verletzungen möglichst früh »wittern« und abwehren möchten.

Um gesunde Beziehungen führen zu können und einen Partner nicht zu zermürben und vor den Kopf zu stoßen, ist es nötig, an dieser Problematik zu arbeiten. Wem oft beteuert wird, dass Dinge, die er persönlich nimmt, gar nicht so gemeint waren oder dass er aus neutralen oder gar positiven Aussagen negative Bedeutungen zu lesen glaubt, die gar nicht darin liegen, der gehört wahrscheinlich zu denjenigen, die eine Schutzmauer um sich errichtet haben – nach dem (meist unbewussten) Motto: »Wenn ich vom Schlimmsten ausgehe, kann ich wenigstens nicht negativ überrascht werden.«

Oft wirken hier Gespräche über die eigene negativ geprägte Einstellung und darüber, dass man daran etwas ändern möchte, Wunder. Anstatt sich zurückzuziehen, gekränkt zu sein oder verbal zurückzuschlagen, kann man nachfragen, wie eine Aussage gemeint war. Je öfter man erfährt, dass keine Negativbedeutungen hinter Aussagen liegen, wo man sie vermutet hätte, desto mehr Vertrauen kann man gewinnen, bis man schließlich kaum noch verunsichert nachfragen muss.

Wertschätzung ausdrücken

Positive Rückmeldungen sind essentiell für eine florierende Partnerschaft. Auch wenn man das Gefühl hat, Dinge von sich zu geben, die selbstverständlich sind, sollte man sie aussprechen. Manchmal halten wir etwas für zu unwichtig, um es zu sagen, zu nichtig oder seltsam, auch wenn es etwas Positives ist. Oder wir denken, wir hätten es ohnehin bereits irgendwann einmal gesagt, warum also sich wiederholen? Das ist schade, denn warum sollte sich unser Partner nicht über ein Lob wie »du sitzt so elegant am Sofa« oder »du kannst wie ein Wiesel die Leiter hinaufklettern« freuen? Und warum sollte sie sich nicht freuen, wenn sie es mehrmals hört, wie schön ihre Stimme ist oder wie liebevoll und künstlerisch verziert die Torten sind, die sie bäckt?

.

Was immer uns Nettes in den Sinn kommt, kann, ja sollte man getrost aussprechen. Es sollte nicht als selbstverständlich vorausgesetzt werden. Es auszusprechen gibt den positiven Gefühlen mehr »Gewicht«. Und: Auch wenn wir mehrmals dasselbe Lob sagen, macht das gar nichts aus – ganz im Gegenteil, denn:»Wertschätzung ist einer der einfachsten Wege, alles zu heilen.«[48]

Wertschätzung auszudrücken kann auch helfen, Positives zu verstärken und Negatives in den Hintergrund zu rücken. Dazu Albert Ellis und Ted Crawford:»Jede Situation hat Vor- und Nachteile. Sie können sich dafür entscheiden, nach den Nachteilen zu suchen. Zu oft scheinen die Menschen nach den Nachteilen zu suchen. Beschließen Sie, sich stattdessen auf den Vorteil zu konzentrieren, egal wie gering er erscheinen mag, kann er als Grundlage dafür dienen, dass Sie Ihre Wertschätzung ausdrücken.«[49]

---

48 *Spezzano, Chuck: Wenn es verletzt, ist es keine Liebe. Die Gesetzmäßigkeiten erfüllter Partnerschaft. Wilhelm Goldmann Verlag, München 2005, S. 185.*
49 *Aus: Ellis, Albert / Crawford, Ted: Training der Gefühle in der Partnerschaft. 7 Wege zu einer erfüllten Liebe. MVG Verlag 2003, S. 86.*

Geheimnisse, Masken und Freiräume

Masken fallen lassen

»Das Ziel der Partnerschaft besteht darin,
ganz zum Ausdruck zu bringen, wer wir sind.«[50]

Es ist unbedingt notwendig, in einer Partnerschaft sein wahres Selbst zu zeigen. Tun wir das nicht, kann sie niemals dauerhaft glücklich sein. Für viele Menschen ist es allerdings nicht selbstverständlich, sich so zu zeigen, wie man wirklich ist. Sie spielen den Verständnisvollen, den Sanften, den Erfolgreichen, den Wohlmeinenden oder das Zuckerpüppchen, die Hilflose, die harte Karrierefrau oder die Unschuldige. Viele Menschen verheimlichen Teile von sich, manche verheimlichen ihre Sentimentalität, andere verheimlichen vielleicht ungewöhnliche Sammelleidenschaften, viele verheimlichen ihre Schulden oder bestimmte Vorlieben oder Abneigungen. Und es gibt gar nicht einmal so wenige Hochsensible, die ihre Hochsensibilität vor dem Partner verheimlichen.

Doch: Je mehr wir vor unserem Partner verheimlichen, desto geringer ist die wirkliche Nähe, die zu ihm entstehen kann. Denn: Nur, wer seine Masken ablegt, empfindet das Zusammensein mit dem Partner wie ein »nach Hause kommen«. Wir müssen ohnehin schon genug Masken aufsetzen, um im öffentlichen Leben bestehen zu können. Wir tragen meist Masken im Beruf, in der Straßenbahn und im Supermarkt, auf Ämtern und bei Firmenfeiern – wenn wir dann auch noch neben unserem eigenen Partner Masken tragen, nehmen wir uns die Chance auf wirklich lebendige Gemeinsamkeit.

Ich sage das deshalb so eindringlich, weil viele Hochsensible besonders starke Schutzmasken benötigen, um im harten Alltag bestehen zu können. Und auch, weil viele Hochsensible sich aufgrund verschiedenster traumatischer Erlebnisse besonders ausgeklügelte Masken als Schutz zugelegt haben. Diese Schutzmechanismen sind oft nötig und es ist gut, dass wir sie haben – aber *nicht* in der Partnerschaft, denn:

Geben wir unsere Abwehr in dem Umfeld, das die größte Nähe verspricht, nicht auf, berauben wir unseren Partner der Möglichkeit, sich

---

50 *Carter, Steven: Halt die Liebe fest. Von der Verliebtheit zum dauerhaften Glück.*
Kösel, München 2002, S. 54.

wirklich aufrichtig mit uns zu verbinden. Über kurz oder lang berühren wir einander nicht wirklich, was zu völliger Isolation führt. Und nicht nur das: Man distanziert sich auch von sich selbst, wenn man ständig Masken trägt. Die Folge ist, dass man sich bald seltsam leer und isoliert fühlt.

Es gibt verschiedene Arten von Masken.
Beispiele hierfür sind:
* nicht zur Last fallen wollen
* für unwillkommen gehaltene Wesenszüge verstecken
* Schamgefühl verstecken
* Erwartungen erfüllen
* als negativ empfundene Seiten verstecken

All diese Masken verhindern wahre Nähe zum Partner. Sie verhindern, dass unser wahres Wesen gesehen wird. Sie verhindern, dass wir uns wirklich geborgen und gut aufgehoben fühlen. Sie verhindern, dass wir als der erkannt werden, der wir sind. Es ist daher sinnvoll, daran zu arbeiten, diese Masken nach und nach abzulegen.

Wichtig ist, dass dies jedoch nicht bedeutet, dass man keinerlei kleine Geheimnisse mehr voreinander haben darf. Wer sich nicht vor dem Partner die Zähne putzen oder die Anti-Falten-Creme auftragen möchte, braucht das natürlich nicht zu tun. Aber wer Anteile seines eigenen Wesens versteckt, der beraubt die Beziehung ihrer wichtigsten Grundlage: Der Offenheit.

Und: Zu Beginn der Beziehung sind Masken ebenfalls noch angemessen. Sie können erst nach und nach fallen gelassen werden. Beim ersten Treffen von seinen Hämorrhoiden oder den intimsten Geheimnissen zu erzählen, ist also nicht gerade empfehlenswert.

Wem es schwer fällt, die Masken vor dem Partner fallen zu lassen, dem kann es helfen, sich vor Augen zu führen, welchen Zweck die Masken erfüllen sollen.

Fragen, die man sich dabei stellen kann, sind:

- Wann hat man begonnen, die Maske zu tragen?
- Gab es einen Auslöser für das Aufsetzen der Maske?
- Welche Geschichte liegt dahinter?
- Welchen Zweck sollte die Maske erfüllen, als man sie zum ersten Mal verwendete?
- Kann sie diesen Zweck heute immer noch erfüllen, oder setzen wir sie nur noch auf, weil es uns eine Gewohnheit geworden ist?
- Was wäre, wenn wir diese Maske nicht mehr verwenden würden?
- Welche Gefühle kämen dann zum Vorschein?

Je besser Sie erkennen, warum die Maske entstand und was ihr ursprünglicher Sinn war, desto besser wird es auch funktionieren, sie nach und nach loszulassen. Jeder noch so kleine Fortschritt auf diesem Weg bringt Sie Ihrem Partner näher. Die aufrichtige Verbundenheit zueinander wächst mit jedem Schritt.

Kleine »Geheimnisse«

»Das Schönste, das wir erleben können, ist das Geheimnisvolle.«
Albert Einstein

Wie eben erwähnt, gibt es durchaus kleine Geheimnisse, die in einer Partnerschaft in Ordnung, mehr noch, die ihr sogar dienlich sind.

Geheimnisse, die den Partner täuschen, ihm notwendige Informationen vorenthalten, Macht über ihn ausüben oder ihn manipulieren, sind natürlich schlecht. Es gibt aber auch »gute Geheimnisse«, nämlich solche, die für die eigene Entwicklung nötig sind ohne dabei dem Partner zu schaden oder solche, die einer Desillusionierung des Partners entgegenwirken.

So erweist es sich beispielsweise für viele Paare als gut, nicht sämtliche Körperpflege-Rituale voreinander auszuführen. Dass man sich als Frau wahrscheinlich die Achselhöhlen rasiert, wird der Partner zwar annehmen, aber ist es deshalb nötig, es neben ihm zu tun? Muss man die Tinktur, von der man sich Hilfe gegen Haarausfall erhofft, unbedingt neben der Ehefrau auftragen?

Sicher, es gibt Paare, die tun das und sind ebenso glücklich. Aber für viele Paare gilt, dass dies eher am Bild vom Partner als begehrenswertem Wesen rüttelt.

Dazu auch Prof. Andreas Hergovich, Psychologieprofessor an der Universität Wien:»In der Liebe ist das Unbekannte so faszinierend, weil es neugierig macht. Bei einem Partner mit Geheimnissen gibt es offensichtlich noch etwas zu entdecken. Viele Menschen haben die romantische Vorstellung, dass es zur Liebe gehört, sich völlig dem anderen zu öffnen und ganz mit diesem Menschen zu verschmelzen. Deshalb wollen sie unbedingt hinter die Geheimnisse ihres Partners kommen.«

Auf die Frage, ob dies ein lohnendes Ziel sei, antwortet Prof. Hergovich:»Leider tut es der Liebe gar nicht gut, wenn man alle Geheimnisse des anderen kennt. Im Gegenteil, das Bild vom Partner wird eher zerstört. Auch für die Sexualität ist das Unbekannte, Geheimnisvolle grundlegend wichtig. Wenn es hier überhaupt keine Geheimnisse gäbe, wäre dies das Ende vom Sex. So wirken völlig nackte Menschen am FKK-Strand meist nicht sehr erotisch – während Frauen in verführerischen Dessous, die eben nicht alles zeigen, auf viele Männer eine große Faszination ausüben. Man muss in der Sexualität auch etwas entdecken können, sonst ist der Reiz weg.«[51]

Eigenes Revier

Jeder Mensch – und die meisten Hochsensiblen besonders – braucht ein eigenes Revier. Nicht nur gegenüber Fremden, sondern auch im Beziehungsleben benötigen wir dringend Rückzugsmöglichkeiten und -orte, um zu entspannen und Erlebtes verarbeiten zu können ohne mit neuen, überreizenden Eindrücken konfrontiert zu werden. Im Zusammenleben mit dem Partner benötigen HSP daher einen eigenen Raum oder zumindest eine eigene Ecke, in die sie sich zurückziehen und wo sie nur für sich sein können.

Der renommierte Verhaltensforscher Desmond Morris drückt dies in seinem Buch »Der Mensch, mit dem wir leben« folgendermaßen aus: »Besitz im Sinne von ›Raum, den man besitzt‹ und der als solcher nach außen gekennzeichnet wird, ist eine spezielle Form des Verteilungssystems, das Kämpfe eher verhindert, als dass es sie verursacht ... Auch das bescheidenste Heim ist eine Burg!«[52]

51 *Hergovich, Andreas in:* »*Was ist so faszinierend am Geheimen?*« *In: P. M. Perspektive 02 / 2008, S. 23.*

52 *Morris, Desmond: Der Mensch, mit dem wir leben. Ein Handbuch unseres Verhaltens. Knaur, München 1981, S. 183.*

Im Zentrum dieser Burg »befindet sich das Nest – unser Schlafzimmer, wo wir uns, ins Bett verpackt, territorial am sichersten fühlen. In einem typischen Haus befindet sich das Schlafzimmer im oberen Stockwerk, wie es sich für ein sicher gebautes Nest gehört. Es ist damit weit weg von der Eingangshalle, in der gelegentlich Kontakt mit der Außenwelt aufgenommen wird. Die weniger privaten Empfangsräume, zu denen auch Außenstehende Zutritt haben, bilden die nächste Verteidigungslinie. Rings um die Mauern des Hauses findet sich meist ein symbolisches Relikt der einstigen Jagdgründe – ein Garten. Die Pflanzen und Tiere haben meist keinen Wert mehr für die Ernährung, eher einen dekorativen und symbolischen: Blumen und Heimtiere! Aber wie jeder territorial abgegrenzte Raum hat auch der Garten eine klar erkennbare Grenzlinie – den Gartenzaun. Nach außen hin ist das die Markierungslinie, die die private Welt der Familie von der Welt draußen abgrenzt. Jeder Fremde, der diese Linie überschreitet, gerät dadurch sofort in einen gewissen Nachteil. Überschreitet er die Schwelle des Hauses, schwindet seine Dominanz spürbar. Er betritt ein Gebiet, in dem er um Erlaubnis bitten muss, wenn er die einfachsten Dinge tun will, die ihm woanders rechtmäßig zuständen. Ohne auch nur einen Finger zu krümmen, üben Revierbesitzer ihre Dominanz aus. Das geschieht mit Hilfe von hunderten kleiner optischer Eigentumsmarkierungen, die sie in ihrem Familienterritorium angebracht haben: Möbel, Farben, Muster machen es zu einer nur ihnen gehörenden Heimatbasis.«[53]

Die eigene Wohnung bzw. das eigene Haus ist somit schon einmal unsere Burg. Wer aber eine Wohnung nicht alleine bewohnt, benötigt innerhalb dieser noch einmal ein ganz eigenes Revier, denn: Ohne eigenes Revier fühlt man sich selbst in der eigenen Wohnung irgendwie heimatlos.

Für Hochsensible ist es besonders wichtig, ein eigenes Revier zu haben, da die meisten HSP häufig das Bedürfnis verspüren, sich zurückzuziehen um der Reizüberflutung entgegenzuwirken. Je mehr der Rückzugsort tatsächlich ein eigenes Revier darstellt, desto angenehmer ist der Rückzug.

Um ein eigenes Revier von der Umgebung abzugrenzen, muss es als solches erkennbar sein. »Jedes Territorium«, so Morris dazu, »muss also als

---

53 *Morris, Desmond: Der Mensch, mit dem wir leben. Ein Handbuch unseres Verhaltens. Knaur, München 1981, S. 195.*

solches gekennzeichnet werden, damit dieser Abwehrmechanismus wirkt. So wie der Hund sein ›Revier‹ markiert, indem er sein Bein an bestimmten Bäumen hebt und seine ›persönliche Duftnote‹ hinterlässt, so verbreitet auch der Mensch überall in seinem Territorium symbolisch seine persönliche Note. Da wir aber vorwiegend auf visuelle Signale reagieren, benutzen wir diese in erster Linie.«[54]

Ideal als eigenes Territorium ist selbstverständlich ein eigener Raum, den man ganz nach persönlichem Geschmack einrichten kann, mit Lieblingsfarben, Lieblingsmaterialien und -gegenständen, einer Beleuchtung, die einem zusagt, mit oder ohne angenehme Düfte und wenn möglich mit der Lieblingstemperatur. Am besten geeignet ist dafür natürlich ein eigener Raum mit Couch oder Bett, auf jeden Fall mit einer gemütlichen Ecke. Viele HSP mögen dezente Beleuchtung oder die Möglichkeit, den Raum ganz abzudunkeln.

Uschi (44) hat das für sich so gelöst: »Ich habe das Glück, in unserem Haus ein eigenes Zimmer zur Verfügung zu haben. Dieses Zimmer habe ich mir zu einer wahren Erholungsoase gestaltet. Angenehme Farben und Stoffe, viele Kissen und Decken, Pflanzen, Kerzen, eine Stereoanlage um meine Lieblingsmusik oder Entspannungs-CDs mit Meeresrauschen und ähnlichem zu hören, und vor allem habe ich mir die ideale Beleuchtung geschaffen: Ich habe zwei Lichterketten mit ganz kleinen Glühbirnchen – solche, wie sie normalerweise für Weihnachtsdekorationen verwendet werden – in meinem Zimmer so angebracht, dass sie den Raum in sanftes Licht hüllen. Das ist ideal für mich, wenn ich mich zurückziehen möchte. Alles in dem Raum ist sanft, beruhigend, kuschelig, heimelig und entspannend. Schon nach wenigen Minuten merke ich oft, wie viel besser ich mich fühle, wenn ich mich nach einem stressigen Termin oder einem turbulenten Tag für eine Weile in mein Entspannungszimmer zurückziehen kann.«

Wenn es nicht möglich ist, ein eigenes Zimmer zum Entspannen zu haben, kann man versuchen, zumindest eine Ecke eines Raumes so zu gestalten, dass sie zur Erholung einlädt. Oft kann man mit Hilfe eines Paravents, Raumteilers oder einer großen Zimmerpflanze selbst relativ kleinen Räumen noch ein Erholungseckchen abgewinnen.

---

54 *Morris, Desmond: Der Mensch, mit dem wir leben. Ein Handbuch unseres Verhaltens. Knaur, München 1981, S. 183.*

Sehr erholsam kann es auch sein, getrennte Schlafzimmer zu haben. Viele Paare lehnen das ab, ohne wirklich darüber nachzudenken. Sie nehmen an »Das gehört sich nicht, denn als Paar hat man doch in einem Zimmer zu schlafen« oder »Getrennte Schlafzimmer bedeuten sicher den Anfang vom Ende der Beziehung«. Oft ist das Gegenteil der Fall. Getrennte Schlafzimmer können eine große Bereicherung sein, gerade in Partnerschaften, in denen eine oder beide Personen hochsensibel sind. Geräuschempfindliche Menschen können endlich wieder gut schlafen, verschiedene Schlafensgeh- oder Aufstehzeiten sind einfacher zu handhaben, unterschiedliche Schlafbedürfnisse von der Zimmertemperatur über die Helligkeit bis hin zur Frage, ob Fenster und Türen geschlossen oder offen sein sollen, sind kein Problem mehr. Dem Partner nicht bei seinen nächtlichen Geräuschen zuzuhören, wirkt sich zudem oft positiv auf das Liebesleben aus.

Wenn es sich für ein Paar also räumlich einrichten lässt und es auch gerne getrennte Schlafzimmer hätte, da nebeneinander zu schlafen wenig erholsam ist, wäre es doch unnötige Selbstquälerei, aufgrund überholter Konventionen auf diesen Komfort zu verzichten. Immerhin verbringt man etwa ein Drittel des Lebens schlafend, und erholsamer Schlaf ist etwas absolut Essentielles. Ein eigenes »Schlaf-Revier« ist dafür oft Gold wert – nicht nur, aber besonders für Hochsensible.

Beziehungsmanagement

»Das einzige, was wir von einem Partner wirklich brauchen, ist,
dass er bereit ist, in der Beziehung zu lernen und zu lieben.«[55]

Kommunikation im Konfliktfall

»Nicht die Ufer sind von entscheidender Bedeutung für den Strom einer
zwischenmenschlichen Beziehung, sondern die Brücke.
Mit dem Bau einer Brücke gewinnst du beide Ufer.«[56]

Hochsensible Menschen sind häufig relativ konfliktscheu, doch es ist sehr
wichtig, sich im Klaren darüber zu sein, dass es auch in glücklichen Beziehungen immer wieder Konflikte gibt. Konflikte und Krisen sind aber auch
Chancen und bieten Möglichkeiten zum gemeinsamen Wachstum. Wichtig ist, bereit zu sein, alles offen auszudrücken, was dem Konflikt zugrunde
liegt. Offenheit und Ehrlichkeit und der Wunsch, die Krise gemeinsam zu
meistern sind die Grundvoraussetzungen, um Konflikte und Krisen als Paar
zu meistern und sogar gestärkt daraus hervorzugehen.

Viele Hochsensible haben in ihrem frühen Leben, meist im Elternhaus,
die Erfahrung gemacht, dass sie nicht alle Seiten von sich zeigen sollten.
Sei es, um andere, sei es um sich selbst zu schonen. HSP haben sehr feine
Antennen dafür, welche Verhaltensweisen erwünscht sind und verstellen
sich dementsprechend, wenn ihnen dies nötig erscheint. Auf der Strecke
bleibt dabei die Erfahrung, wie es ist, wenn man sich mit all seinen Facetten zeigen darf und »dennoch« geliebt wird. Das Gefühl, so wie man ist,
richtig zu sein, liebenswert zu sein, kann sich nicht entwickeln. Dies ist
fatal, denn wer so geprägt wird, der zeigt sich auch in Liebesbeziehungen
meist nicht ganz. All das, von dem man meint, es sei bestimmt nicht liebenswert, wird nicht gezeigt. Meist geht dieses Verhalten einher mit dem
Irrglauben, irgendetwas Bestimmtes tun zu müssen, um liebenswert zu
erscheinen.

Es ist daher von zentraler Bedeutung, sich selbst nach und nach wieder annehmen und lieben zu lernen, zu erkennen, dass wir so wie wir sind,

---

55 *Larisch-Haider, Nina: Füreinander bestimmt. Wie Sie Ihren Seelenpartner finden.*
   Heyne Verlag, München 1999, S. 64.
56 *Spezzano, Chuck: Wenn es verletzt, ist es keine Liebe. Die Gesetzmäßigkeiten erfüllter Partnerschaft. Wilhelm Goldmann Verlag, München 2005, S. 31.*

genau richtig sind und dass wir uns ganz zeigen dürfen, ja sogar sollen, um vom Gegenüber erkannt werden zu können.

Wichtig ist auch, zu lernen, dass bei Auseinandersetzungen nicht die gesamte Beziehung und die Liebe zueinander erschüttert wird, sondern dass Konflikte konstruktiv ausgetragen werden müssen, ja mehr noch, dass es konstruktive Beziehungsentwicklung nur geben kann, wenn Konflikte ausgetragen werden. Dazu auch Nina Larisch-Haider: »Konflikte sind die besten Möglichkeiten, mit unseren unbewussten oder verdrängten Teilen in Verbindung zu treten. Gewöhnt man sich daran, aus Konflikten zu lernen, können sie als sehr positiv erlebt werden.«[57]

Schwelende Konflikte, die mit mühsam aufrecht erhaltener Freundlichkeit unter der Oberfläche gehalten und von keinem aus Rücksicht oder falsch verstandener Friedensliebe ausgesprochen werden, vergiften über kurz oder lang jede Beziehung. Dieser Prozess beginnt dann oft schleichend mit kleinen, sarkastischen Bemerkungen und Sticheleien, die immer tiefer gehen, bis sie irgendwann einmal in verletzenden Respektlosigkeiten münden. Die Beziehung aus solch einer festgefahrenen Problematik hinauszumanövrieren ist weitaus schwieriger, als solch eine verfahrene Situation gar nicht erst entstehen zu lassen. Je mehr Probleme man aufschiebt oder zudeckt, desto nachhaltiger wird also die Harmonie eines jedes Paares gestört. Doch auf der Grundlage von Liebe, Offenheit, Vertrauen und tiefem Zusammengehörigkeitsgefühl, kann sowohl die Partnerschaft wachsen als auch jeder der Partner für sich – auch und oft sogar vor allem in Konfliktsituationen.

Tabu sollte bei der Konfliktbewältigung allerdings sein:
* den Partner abzuwerten (»Du bist ein egoistischer Miesepeter.«)
* indirekt verpackte Abwertungen (»Könntest du vielleicht wenigstens dieses eine Mal nicht zu faul sein, den Müll rauszutragen?«); diese sind besonders heimtückisch und führen nur zu Trotzreaktionen und verteidigender Abwehrhaltung des Gegenübers
* zu stark zu verallgemeinern (»Nie verstehst du mich!«)

---

57 *Larisch-Haider, Nina: Füreinander bestimmt. Wie Sie Ihren Seelenpartner finden. Heyne Verlag, München 1999, S. 132.*

Solch destruktive Aggressionen sind Anzeichen für einen Mangel an Selbstwertgefühl, denn wer ein gutes Selbstwertgefühl hat, braucht sein Gegenüber nicht »klein zu machen«, um sich stark zu fühlen. Wichtig ist daher, den Partner nicht abzuwerten, weder direkt noch indirekt, sondern bei den eigenen Bedürfnissen zu bleiben. Abwertungen erreichen praktisch nie das, was man erreichen möchte, sondern sie führen automatisch zu ebenfalls abwehrenden Gegen-Aggressionen. Außerdem sollte man Aggressionen nicht in Zynismus oder Ironie verpacken. Auch das begünstigt lediglich destruktive Reaktionen beim Gegenüber.

Stattdessen sollte man, auch wenn genau das vielen Hochsensiblen schwer fällt, üben, die eigenen Bedürfnisse zu vertreten und auch Ärgernisse ruhig und fair, aber klar zu kommunizieren, denn: Kraftvoll und klar deine Bedürfnisse in Beziehungen zu vertreten und deine Grenzen zu ziehen, ist notwendig und konstruktiv für die Liebe! Es ist daher nötig, ab und zu die Initiative zu ergreifen, wenn man möchte, dass etwas Bestimmtes geschieht, und zwar indem man ganz konkrete Bitten äußert oder ganz konkrete Vorschläge macht (etwa Termine, genaue Zeitpunkte und Orte nennt, für etwas, was man gerne gemeinsam tun würde). Wichtig ist dabei, wirklich konkret zu sein, denn Wünsche werden sonst oft vom Partner nicht ernst genug genommen oder sogar nicht einmal erkannt.

Falsch verstandene Friedensliebe – »Bloß keinen Streit!«

»Vor einigen Jahren«, so Ferdinand (38), »hatte ich eine Beziehung mit einer sehr quirligen, resoluten, das Leben genießenden Frau. Sie liebte es, große Partys zu feiern, sich aufwändig zu stylen und ihre Wohnung ebenso. Damit meine ich, dass es in jedem Raum eine Unmenge an Dekorationen wie Porzellanfiguren, Fotos, viele Bilder an den Wänden, Decken, Kissen, Kerzen und vieles mehr gab. Das ist natürlich ihr gutes Recht, doch nach und nach begann sie, auch meine Wohnung umzudekorieren. Sie schenkte mir immer öfter Dinge, mit denen ich meine eher schlichte, »freie« Wohnung »verschönern« könne und achtete penibel darauf, ob ich diese Dinge auch tatsächlich in meinen Räumen platzierte. Da ich unangenehmen Diskussionen aus dem Weg gehen wollte und sie mich mit ihrem selbstbewussten Enthusiasmus zudem dermaßen überfuhr, dass ich annahm, es sei undankbar und griesgrämig von mir, ihre Freude nicht zu teilen, platzierte ich tatsächlich all diese Dinge in meiner Wohnung. Als es jedoch mehr und mehr wurde, saß ich eines Abends auf meiner Wohnzimmercouch und dachte mir: »Bin ich eigentlich vollkommen willenlos, mir so viele Veränderungen für meine eigene Wohnung aufdrängen zu lassen, die mir nicht gefallen, nur um Diskussionen aus dem Weg zu gehen und meine Freundin nicht zu enttäuschen?«

Diese Geschichte von Ferdinand ist ein typisches Beispiel für Situationen, in denen sich viele Hochsensible wiederfinden, denn: Konflikte, Streit, Enttäuschungen oder einfach nur die Vorfreuden des Partners getrübt sehen, all dies sind Dinge, die viele Hochsensible unbedingt vermeiden möchten. Statt den Partner ein wenig zu enttäuschen, nehmen sie sich selbst zurück und tun ihm zuliebe Dinge, zu denen sie keine Lust haben. Statt einen kleineren Konflikt auszutragen, fressen sie ihren Ärger in sich hinein, oft um einen Abend, den Urlaub oder generell die Stimmung nicht zu verderben, bis er sich anstaut und ein großer Konflikt entsteht. Statt zu sich selbst, ihren Wünschen, Vorlieben und Bedürfnissen zu stehen, passen sie sich den Wünschen des Partners an, um ihm eine Freude zu machen, bis sie irgendwann frustriert sind und zugeben müssen, dass sie sich selbst verleugnet haben. Statt ihre Meinung zu sagen und damit zu riskieren, vielleicht ein wenig anzuecken, bleiben sie ruhig, freundlich und passen sich an. Doch das rächt sich, denn, so Hans Jellouschek, »Menschen, die nicht aus sich heraus auf andere zugehen können, die sich nicht als Person anderen deutlich machen, die sind zwar oft nützlich für andere, aber werden sie geliebt? Sie werden ausgenützt, man gebraucht und missbraucht sie, aber dann wirft man sie weg. Vor allem viele Frauen können davon ein Lied singen, wie sie sich jahrelang bemüht haben, sich selbst hinter Mann und Kindern zurückzustellen, so dass sie als eigene Person regelrecht verschwanden – und was kam dabei heraus? Zum Beispiel, dass der Mann plötzlich eine andere hatte, die er viel mehr lieben konnte und von der er sich viel stärker geliebt fühlte ... Mit der Durchsetzungs-Aggression mache ich meinen Wert als Person deutlich, unüberhör- und unübersehbar. Und das ist in einer Paarbeziehung immer wieder nötig.«[58]

---

58 *Jellouschek, Hans: Wie Partnerschaft gelingt – Spielregeln der Liebe. Beziehungskrisen sind Entwicklungschancen. Herder, Freiburg im Breisgau, 2004, S. 54.*

Es gibt auch Paare, die »versuchen, sich den Zustand des Verliebtseins durch ein Zusammenleben in vollkommener Harmonie zu erhalten. Sie weichen jeder Auseinandersetzung aus, mit der offenbar werden könnte, dass zwischen den Partnern Meinungsverschiedenheiten bestehen. Sie befürchten, durch Streit könnte es zu einer Eskalation und zum Bruch der Beziehung kommen ... Sie glauben, sich Streitigkeiten gar nicht leisten zu können.«[59]

Vermeidung von Streit und ausgesprochenen Meinungsverschiedenheiten um jeden Preis ist aber – wie man sich vorstellen kann – auf Dauer kein gutes Rezept zur gesunden Beziehung, im Gegenteil: Falsch verstandene Friedensliebe untergräbt jedes Beziehungsfundament langsam, aber stetig.

Wer dazu neigt, aus falsch verstandener Friedensliebe zurückzustecken, sollte sich daher bewusst machen, dass bestimmte Denkmuster nur dazu dienen, sich selbst zu verleugnen und der Beziehung damit letztlich nicht – wie man es möchte – zu nützen, sondern zu schaden.

Zu diesen Denkmustern zählen:

- *»Das ist nicht so wichtig«*
  Doch, eigene Ansichten, Bedürfnisse, Vorlieben, Meinungen sind wichtig und sollten nicht unter den Teppich gekehrt werden!
- *»Es macht mir nichts aus, wenn...«*
  Immer zurückzustecken, rächt sich irgendwann. Man sollte es sich daher nicht zur Gewohnheit werden lassen, kleine Sorgen und Bedürfnisse einfach wegzuwischen.
- *»Er bemüht sich ja eh«* oder *»Das fällt ihr halt gar nicht auf«*
  Solche und ähnliche Denkmuster verraten, dass hier etwas wegrationalisiert wird, das man besprechen statt totschweigen und beschönigen sollte.
- Ebenso verhält es sich mit dem *stillschweigenden Dulden von Situationen, die eigentlich ungerecht, unangenehm oder unangebracht sind,* wie beispielsweise ungerechte Hausarbeitsverteilung.

---

59 *Willi, Jürg: Die Sehnsucht nach der absoluten Liebe. In: Psychologie heute 2/2005, S. 32–36, hier S. 35.*

Wichtig ist daher, aufkommende Probleme sofort anzugehen, bevor sie zu größeren Problemen heranwachsen. Und es ist vor allem wichtig, es nicht stets nur dem Partner recht machen zu wollen, sondern die eigenen Bedürfnisse, Wünsche, Hobbys und Gewohnheiten nicht zu vernachlässigen.

Die eigene Lebendigkeit, das eigene Wesen darf nicht überdeckt werden, denn das rächt sich irgendwann. Wem das schwer fällt, der kann sich zur Gewohnheit machen, täglich vor dem Schlafengehen kurz darüber nachzudenken, ob er sich heute selbst ernst genommen hat, ob er seine Bedürfnisse befriedigen konnte, ob er auf seine Gefühle geachtet hat, kurz: Ob er heute *sein* Leben genießen konnte.

Ungesunde Symbiose

»Man kann das Licht eines anderen reflektieren,
aber strahlen kann man nur in seinem eigenen Licht!«
Chinesisches Sprichwort

»Mit meinem Exfreund«, berichtet die 32-jährige Johanna, »war ich zu Beginn unserer Beziehung bei einem Konzert einer irischen Band. Er liebt irische Musik so sehr, also wollte ich ihm die Freude machen und kam mit. Er nahm daher an, mir gefällt diese Musik auch. Und um ihm nicht den Abend zu verderben, sagte ich auch nachher ›Ja, es war nett‹, und ›Es war interessant‹. In Wahrheit aber stockt mir bei diesem Geigengefiedel und Dudelsackgedröhne fast das Blut, so schauderbar finde ich es.

Nach etwa sechs Jahren und nachdem er immer häufiger mit mir zu solchen Konzerten gehen wollte (sicher, er war ja der Meinung, mir gefielen sie ebenso!), dachte ich mir, nun müsse ich es endlich offen aussprechen, dass ich nur ihm zuliebe mitging und die Musik überhaupt nicht schön fand. Natürlich war mein Freund dann sehr verwundert und sogar enttäuscht und traurig. Ich kann es ihm nicht verübeln, schließlich ließ ich ihn jahrelang in dem Glauben, mir gefielen diese irischen Abende.

Ich wollte ihn eben nicht enttäuschen, ich wollte, dass er denkt, wir seien einander ähnlich – auch beim Musikgeschmack. Ich wollte ihm zuliebe mitkommen in der Meinung, dies stärke unsere Beziehung. Heute ist mir klar, dass es letztlich besser gewesen wäre, ihm von Anfang an klar zu machen, dass mir diese Musik nicht zusagt, dass er besser alleine oder mit Freunden, die ebenfalls gerne dorthin gehen möchten, zu solchen Konzerten gehen soll und dass ich lieber zu Hause bleiben möchte und mich für ihn freue, wenn es ihm gefällt. Die kleine Enttäuschung, die ich ihm damit vielleicht beschert hätte, wäre nichts gegen die große Enttäuschung, die er nun hat, wo er sich fühlt, als hätte ich ihm jahrelang nur etwas vorgespielt (was ja im Grunde auch richtig ist).

Jedenfalls habe ich mir das nun zu Herzen genommen und versuche seither sehr bewusst, mich nicht mehr zu verbiegen und zu verstellen um den Eindruck zu erwecken, dass meine Interessen exakt dieselben wie die meines Partners wären. Letztendlich hat davon nämlich keiner etwas.«

Die Erlebnisse von Johanna zeigen exemplarisch auf, wie wichtig es ist, dass keiner der beiden Partner sich für den anderen aufgibt. Es ist unbedingt notwendig, eine eigene, unverwechselbare Persönlichkeit zu bleiben und sich nicht gänzlich in die Welt des Partners zu begeben. Eigene Interessen, Hobbys, Meinungen, Gewohnheiten und Freunde für den Partner völlig links liegen zu lassen, schadet der Beziehung auf Dauer sehr.

Natürlich sind gemeinsame Interessen und Hobbys schön und bereichernd, aber es ist ein Fehler zu glauben, dass man geschmacklich völlig mit dem Partner übereinstimmen oder sich ihm ständig anpassen müsse. Viele Hochsensible tendieren allerdings zu dieser Denkweise. Sie passen sich dem Partner an, um diesen zu erfreuen und um sich an seiner Freude mitzufreuen. Aber irgendwann bemerken sie, dass sie eine ungesunde Symbiose eingegangen sind, bei der sie sich selbst mehr und mehr verleugnet haben.

Dazu auch Charlotte Kasl: »Intimität erfordert die Fähigkeit, sowohl zu verschmelzen als auch getrennt zu sein, zusammenzukommen und auseinander zu gehen, als ob man auf einer gigantischen Schaukel vom Einssein zu Getrenntsein schwingt.«[60]

Intimität bedeutet im Idealfall Aufgehobensein und Geborgensein, sich bedingungslos angenommen zu fühlen und einander absolut zu vertrauen. Sie bedeutet aber nicht, dass absolut alles Trennende zwischen zwei Menschen verschwinden soll. Es muss auch ab und zu Unterschiede, verschiedene Geschmäcker und Meinungen geben. Der Partner und man selbst sind schließlich nicht ein- und dieselbe Person. Und das ist gut so,

---

60 *Kasl, Charlotte. Zen oder die Kunst, sich zu verlieben. Ein spiritueller Leitfaden.* Econ, München 2000, S. 47.

denn: In einer idealen Beziehung »kann jeder seine Individualität beibehalten und bildet mit dem anderen zusätzlich eine Individualität als Paar.«[61]

Immer wiederkehrende Konfliktmuster

»Wenn die Vergangenheit nach wie vor unbewältigt ist,
werden die Geister der alten Beziehungen
dich ständig in der Gegenwart heimsuchen.«

»Deine Beziehung wird sich ändern, wenn du dich änderst.«[62]

Die Kenntnis der eigenen Persönlichkeit ist der erste und wichtigste Schritt zur erfolgreichen Beziehung. Ein wichtiger Punkt, der dauerhaft fruchtbringendes Beziehungsmanagement häufig überhaupt erst ermöglicht, ist die Aufarbeitung eigener, wiederkehrender Konfliktmuster.

Viele Menschen gelangen in Beziehungen immer wieder an einen Punkt, wo eine ähnliche Problematik auftaucht.

Beispiele dafür sind:

- Sobald die anfängliche Verliebtheitsphase vorbei ist, erkennt man am Partner Unmengen an Fehlern.
- Man gerät immer wieder an Partner, von denen man lieblos behandelt wird.
- Kein Partner hat wirklich eine Chance, da man mit etwas Vergangenem, das abgeschlossen sein sollte, um Neues zu beginnen, innerlich noch nicht abgeschlossen hat.
- Damit bloß keine Konflikte entstehen, schluckt man Ärger stets hinunter, bis aus kleinen Problemen irgendwann große geworden sind.
- Man passt sich dem Partner zu sehr an und gibt die eigene Individualität auf.

Wer dazu neigt, in seinen Partnerschaften in immer wiederkehrenden Konfliktmustern gefangen zu sein, der sollte sich fragen, ob es in seinem Leben

---

61 *Meyer, Hermann: Jeder bekommt den Partner, den er verdient – ob er will oder nicht. Trigon Verlag, München 1997, S. 252.*

62 *Spezzano, Chuck: Wenn es verletzt, ist es keine Liebe. Die Gesetzmäßigkeiten erfüllter Partnerschaft. Wilhelm Goldmann Verlag, München 2005, S. 331.*

alte »Familienstücke« gibt, die wieder und wieder in abgewandelter Form »aufgeführt« werden, alte Wunden, die immer wieder in verschiedensten Szenarien auftauchen und bearbeitet werden möchten.

Dies ist sowohl für bestehende als auch für künftige Partnerschaften wichtig, denn nur wenn man sich selbst heilt, heilt man auch die Beziehung bzw. hat man die Chance auf eine gesunde neue Partnerschaft. Dazu auch Charlotte Kasl: »Was Sie nicht erfahren haben, womit Sie sich nicht konfrontiert haben, das können Sie auch nicht akzeptieren. Sie können nicht loslassen, was sie nicht anfassen und berühren wollen. Wenn Sie stets versuchen, Ihr Leben möglichst reibungslos zu gestalten, dann werden Sie Ihrem Drachen nie begegnen.«[63]

Eine gegenwärtige Partnerschaft bietet eine wundervolle Chance zur Weiterentwicklung, denn: »Deine gegenwärtige Beziehung«, so Chuck Spezzano, »ist der Prozess, durch den alte Schmerzen geheilt werden können. Die Liebe, die du in deiner gegenwärtigen Beziehung erfährst, gestattet es dir, dich von alten Vorstellungen über dich selbst ebenso zu trennen wie von altem Schmerz. Im Prozess des gemeinsamen Wachsens wird alles Negative, das zwischen dir und deinem Partner steht, zutage treten und auf diese Weise geheilt werden können.«[64]

---

63 Kasl, Charlotte. Zen oder die Kunst, sich zu verlieben. Ein spiritueller Leitfaden. Econ, München 2000, S. 56.
64 Spezzano, Chuck: Wenn es verletzt, ist es keine Liebe. Die Gesetzmäßigkeiten erfüllter Partnerschaft. Wilhelm Goldmann Verlag, München 2005, S. 160.

Beziehungsbalance

»Die Summe unseres Lebens sind die Stunden, in denen wir liebten.«
Wilhelm Busch

»Du und ich: Wir sind eins.
Ich kann dir nicht wehtun, ohne mich zu verletzen.«
Mahatma Gandhi

Geben und nehmen

»Ich war«, so die 35-jährige Eva, »fast vier Jahre mit einem Mann zusammen, der emotional sehr unzugänglich war. Ich hätte mir so gewünscht, von ihm wenigstens ab und zu zu hören, dass er mich liebt, dass er mich schön findet oder dass er sich freut über etwas, das ich getan habe. Ich habe mich sehr bemüht – je mehr ich merkte, wie verschlossen er ist, desto mehr bemühte ich mich. Ich machte ihm kleine Geschenke, überraschte ihn mit schönen Ausflügen, kochte seine Lieblingsspeisen, schrieb ihm Gedichte und sagte ihm viele nette Dinge. Wenn ich ihm zeige, wie schön es ist, wenn der Partner sich kümmert, wenn er herzlich ist und offen Gefühle zeigt, dann würde mein Freund ›auftauen‹, so hoffte ich. Aber es führte zu nichts, im Gegenteil, nach einer Weile beschlich mich das Gefühl, je mehr ich gab, desto weniger kam von ihm zurück. Das Paradoxe war, dass dennoch er es war, der die Beziehung schließlich beendete. Ich hätte ihn ›überschüttet‹ meinte er, und er hätte sich ›erdrückt gefühlt‹. Ich war sehr verwundert, aber da ich ohnehin ebenfalls bereits mit dem Gedanken spielte, die Beziehung zu beenden, war ich wenigstens nicht völlig fassungslos.«

In Evas Beziehung war das Verhältnis zwischen Geben und Nehmen auf beiden Seiten völlig unausgeglichen. Letztlich führte es zum Beziehungsbruch, da kein Ausgleich zwischen Geben und Nehmen geschaffen werden konnte, denn: Wenn einer der Partner immer nur gibt und gibt, und der andere ständig nur nimmt, gerät die Beziehung in ein Ungleichgewicht. Dieses Ungleichgewicht droht zu kippen, wenn entweder der ständig Gebende sich irgendwann ausgenutzt vorkommt und aus der Beziehung geht oder der ständig Nehmende ein schlechtes Gewissen entwickelt und die Beziehung verlässt.

Es gibt sowohl Hochsensible, die dazu tendieren, zu viel zu geben als auch solche, die eher zu viel nehmen. Doch nur ein ausgewogenes Verhältnis zwischen Geben und Nehmen schafft die emotionale Dichte zwischen Paaren, die auch emotionale Krisen überstehen lässt.

Wichtig ist dabei, dass erfüllte Liebe nicht auf positives Feedback spekuliert, das heißt, sie möchte in erster Linie geben und erfreut sich daran. Sie rechnet nicht damit, automatisch für alles, was sie gibt, etwas zurück zu bekommen. Erfüllte Liebe ist nicht berechnend. »Im Geben liegt die Entfaltung der Liebe, das Nehmen sollte sich dann auf natürliche Weise von selbst einstellen.«[65]

Gleichberechtigung

Gleichberechtigung bedeutet nicht, dass beide Partner gleich viel verdienen, gleich gut aussehen, oder den gleichen Bildungsgrad haben, sie bedeutet, dass beide einander als Gleichberechtigte schätzen – gleichberechtigt, wenn Pläne geschmiedet werden, Entscheidungen für beide getroffen werden oder Veränderungen besprochen werden.

Gleichberechtigung ist auch deshalb so wichtig, weil sie Ängste verhindert. Fühlt man sich dem Partner untergeordnet oder von ihm abhängig, schleicht sich wahrscheinlich irgendwann die Angst ein, vom Partner verlassen zu werden. Vielleicht verhält man sich dann unterwürfig, tut, was immer den Partner zufriedenstellt, zensiert Kritik und hält sich zu sehr zurück, oder aber man begehrt heimlich auf, fühlt sich klein und minderwertig, wird eifersüchtig, zynisch und missmutig. Auf jeden Fall aber entsteht – häufig unausgesprochene oder an falscher Stelle ersatzhaft zum Ausdruck gebrachte – Wut, die an der Beziehung nagt.

Außerdem können sich nur in einer gleichberechtigten Partnerschaft beide Partner weiterentwickeln. Der Dominantere sieht oft keinen Anlass, sein Verhalten, Denken und seine Entscheidungen zu reflektieren, während der unterlegene Partner immer nachgibt. Das »Wir-Gefühl« bleibt dabei über kurz oder lang völlig auf der Strecke, gemeinsames Wachstum ist nicht mehr möglich. Dies führt zu statischen, langweiligen Beziehungen.

---

65 *Lauster, Peter: Die Liebe. Psychologie eines Phänomens. Rowohlt Taschenbuch GmbH, Reinbek bei Hamburg 1982, S. 141.*

Aus diesen Gründen sollte man stets darauf achten, dass die Meinungen, Ansichten, Entscheidungen und Bedürfnisse beider Partner gleichwertig behandelt und als gleich wichtig betrachtet werden und sich nicht einer dem anderen deutlich mehr unterordnet.

Mit- und voneinander lernen

»Das Größte, das ein Mensch empfangen kann, ist dieses:
Gesehen zu werden, gehört zu werden, verstanden zu werden, berührt zu werden.
Das Größte, was ein Mensch geben kann, ist dieses:
Den anderen zu sehen, zu hören, zu verstehen, zu berühren.«
V. Sati

Auch in Beziehungen, in denen beide Partner einander aufrichtig lieben, gibt es immer wieder Konflikte, die das Miteinander schmerzhaft machen. Grund dafür ist oft, dass beiden Partnern nicht bewusst ist, dass eine funktionierende Beziehung kein Fertigprodukt ist, sondern etwas, das man sich erarbeiten kann und an dem man immer arbeiten muss.

Wir können und sollten an unserem Partner wachsen – und er an uns, denn Beziehungen sind immer Lernchancen. Wir erfahren durch unser Gegenüber, wie wir sind, wie aufmerksam, wie liebevoll, wie kritikfähig. Wir erfahren, was uns aufregt, was uns begeistert, was uns betrübt und was uns erheitert. Wir lernen unsere eigenen Haltungen und Motive besser kennen und können eingelernte Verhaltensmuster hinterfragen. Und wir erfahren, wie das, was wir tun und sagen, von einem anderen aufgenommen wird. Voraussetzung für diesen spannenden Prozess ist Offenheit – uns selbst und dem Partner gegenüber.

Die Bereitschaft, Probleme gemeinsam zu lösen und der Wille, immer an- und miteinander zu lernen, sind wichtige Pfeiler einer gesunden, dauerhaften Partnerschaft. Das bedeutet auch, dass die Bereitschaft vorhanden sein muss, den anderen in seinem Wachstum zu unterstützen.

Eine Beziehung floriert also dann, wenn beide Partner wachsen können, wenn sie von- und miteinander lernen können.

Dies ist dann der Fall, wenn:

- beide Partner einander bedingungslos lieben, das heißt, ohne Einforderung einer Gegenleistung
- beide Partner darauf achten, sich nicht gegenseitig die Schuld für etwas zuzuschieben, einander zu nichts zu zwingen und nicht zu manipulieren
- beide Partner sich auch bei Problemen oder Sorgen nicht aus der Beziehung zurückziehen, sondern darüber miteinander sprechen und nie den emotionalem Kontakt zueinander verlieren
- beide Partner ihre Bedürfnisse mitteilen und sich um die eigenen Bedürfnisse und Wünsche genauso achtsam kümmern wie um die des Gegenübers, ohne allerdings voneinander ständige Wunscherfüllungen zu erwarten
- beide Partner einander tief verbunden und sich doch stets bewusst sind, dass sie einzigartig sind, unterschiedliche Eigenschaften, Denkweisen, Meinungen und Geschmäcker haben (dürfen) und dass dies gut so ist
- beiden Partnern bewusst wird, dass der Partner mit all seinen Eigenschaften uns dazu bringt, selbst zu wachsen, wenn wir das möchten und aktiv unterstützen und
- beiden Partnern bewusst wird, dass es gerade in jenen Bereichen, wo sie den anderen häufig kritisieren oder dessen Handlungsweisen völlig ablehnen, abgespaltene Anteile des eigenen Ichs zu entdecken und zu integrieren gibt.

Gemeinsame Ziele schaffen

»Die Erfahrung lehrt uns, dass Liebe nicht darin besteht,
dass man einander ansieht,
sondern dass man in die gleiche Richtung blickt.«

Antoine de Saint-Exupéry

Wir haben in diesem Buch aufgezeigt, dass die wahrscheinlichen Problembereiche und Positivseiten in Partnerschaften zweier Hochsensibler und in jenen eines HSP mit einem Nicht-Hochsensiblen unterschiedlich sind.

Damit all diese Beziehungen gelingen können, gelten aber auch viele Eckpfeiler völlig unabhängig von der Paarkonstellation, und zwar:

- gemeinsame Wünsche, Träume und Visionen zu haben und diese in gemeinsame Ziele umzuwandeln
- einander zu unterstützen ohne dabei eigene Ansichten und Wünsche aufzugeben
- Erwartungen und Wünsche gegenseitig auszusprechen
- auch in Krisenzeiten respektvoll miteinander umzugehen
- offen, ehrlich und taktvoll miteinander zu kommunizieren
- die Beziehung von Zeit zu Zeit gemeinsam zu analysieren und die Bereitschaft zu haben, an ihr zu arbeiten
- dem Partner wohlwollend gegenüber zu stehen
- sich wirklich füreinander zu interessieren, auch noch nach vielen Jahren
- sich nicht gehen zu lassen
- Aufgaben fair zu verteilen
- Verantwortung für die eigenen Gefühle zu übernehmen
- ein ähnliches Nähe- und Distanzbedürfnis zu haben
- einander vertrauensvoll Freiräume gewähren zu können
- voneinander zu lernen
- den Partner nicht ständig zu kritisieren, ändern, belehren oder verbessern zu wollen
- Wertschätzung zum Ausdruck zu bringen und sich über zum Ausdruck gebrachte Wertschätzung des Partners zu freuen
- häufige kleine Gesten der Zuneigung zu setzen und solche Gesten des Partners nicht für selbstverständlich zu halten

- unterschiedliche Meinungen zu akzeptieren und zuzugeben, wenn man im Unrecht ist
- Unstimmigkeiten gemeinsam auf den Grund zu gehen, um Lösungen und Kompromisse zu finden
- zu akzeptieren, dass es nicht Kernaufgabe des Partners sein kann, unsere Bedürfnisse zu befriedigen
- keine Perfektion vom Partner zu erwarten, sondern zu akzeptieren, dass niemand fehlerfrei ist
- einander vertrauen zu können
- den Partner weder zu dominieren noch sich von ihm dominieren zu lassen, d. h. gleichberechtigte Partner zu sein
- keine Angst vor Weiterentwicklung zu haben

Speziell für Hochsensible ist es zudem in Partnerschaften besonders wichtig:
- sich Rückzugsnischen zu schaffen
- die eigene Hochsensibilität weder zu missachten, noch als bequeme Ausrede oder Entschuldigung vorzuschieben
- dem Partner etwaige aus der Hochsensibilität resultierende Besonderheiten zu erklären
- die eigene Stimmung nicht zu stark von der Stimmung des Partners abhängig zu machen
- Wünsche und Bedürfnisse zu äußern und sich nicht ständig anzupassen
- Konflikte nicht unter den Teppich zu kehren
- Strategien zu entwickeln, um auch in angespannten Situationen, wie etwa bei Streits oder Krisen, konstruktiv miteinander kommunizieren zu können

Partnerschaften schöpfen aus gemeinsamen Zielen Kraft und Motivation. Etwas zu finden, das beide erreichen möchten, ist daher für das Beziehungsgefüge von großem Wert.

Eine gute Vorübung, die es erleichtert, gemeinsame Ziele zu entdecken, ist die Überprüfung des Beziehungsstatus durch die Beantwortung folgender Fragen:

- Zeigen wir ehrliches Interesse aneinander und an unserem Zusammensein, oder nehmen wir unsere Beziehung für zu selbstverständlich und lassen sie schleifen?
- Kommunizieren wir wirklich miteinander, sodass wir auch erfahren, was uns im Innersten bewegt?
- Macht uns das Zusammensein Spaß oder ist es lediglich Routine und Gewohnheit?
- Sind wir im Streit beide zur Einsicht bereit, sofern wir im Unrecht sind, oder gibt stets nur einer nach und beharrt der andere zu sehr auf seiner Meinung?
- Haben wir gemeinsame Interessen, ein gemeinsames Hobby, etwas also, das uns verbindet und das wir gerne zusammen tun?
- Hören wir beide einander wirklich zu und kommunizieren wir offen und ehrlich miteinander?
- Sind wir beide ernsthaft an den Gedanken, Hoffnungen, Träumen, Wünschen, Ängsten und Ansichten des Partners interessiert?
- Können wir auch über Konflikte und in Krisensituationen ruhig und konstruktiv miteinander sprechen und gemeinsame Lösungen finden?
- Teilen wir uns wirklich mit – mit all unseren Ängsten, Sorgen, nicht nur mit Positivem?
- Stellen wir einander Fragen, um mehr voneinander zu erfahren – über unsere Werte, Überzeugungen, aber auch unsere Gefühle und Gedanken?
- Sprechen wir auch Zweifel und Sorgen an, oder wischen wir sie allzu gern beiseite?
- Nehmen wir Absprachen und Vereinbarungen ernst, oder lassen wir einander warten und vergessen wir Versprechungen?
- Hinterfragen wir uns beide selbst, und sind wir daran interessiert, als Mensch zu wachsen?
- Und schließlich: Sind wir an *gemeinsamer* Weiterentwicklung interessiert?

Gemeinsame Ziele verleihen einer Beziehung einen stabilen Rahmen, denn, so Peter Lauster: »Wenn du und dein Partner sich für ein gemeinsames Ziel ganz bewusst entschieden haben, bedeuten aufkommende Konflikte keine Gefährdung der Beziehung; ihr durchschreitet sie einfach auf dem Weg zu dem angestrebten Ziel. Mit der Beilegung eines jeden Konflikts schafft ihr eine neue Ebene der Partnerschaft. Wenn ihr aber kein gemeinsames Ziel habt, könnte jeder x-beliebige Konflikt der letzte in eurer Beziehung sein, der Konflikt, der das Ende eurer Beziehung bedeutet.«[66] Chuck Spezzano geht sogar noch einen Schritt weiter, wenn er sagt: »Partnerschaft ist gleichbedeutend mit einem gemeinsamen Ziel«[67], das heißt, der Erfolg einer Partnerschaft hängt maßgeblich davon ab, ob es ein gemeinsames Ziel bzw. immer wieder neue gemeinsame Ziele gibt.

Um gemeinsame Ziele entdecken und präzisieren zu können, ist folgende Übung zur gemeinsamen Beziehungs-Vision hilfreich[68]:

1. Beschreiben Sie schriftlich getrennt voneinander in kurzen Sätzen Ihre Vision einer wahrhaft befriedigenden Partnerschaft. Formulieren sie diese in der Gegenwart, also so, als ob diese Ziele bereits verwirklicht wären, und formulieren Sie diese positiv. (Beispiel: »Wir können ruhig über Differenzen miteinander reden« und nicht »Wir streiten nicht«.)

2. Zeigen Sie einander Ihre Sätze und unterstreichen Sie Gemeinsamkeiten. Wenn Sie in der Liste Ihres Partners etwas entdecken, das Sie vergessen hatten, aber ebenfalls gerne auf Ihre Liste setzen würden, ergänzen Sie es.

3. Reihen Sie Ihre beiden Listen nun vom wichtigsten zum unwichtigsten Punkt.

4. Kennzeichnen Sie die Punkte, deren Verwirklichung Ihnen besonders schwierig erscheint.

5. Versuchen Sie nun mit Hilfe Ihrer beider Listen eine gemeinsame Beziehungs-Vision zu kreieren, beginnend mit den wichtigsten Punkten und endend mit den am wenigsten wichtigen. Bei strittigen Punkten arbeiten Sie an einem Kompromiss. Ist keine Einigung möglich, lassen Sie den betreffenden Punkt weg.

---

66 *Spezzano, Chuck: Wenn es verletzt, ist es keine Liebe. Die Gesetzmäßigkeiten erfüllter Partnerschaft. Wilhelm Goldmann Verlag, München 2005, S. 266.*

67 *ebda., S. 277.*

68 *Diese Übung stammt aus: Hendrix, Harville: So viel Liebe wie du brauchst. Der Wegbegleiter für eine erfüllte Beziehung. Renate Götz Verlag, Dörfles 2007, S. 306f.*

Eine gemeinsame Beziehungs-Vision stärkt das Zusammengehörigkeitsgefühl, indem sie der Partnerschaft Ziele gibt, die man gemeinsam erreichen möchte. Dies funktioniert auch dann, wenn man die gemeinsamen Ziele nur teilweise oder manche vielleicht sogar überhaupt nicht erreicht, denn der gemeinsame Weg, das gemeinsame Hinarbeiten auf etwas, gemeinsam an einem Strang zu ziehen, all dies fördert die Zusammengehörigkeit.

Das, und natürlich vor allem die Liebe.

Dank

Ich danke all den Hochsensiblen und ihren Partnern sowie allen hochsensiblen Singles, die sich die Zeit genommen haben, über ihre Beziehungen bzw. ihre Partnerlosigkeit oder Partnersuche zu berichten und die dadurch einen ganz wertvollen und wesentlichen Beitrag für dieses Buch geleistet haben.

Weiters möchte ich herzlich meiner Verlegerin Ingrid Peternell-Eder für ihr langjähriges Engagement rund um die Thematik der Hochsensibilität danken.

Außerdem danke ich meinem Mann Stefan Gruber dafür, dass ich mit ihm so viele schillernde Facetten der Liebe erlebe und dafür, dass er mir täglich zeigt, wie schön Partnerschaft sein kann.